本书的出版得到2017年度河南省科技厅软科学项目"基于SEM的河南省高校众创空间服务能力的影响因素及提升策略研究"（项目编号：172400410045）、2018年度河南省高等学校重点科研项目"以众创空间为核心的地方高校创新创业教育生态系统构建"（项目编号：18A630002）和2016年度安阳市软科学研究计划项目"安阳市大学生创业政策效果评估及优化问题研究"（项目编号：2016-102）的支持

基于SEM的光伏企业技术创新动力机制研究

耿合江　著

科学技术文献出版社
SCIENTIFIC AND TECHNICAL DOCUMENTATION PRESS

·北京·

图书在版编目（CIP）数据

基于SEM的光伏企业技术创新动力机制研究 / 耿合江著. —北京：科学技术文献出版社，2017.11
ISBN 978-7-5189-3576-5

Ⅰ. ①基… Ⅱ. ①耿… Ⅲ. ①太阳能发电—电力工业—工业企业管理—技术革新—研究—中国 Ⅳ. ① F426.61

中国版本图书馆 CIP 数据核字（2017）第 275408 号

基于SEM的光伏企业技术创新动力机制研究

| 策划编辑：周国臻 | 责任编辑：李 鑫 | 责任校对：文 浩 | 责任出版：张志平 |

出 版 者	科学技术文献出版社
地 址	北京市复兴路15号　邮编 100038
编 务 部	(010) 58882938, 58882087（传真）
发 行 部	(010) 58882868, 58882874（传真）
邮 购 部	(010) 58882873
官方网址	www.stdp.com.cn
发 行 者	科学技术文献出版社发行　全国各地新华书店经销
印 刷 者	虎彩印艺股份有限公司
版 次	2017年11月第1版　2017年11月第1次印刷
开 本	710×1000　1/16
字 数	240千
印 张	13
书 号	ISBN 978-7-5189-3576-5
定 价	58.00元

版权所有　违法必究

购买本社图书，凡字迹不清、缺页、倒页、脱页者，本社发行部负责调换

前　言

中国光伏产业在最近十年获得了飞速发展，2007年之后，中国光伏电池产能和产量连续5年跃居世界第一，成为不可忽视的力量。然而，中国光伏企业核心技术的缺乏和技术标准话语权的缺失，使得其长远健康发展受到了制约，解决这一困境的根本办法在于技术创新。目前，中国光伏企业技术创新存在动力不足的问题，因此，进行光伏企业技术创新动力机制课题的研究，具有重要的理论意义和实践价值。

基于国内光伏产业的以上背景和问题，本书希望站在时代发展的角度，回应并试图解答这些问题。本书首先界定了相关概念，并对光伏企业技术创新的特征和存在问题进行分析。以系统论、动态能力理论和新制度经济学为指导，提出了以D（动力因素）—M（作用机制）—R（结果）为逻辑主线的理论分析框架，构建了光伏企业技术创新动力机制的结构模型及相关假设，并运用探索性因子分析、验证性因子分析、回归分析和结构方程建模技术对模型假设进行检验和结果讨论。在对无锡尚德破产重整案例分析的基础上，提出了相应的策略建议。

本书的核心内容包括如下3个方面：第一，基于光伏企业技术创新特征及存在问题的分析，将光伏企业技术创新的外部动力、内部动力和创新阻力纳入统一的理论分析框架，以系统论、动态能力理论和新制度经济学为指导，建立起以D（动力因素）—M（作用机制）—R（结果）为逻辑主线的光伏企业技术创新动力机制分析的理论框架。已有关于光伏企业技术创新动力机制的研究较为零散，缺乏系统性，本书提出的光伏企业技术创新动力机制的理论分析框架，丰富了相关研究理论，为进一步的研究奠定了基础。第二，本书从多维度视角出发，将光伏企业技术创新动力因素分为外部动力、内部动力和创新阻力三个维度，突破了已有文献对创新阻力研究不足的局限，通过运用"动力场"理论对外部动力、内部动力和创新阻力在光伏企业技术创新过程中协同效应的分析，探讨了系统外部因素、企业内部能力及系统障碍因素对光伏企业技术创新的重要影响，揭示了光伏企业技术创新动力机制的作用机制。第三，本书以外部动力为自变量、以内部动力为中介变量、以创新阻力为调节变量，以技术创新绩效为结果变量，构建了外部动力、内部动力和创新阻力影响光伏企业技术创新的动力机制模型，通过光伏企业的调研数据，运用因子分析、回归分析和结构方程建模技术等统计方法对理论模型和假设进行实证检验。本书的结论有助于对光伏企业技术创新动力机制本质的把握，为光伏企业开展技术创新提供理论依据，为政府相关决策提供理论参考。

本书适用于高等院校财经管理类专业本科生和研究生，也可作为企业工作人员，尤其是光伏企业管理者阅读书籍，同时，可作为政府决策部门人员的参考书籍。

撰写成书的艰辛过程中，领导、导师、同学、同事和亲人付出了辛苦劳动和智慧。博士导师章仁俊教授为本书的出版提供了关键的指导建议。安阳师范学院商学院书记齐学广、院长王慧娟、副书记张心亮、副院长张良悦、副院长刘君，人力资源教研室的各位同仁、科研处陈静处长、何方老师、周宏宇老师，以及学校其他部门的领导老师的热情帮助，本书才得以顺利出版，在此一并表示真挚的感谢。科学技术文献出版社的周国臻老师等领导为本书的审校和顺利出版提出了诸多建议，在此对其指导和帮助表示感谢。

虽然在本书的撰写中作者付出了艰辛的努力，但限于水平所限，书中的不足在所难免，敬请专家和读者朋友批评指正。

耿合江

2017 年 10 月

目　　录

第一章　绪论 ………………………………………………………… 1

  1.1　研究背景及意义 ………………………………………………… 1
    1.1.1　研究背景 ………………………………………………… 1
    1.1.2　研究意义 ………………………………………………… 3
  1.2　国内外研究现状和观点述评 …………………………………… 4
    1.2.1　光伏企业技术创新 ……………………………………… 4
    1.2.2　技术创新动力机制的研究 ……………………………… 7
    1.2.3　研究观点述评 …………………………………………… 19
  1.3　本书主要研究内容、方法、技术路线 ………………………… 20
    1.3.1　本书主要内容 …………………………………………… 20
    1.3.2　本书研究方法 …………………………………………… 22
    1.3.3　技术路线 ………………………………………………… 23
  1.4　本书的创新点 …………………………………………………… 24

第二章　光伏企业技术创新动力机制的理论分析 ………………… 25

  2.1　相关概念界定 …………………………………………………… 25
    2.1.1　光伏企业技术创新内涵 ………………………………… 25
    2.1.2　光伏企业技术创新动力因素 …………………………… 25
    2.1.3　光伏企业技术创新动力机制 …………………………… 26
  2.2　光伏企业技术创新概况 ………………………………………… 26
    2.2.1　国外光伏技术创新概况 ………………………………… 27
    2.2.2　国内光伏技术创新概况 ………………………………… 28
  2.3　光伏企业技术创新发展阶段 …………………………………… 30
  2.4　光伏企业技术创新特征 ………………………………………… 31
    2.4.1　政府支持特征 …………………………………………… 31

2.4.2 高度国际化特征·· 33
2.4.3 技术发展路径的多元化特征······························ 33
2.4.4 技术垄断化特征·· 34
2.4.5 知识网络化特征·· 35
2.5 中国光伏企业技术创新存在的问题分析························ 35
2.5.1 光伏企业技术创新动力缺乏······························ 35
2.5.2 光伏企业技术创新能力不足······························ 36
2.5.3 政府作用发挥有限··· 36
2.5.4 创新环境基础薄弱··· 37
2.6 光伏企业技术创新动力机制的理论分析框架················· 38
2.7 本章小结·· 40

第三章 光伏企业技术创新动力机制概念模型的构建············ 41

3.1 光伏企业技术创新系统的"动力场"分析······················ 41
3.1.1 光伏企业技术创新系统"动力场"的构成分析········ 41
3.1.2 "动力场"对光伏企业技术创新的影响分析··········· 44
3.2 光伏企业技术创新动力机制概念模型的提出················· 47
3.2.1 外部动力对光伏企业技术创新的影响·················· 47
3.2.2 内部动力对光伏企业技术创新的影响·················· 55
3.2.3 内部动力的中介效应·· 62
3.2.4 创新阻力对光伏企业技术创新的影响·················· 65
3.2.5 创新阻力的调节效应·· 69
3.3 研究假设的汇总··· 70
3.4 本章小结·· 73

第四章 研究设计方法及变量度量···································· 74

4.1 问卷设计内容及可靠性·· 74
4.2 变量度量·· 76
4.2.1 外部动力··· 76
4.2.2 内部动力··· 79
4.2.3 创新阻力··· 81
4.2.4 技术创新绩效··· 82

4.2.5　控制变量 ……………………………………………… 83
4.3　数据收集整理及样本描述 …………………………………… 84
　　4.3.1　调查对象确定及问卷情况 …………………………… 84
　　4.3.2　样本整理与特征描述 ………………………………… 86
　　4.3.3　数据合并的有效性 …………………………………… 87
4.4　研究的主要程序和方法 ……………………………………… 88
　　4.4.1　信度检验和效度检验 ………………………………… 89
　　4.4.2　因子分析 ……………………………………………… 90
　　4.4.3　结构方程模型 ………………………………………… 91
　　4.4.4　调节效应分析 ………………………………………… 91
　　4.4.5　中介效应分析 ………………………………………… 92
4.5　本章小结 ……………………………………………………… 94

第五章　光伏企业技术创新动力机制的实证研究 ………………… 95
5.1　变量的信度效度及正态性检验 ……………………………… 95
　　5.1.1　外部动力 ……………………………………………… 95
　　5.1.2　内部动力 ……………………………………………… 101
　　5.1.3　创新阻力 ……………………………………………… 106
　　5.1.4　技术创新绩效 ………………………………………… 110
　　5.1.5　样本数据正态性检验 ………………………………… 111
5.2　外部动力对光伏企业技术创新绩效的影响 ………………… 114
　　5.2.1　描述性统计及相关分析 ……………………………… 114
　　5.2.2　结构方程初始模型构建 ……………………………… 114
　　5.2.3　模型拟合 ……………………………………………… 115
　　5.2.4　模型修正与确定 ……………………………………… 116
5.3　内部动力对光伏企业技术创新绩效的影响 ………………… 118
　　5.3.1　描述性统计及相关分析 ……………………………… 118
　　5.3.2　结构方程初始模型构建 ……………………………… 119
　　5.3.3　模型拟合 ……………………………………………… 119
　　5.3.4　模型修正与确定 ……………………………………… 121
5.4　内部动力各维度的中介效应 ………………………………… 123
　　5.4.1　描述性统计及相关分析 ……………………………… 123

5.4.2 外部动力各维度对内部动力各维度的影响 …………… 123
5.4.3 中介效应模型修正及确定 …………… 127
5.5 创新阻力对光伏企业技术创新绩效的影响 …………… 132
5.5.1 描述性统计及相关分析 …………… 132
5.5.2 结构方程初始模型构建 …………… 132
5.5.3 模型拟合 …………… 133
5.5.4 模型修正与确定 …………… 134
5.6 创新阻力各维度的调节效应 …………… 135
5.6.1 模型构建 …………… 135
5.6.2 多层次回归分析 …………… 136
5.7 实证结果分析 …………… 138
5.7.1 光伏企业技术创新外部动力的作用机制 …………… 138
5.7.2 光伏企业技术创新内部动力的作用机制 …………… 140
5.7.3 内部动力的中介效应作用机制 …………… 142
5.7.4 光伏企业技术创新阻力的作用机制 …………… 143
5.7.5 光伏企业技术创新阻力的调节效应 …………… 144
5.8 本章小结 …………… 146

第六章 光伏企业技术创新动力机制的案例分析 …………… 150

6.1 无锡尚德破产重整案例概况 …………… 150
6.2 无锡尚德技术创新动力机制的验证性分析 …………… 151
6.2.1 外部动力的影响分析 …………… 151
6.2.2 内部动力的影响分析 …………… 153
6.2.3 创新阻力的作用探讨 …………… 154
6.2.4 动力机制的综合作用解析 …………… 155
6.3 无锡尚德技术创新动力机制存在问题探析 …………… 156
6.3.1 无锡尚德技术创新外部动力问题 …………… 156
6.3.2 无锡尚德技术创新内部动力问题 …………… 161
6.3.3 无锡尚德技术创新阻力 …………… 164
6.4 完善光伏企业技术创新动力机制的对策建议 …………… 165
6.4.1 完善光伏企业技术创新外部动力的共性建议 …………… 165
6.4.2 提升无锡尚德技术创新内部动力的对策分析 …………… 170

6.4.3 克服光伏企业技术创新阻力的对策分析 …………………… 172
6.5 本章小结 ……………………………………………………… 173

第七章 总结与展望 ……………………………………………… 175
7.1 研究总结 ……………………………………………………… 175
7.2 研究局限和展望 ……………………………………………… 177

附录 光伏企业技术创新动力调查问卷 ………………………… 179
参考文献 …………………………………………………………… 183
致谢 ………………………………………………………………… 198

第一章 绪 论

1.1 研究背景及意义

1.1.1 研究背景

随着传统能源的枯竭,清洁能源开始受到各国政府的高度关注,并得到大规模的开发和利用。作为有可能替代常规能源、彻底解决能源问题的太阳能光伏产业,最近十年在全球范围内得到了快速发展。作为清洁能源的光伏产业是从上游材料到中游电池组件,再到下游光伏电站系统集成的产业链条。光伏利用的主要形式有分布式发电和并网发电,既可以提供居民生活用电,也可以提供工商业企业用电,具有广阔的发展前景。据欧洲 EPIA 协会预测,在 21 世纪,太阳能光伏发电将会发展成为主导消费能源。预计 2030 年,光伏发电占比将超过 10%;而到 2040 年,光伏发电比重会超过 20%;到 21 世纪末,光伏发电占比将超过 60%(图 1.1)。

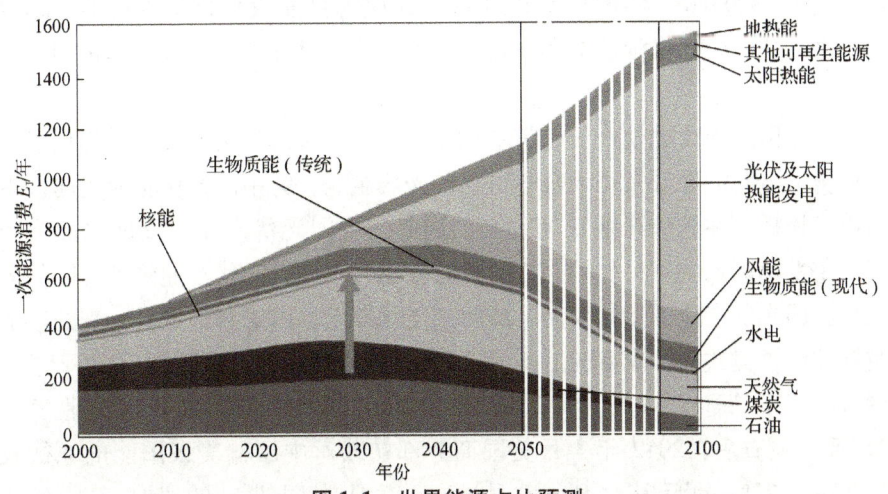

图 1.1 世界能源占比预测

数据来源:欧盟联合研究中心,2004 年。

于 2005 年 2 月 16 日生效的《京都议定书》[1]，由联合国 100 多个国家共同签署，使得可再生清洁能源的发展迈向了一个新的阶段。而可再生能源以太阳能、风能及生物质能等为主，目前，太阳能光伏的整体发展规模还远小于风能，但增长速度却远快于其他可再生能源。尤其是随着光伏材料技术的发展和成熟，光电转化技术及其他相关技术的迅速提高，不远的将来，以光伏发电为代表的可再生能源，一定会完成由补充能源向常规能源的转变。

2009 年 12 月 18 日，温家宝总理在哥本哈根气候变化会议上提出，我国到 2020 年单位国内生产总值二氧化碳排放比 2005 年下降 40%~45%，在如此短时间内这样大规模降低二氧化碳排放，需要付出艰辛努力[2]。《中华人民共和国国民经济和社会发展第十二个五年规划纲要》明确提出："十二五期间非传统能源占一次能源消费比重达到 11.4%。大力发展节能环保、新能源、新材料、新能源汽车等战略性新兴产业。新能源产业重点发展新一代核能、太阳能热利用和光伏光热发电等[3]。2015 年煤炭实现能源结构中占比 63% 的目标，也就是 5 年内降低 7 个百分点；天然气从 3.9% 到 8.3% 的增长幅度，增长一倍多，任务非常艰巨。"光伏发电技术的研发起始于 20 世纪 50 年代，最早应用于航空业。90 年代开始，国外有批量的光伏电池组件用于居民生活，为人们的日常生活提供电能，开创了光伏发电商业化运用的先河。而全球光伏产业的真正大规模发展是从 21 世纪初开始的，中国光伏产业的蓬勃发展始于 2005 年。1998 年，世界光伏电池产量 200MW，2008 年达到了 6850MW，年增长率超过 40%，成为目前成长最快的行业。2007 年以来，我国光伏电池产能和产量连续 5 年位居世界第一，成为真正的光伏大国。

随着国际国内光伏产业政策的拉动，中国光伏产业迅速发展，涌现了保利协鑫、英利能源及常州天合等世界级光伏企业，为中国光伏企业走向世界做出了榜样。在光伏产业快速发展的同时，我国光伏产业的发展也面临困境：①发达国家的贸易保护。作为战略性新兴产业，光伏产业受到各国的重视，我国光伏产业的迅猛发展，威胁到美欧等发达国家和地区对未来的经济主导地位，美欧等国家和地区对我国光伏产业发起了"反倾销、反补贴"调查（以下简称"双反"）。2011 年 10 月美国对中国大陆光伏企业发起"双反"调查后，2012 年 3 月美国商务部初裁对中国输美太阳能电池征收 2.9%~4.73% 的反补贴税，5 月 17 日对从中国进口的光伏产品征收 31.14%~249.96% 的高额反倾销税，2012 年 11 月，美国贸易仲裁委员会做出终裁决定。2012年9月，欧盟对中国的光伏企业进行反倾销调查，作为中国光伏产品出口70%以上的市场，欧盟的反倾销调查对中国光伏企业是毁灭性的打击。近些年来，印度也将对中国光伏企业展开反倾销调查。②核心技术缺乏的困境。经过十多年的发展，我国光伏技术得到了一定的发展，但是相比发达国家，总体上我国光伏企业的技术仍处于初级研发阶段，技术落后，特别是一些关键核心技术，仍不能实现自主研发。目前，中国光伏企业面临的困境，表面上可归因于过度依赖国外（尤其是欧洲）的原料设备、技术和市场"三头在外"外向型发展模式，但是，探究危机背后的更深层次原因，不难发现造成中国光伏企业困境的内在原因，在于国内光伏企业没有掌握核心技术，不具备核心竞争力。当光伏产业进入发展快车道时，国内光伏企业的盲目扩张，低质量、大规模重复建设，造成低质量产品产能严重过剩。从长远来看，光伏企业发展的根本出路在于技术创新，积淀自己的核心技术，形成持续竞争优势。

1.1.2 研究意义

基于光伏产业高度国际化、贸易保护主义和竞争日趋激烈的现实背景，中国光伏企业与国外领先光伏企业之间尚存在较大的技术差距，本书致力于探究光伏企业技术创新的动力机制，为政府的产业规划和科学决策提供理论借鉴，为提升我国光伏企业的技术水平提供理论依据和实践参考。本书的研究具有较强的理论意义和实践意义。

（1）理论意义

本书完善了光伏企业技术创新动力机制的理论体系。关于企业技术创新动力机制的研究文献较为丰富，但是鲜有针对光伏企业特殊发展规律的技术创新动力机制的研究。孙冰（2003）[4]运用动力系统理论的耗散结构理论和协同论思想，构建了企业技术创新动力评价指标体系，基于格栅获取的模糊Borda数分析法对评价指标权重进行确定，采用主成分投影法对企业创新动力系统进行综合评价。孙启萌（2010）[5]运用支持向量回归机方法，从企业内部动力和外部动力两方面构建了家电企业技术创新动力评价指标体系，对中国家电企业的技术创新动力机制进行了实证研究。已有研究对本研究具有一定的理论启示，但是并没有揭示光伏企业技术创新动力机制的特殊规律，本书考虑光伏企业技术创新的国际化和时代化背景，结合光伏企业技术创新动力的特殊规律，综合运用系统论、动态能力理论和新制度经济学等，构建了包括政府政策促进力、生态观念影响力等外部动力，包括知识网络能力的企业内部动力，以及技术创新阻力构成的光伏企业技术创新动力机制结构模型。运用文献研究、探索性因子分析和验证性因子分析等方法对光伏企业技术创新动力机制进行了实证研究，完善了光伏企业技术创新动力机制理论。

（2）实践意义

当前，由于我国光伏企业发展的急功近利，使得光伏企业缺乏技术创新的动力，核心技术的缺失及持续竞争力缺乏等问题，这些问题的存在，严重阻碍了我国光伏企业的健康发展，影响了光伏产业的国际竞争力，因而亟须寻求一条有效的解决途径。本书通过对江苏、河南、河北、四川4个光伏大省的实践调查，探讨了光伏企业技术创新的特征，并就其影响因素展开分析，为后续光伏企业技术创新问题的分析打下了基础，此外，构建了包括外部动力、内部动力和创新阻力在内的光伏企业技术创新动力机制模型，并进行实证分析。对无锡尚德破产重整进行了分析，提出了光伏企业技术创新的策略建议，为政府制定光伏产业发展战略提供理论依据，为光伏企业技术创新提供决策参考。

1.2 国内外研究现状和观点述评

1.2.1 光伏企业技术创新

成本是制约光伏产业发展的瓶颈，未来光伏企业提高光伏电池的转化效率及解决光伏并网技术问题，掌握光伏发电系统技术，不断地实现技术创新，成为光伏产业发展的关键。Lesourd（2001）[6]认为降低太阳能光伏的发电成本，是保持产业健康发展的首要任务，并提出有效降低光伏发电成本的具体方法。Wenham等（2001）[7]在分析光伏发电迅猛增长的态势后，认为光伏产业对经济的发展具有重要的促进作用，而技术创新是光伏企业降低成本制胜的关键。Hoffmann（2006）[8]在对世界光伏发展趋势进行探讨的基础上，提出了技术创新的理论框架，并就市场开拓提出了具体建议。Lawrence和Kazmerski（2006）[9]在《太阳能光伏市场分析研究》中指出，光伏行业现阶段发展重点仍然是降低成本与提高企业技术创新能力。Kobos（2006）[10]研究发现光伏组件的平均价格随着知识储备的增加而降低，称为研发中学习模式。Neuhoff等（2007）[11]认为研发是提高光伏经济性的重要途径。Keller 等（2009）[12]认为由于技术等问题使得光伏电池的投资成本较高，光伏发电要成为理性的电力供应能源缺乏成本竞争力。Stijn 和 Jeroen（2009）[13]实证分析指出技术创新是光伏产业健康发展的动力源泉，同时指出，政府、市场应用及企业是推动光伏产业发展的根本力量。Colatat（2009）[14]研究了美国光伏产业的历史情况，认为光伏市场规模过小和不确定性，会降低光伏企业创新的投入意愿。Buitenhuis 等（2012）[15]研究了开放网络资源软件运用到光伏企业，以有效促进企业技术创新。戴建军（2008）[16]对比国外探讨了我国光伏电池原材料生产技术、高效电池技术及设备制造等现状，提出加快我国光伏技术创新，以推进光伏产业发展。肖庆文（2009）[17]认为我国光伏产业链初步形成，创新空间大，需要加大鼓励政策力度，通过启动市场来拉动技术创新。霍沫霖等（2011）[18]结合光伏产业特点及技术创新的相关理论，运用 20 个国家的市场和专利数据进行跨国比较，根据计量结果，识别出市场发展态势对市场发挥拉动创新作用的影响，光伏市场政策应促进市场规模的持续增长。

关于政府影响光伏技术创新问题的研究，Watanabe 等（2000）[19]对日本政府影响其技术创新进行了研究。日本通产省通过"阳光计划"，启动了日本光伏技术创新路径。阳光计划通过以下路径实现了技术创新的良性循环：①鼓励跨组织的广泛参与；②鼓励跨组织部门的技术溢出；③引导大量资金投资于光伏技术研发，使得日本产业内光伏技术知识存量持续增长。技术知识存量的增长使光伏电池产量大幅增长，产量的激增引起光伏电池价格的大幅降低，价格降低引发研发投入的进一步增长。引发了技术研发—市场需求—价格降低的良性循环。Jacobsson 等（2004）[20]研究德国光伏技术创新系统的发展历程，回溯了行为者、制度和网络的演化轨迹。发现德国光伏技术创新系统演化过程的关键特征为：①技术创新系统的行为者之间的联合作用极其重要，对市场的形成具有重要影响；②技术学习的时间较长，大量的行为者之间都需要相互学习；③政策具有关键作用，促进了市场的形成，市场的形成引致企业的进入和学习；④技术创新既需要推动技术多样化的政策，也需要促进市场需求的政策。Foxon 等（2005）[21]对英国的光伏技术创新系统进行研究发现，光伏技术创新分为两个领域：基于晶体硅和薄膜技术的常规光伏技术；基于新型光敏材料的新型光伏技术。常规光伏技术创新主要是依赖"干中学"和渐进性技术开发，进而促使成本下降；而新型光伏技术创新属于应用研究和基础研究阶段，大学等组织积极开展相关研究，政府对新型光伏的技术创新投入较大，目的是有效地降低光伏电力的生产成本，以便快速扩张现有市场或者进入新开发的市场。因而，英国光伏技术创新的动力是市场需求拉动力和技术推动力。Nagamatsua 等（2006）[22]研究日本政府在技术创新的扩散中的作用认为：日本企业之所以能够在世界光伏技术发展中取得领先地位，与政府方面所采取的政策密切相关。日本政府通过多种途径激发光伏技术创新：①鼓励企业投资光伏技术研发；②鼓励技术之间的相互启发和技术溢出；③提供研发补贴项目，启动市场需求，形成了光伏技术扩散的良性循环。Pablo 和 Gregory 等（2007）[23]在对比分析西班牙太阳能和风能的利用情况后认为，制度因素影响太阳能技术创新扩散的主要因素之一，有效的政府政策是可以较好地激励技术创新。Marigo 等（2008）[24]对中国和英国的光伏技术创新进行了比较分析。他们从创新主体、技术需求和政策支持及创新促进者进行比较研究发现：在英国，技术研发机构和生产部门的割裂，使技术难以对政府管制框架形成影响，进而导致光伏技术扩散和市场形成的政策支持有限；而在中国，光伏技术研发的合法性同样较弱，政府政策支持也有限，但中国光伏产业的壮大却未受到影响。技术研发的努力方向不同，英国技术研发致力于高端光伏技术，这些技术处于研发的早期阶段，未来前景看好；中国正在研制的薄膜技术处于商业化阶段，产学研的研发驱动力来源于市场需求。也就是说，英国产学研的研究致力于未来市场需求，而中国的产学研的研究致力于当前的直接市场需求。Taylor（2008）[25]以美国加利福尼亚州光伏产业发展为案例，根据不同类型的政策对光伏创新行为的影响途径和优缺点进行了定性分析和研究。Grau 等（2011）[26]认为政府政策鼓励技术创新，可以有效地降低光伏组件成本、提升企业利润，促进光伏产业的健康持续发展。

关于中国光伏技术缺失问题的研究，Tour 等（2011）[27]认为中国在光伏电池和组件产量上已经处于领导者地位，但是在光伏产业上游技术还远远落后于工业化国家，相比国外光伏企业，中国光伏企业申请了很多专利，但是少有技术和商业价值，中国企业创新更多在工艺创新而非产品创新。Wu C Y 等（2012）[28]从太阳能光伏专利视角，在 1984—2008 年利用 19 105 项太阳能光伏专利，对中国台湾地区、韩国和中国大陆的知识流的共性进行了揭示，同时也发现这些追赶者更多依赖国内知识的创造和流动，实现从知识模仿到创新的转变。赵勇强（2009）[29]研究指出，我国各产业普遍存在缺乏先进技术的问题，由于世界范围的市场竞争加剧和国内市场的需求不足，使得我国光伏产业的健康发展存在诸多不利影响因素。宋彬（2009）[30]在分析光伏产业产能"过剩"的问题后认为，技术落后、产能"过剩"等问题的根源在于缺少有效的激励政策。王飞（2010）[31]分析了中国光伏产业发展的瓶颈是核心技术缺失的问题，探讨了我国光伏产业的创新能力及创新发展路径。康玉泉和孙庆兰（2010）[32]认为政府政策作用发挥有限、知识产权缺乏和高层次人才短缺是影响我国光伏产业发展的重要因素。陈志（2010）[33]认为我国光伏产业处于发展的初期阶段，即萌芽期，存在缺少政府有效支持，并缺少专业技术人员等问题。

1.2.2 技术创新动力机制的研究

有关技术创新过程中的动力机制问题，国内外学者从不同的视角进行了较为丰富的探讨，形成了丰富的理论体系，为本书的研究提供了参考。

（1）外部动力机制

1）技术推动模式

熊彼特（Schumpeter）就创新理论进行开拓性研究，是创新理论的奠基者，他的主要贡献在于就创新动力的技术推动模式进行了理论分析，在其代表性著作《经济发展理论》[34]和《资本主义、社会主义和民主》[35]中就技术创新的动力机制问题进行了研究。英国的沃尔什等根据熊彼特的技术创新理论，提炼出了企业家创新模型。企业家创新模型认为技术是创新系统的外生变量，这也是熊彼特企业家创新模型的一个主要缺陷。1971年，经济学家菲利普斯提炼出了大企业创新模型，被称作熊彼特创新模型Ⅱ。在此模型中，研发活动主要由企业内部的研发机构承担，此模型反映了大企业利用内部研发机构进行技术创新的重要特征。熊彼特的技术创新模型Ⅰ（企业家创新模型）和技术创新模型Ⅱ（大企业创新模型）区别在于，模型Ⅱ包含了内生的科学与技术活动，技术创新处于大企业的控制下，有效地增强了大企业的竞争能力。熊彼特技术创新模型Ⅰ和创新模型Ⅱ相同之处在于，二者都把技术创新看作是企业内生的，技术因素是推动经济增长的长期动力。因此这两个模型被称作技术创新的"技术推动模型"。

2）需求拉动模式

20世纪60年代以前，熊彼特技术创新的技术推动模式一直居于技术创新理论的主导地位。Schmookler（1996）[36]对美国4个主要资本货物部门一百多年的专利数据及与投资情况进行分析后发现，投资数据序列的走向领先于专利数据序列的走向,而与此相反的结论则没有证据,在此分析的基础上,提出了市场是技术创新启动的根本性影响因素的观点。"当对投资活动的时间数列与资本货物发明的时间序列进行对比分析时,可以看出,长期的发展轨迹存在着极大的相似性"。开展技术创新和发明活动对于人们解决现实经济当中的问题,具有极强的诱致性能力。因而,Schookler 认为市场需求的经济因素是技术创新的主要影响因素,是市场需求推动技术创新。此外,美国学者厄特巴克也认为 60%~80% 的重要技术创新活动是市场需求拉动下展开的。作为与熊彼特技术创新的技术推动模式完全相反的技术创新动力理论,需求拉动技术创新模式的提出,引发了理论界长期的争论。

3)技术创新动力的综合作用模式

从上述分析可以看出,技术创新的市场需求拉动模型与技术创新的技术推动模型结论截然相反,因而,引起了学界的激烈争论,学者们就技术创新动力机制问题进行了深入的研究,试图揭示技术创新动力机制的本质内涵,而不同的研究结果支持不同的技术创新模型,导致理论界对技术创新动力机制模型的认识更加混乱。Myers 和 Marquis(1969)[37]研究认为技术创新活动中,市场需求对技术创新的作用力较之技术因素的影响是更为有效的常见因素;同时,Langrish 等(1972)[38]对英国工业技术创新的实证研究也进一步佐证了技术创新的市场需求拉动理论。然而,Gibbons 和 Gummeti 在对美国多项重大研究成果的分析,分析后认为技术是推动技术创新的重要因素;1979 年,英国的沃尔什和汤森等人的研究结论又否定了技术创新的市场需求拉动说。对于截然相反的创新理论,Rosenberg(罗森伯格)从技术性和经济性两方面进行了独创性研究,并指出,在技术创新活动中,市场需求与技术进步以一种互动方式对技术创新活动起着推动作用。忽略其中的任何一个方面都会得出错误的结论。这一研究成果很好地将技术创新的技术推动理论和市场需求拉动理论有机地结合在一起。技术创新活动是市场需求和技术进步的共同结果,市场需求规定着技术创新活动的回报,而技术进步的程度据顶了创新成功的可能性。持类似观点的学者包括克莱茵和弗里曼等人。

综合作用模式认为,技术创新是技术进步和市场需求共同作用的结果,这一理论模式较好地反映了技术创新的活动过程。这种模式的技术创新,技术进步为全新产品的开发提供了前提条件,全新产品的开发激活了市场的潜在需求,综合作用模式的技术创新产品具有较长的生命周期,可以使企业赢得长远的竞争优势。

4) 技术规范－技术轨道范式

技术轨道范式从一个独特的视角对技术创新与产业关系进行了阐释。20世纪70年代，纳尔逊等提出了两个全新的概念——"自然轨道"及"选择环境"，并对此进行了阐释。当开展技术研发活动时，已有内部项目的技术研究启发，对于技术研发和创新活动的方向具有强有力的支撑，技术发展具有较好预期的方向，被称为"自然轨道"。当存在新的创新趋势时，创新环境的不同选择，会影响技术应用的时间，从而影响创新产生的方式和途径。在此基础上，Dosi（1982）[39]完善和丰富了自然轨道的理论，提炼出技术范式的概念。他把技术范式定义为解决技术发展问题的一种有效模型，技术范式具有极强的规定性，决定着技术研发的范围、途径及任务。在对技术范式内涵进行界定的基础上，他给出了"技术轨道"的规范化定义，即技术轨道是由技术范式规定的，能够决定技术发展方向的、常规性地解决问题的过程，技术发展的边界由技术范式具有自身特性规定。企业已有的认知基因规定了其技术创新活动的方向。由于企业所处的特定社会技术系统和产业地位，以及特有的人力因素，使其拥有独特的技术轨道和技术范式，使得企业的创新活动总是在既定的范围内，开展"正确"方向的技术活动，并解决特定的技术问题。企业不会盲目地对社会技术知识的总库进行搜索。也就意味着，企业创新活动中的技术搜寻，具有局域规定性特征，技术搜寻范围和途径是基于企业的内部技术基因。技术规范－技术轨道范式理论，合理地解释了企业技术创新活动过程中的技术知识积累和增长自我中心性现象。

5) "社会需求－资源"关系模式

斋藤优（1996）[40]认为，社会技术创新活动的根本动力在于，社会需求（Need）与社会资源（Resource）间存在的差距而产生的瓶颈，当已有技术或产品不能满足社会需求时，就会产生需求和资源缺口的矛盾，从而推动了社会技术创新活动，以弥补这种缺失。N-R矛盾存在的资源和需求差距，形成了技术创新活动的强大动力，企业作为创新活动的主导力量，通过技术创新活动可以有效地解决这种矛盾，推动社会的技术进步。N-R关系模型对技术创新动力机制进行如下刻画：源于N-R关系中的新需求，技术创新活动的主体，制定技术研发战略，开展技术研发活动，把握技术创新的契机，筹集创新所需的社会资源，达到赢得竞争优势地位的目的。因而，技术创新动力的N-R关系模式是以资源局限和需求矛盾为源头，以技术创新主体为主导，在政府政策和企业战略等因素的综合作用下，以解决N-R矛盾为创新内容，达到满足社会需求目标的动态活动过程。这一模式的局限性在于，仅仅强调了资源对需求创新的正向推动作用，而忽视了资源对创新的负向制约作用。

6）行政计划推进模式

行政计划推进模式从国家和政府层面对社会技术创新的动力机制进行了诠释。这一模式认为，政府通过行政计划对社会技术创新活动进行指导，技术创新的主要动力源于行政命令或计划，而不是源于技术进步和市场需求[41]。也就是说，政府部门依据社会经济发展规划和目标，通过行政命令和计划的方式，制定科技发展计划，并以行政手段保障创新资源的供给，在政府部门的控制和监督之下，技术创新的主体最终完成创新使命。这一创新模式与国有企业技术创新活动及与基础研究内容相关的技术创新活动联系紧密（图1.2）。

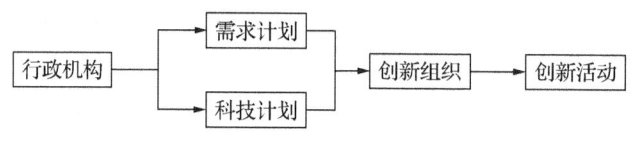

图1.2 行政计划推进模式

7）政府行为与技术创新

技术创新具有公共产品的特性，同时，技术创新具有高风险和正外部性特征，面对市场失灵，政府行为起作用的地方主要在基础研发及其技术创新成果的扩散方面，政府行为发挥作用的主要手段和方式包括研发资金资助、技术成果的商业化及其扩散等措施。

Martin和Scott（2000）[42]关于技术创新投入问题的研究结果表明，政府在政策制订时需要采取不同形式，促进技术创新的途径和方法，要结合市场失灵的具体表现形式，采取有针对性的措施。技术创新存在的市场失灵，以及创新投入的资金缺乏，是政府行政行为干预技术创新的合法性依据。金麟洙和刘鸿基（1998）[43]在对韩国的技术创新历史过程进行研究后发现，韩国政府的技术政策和行为大幅促进了其技术水平的提高和技术研发成果的扩散。韩国政府鼓励国外的技术转让，而对国外的直接投资进行限制，这些政府行为有效地促进了企业技术研发的主动性和积极性，有利于企业形成自主知识产权，减少对外依赖。Kash和Rycroft（1994）[44]研究表明，技术研发成果的商业化,需要政府相应的配套政策。Rothwel 和 Zegveld 研究认为,政府技术创新支持行为是一套综合性政策激励体系,在技术创新主体的活动过程中具有关键性作用。Shyu 等(2001)[45]认为,技术创新需要有效的政策促进创新,而有效的技术创新政策往往与国家经济的整体发展水平,以及产业和企业的技术水平密切相关。Billing 和 Fried(1999)[46]的研究成果表明,税收政策是激励技术研发的最为有效和合理的政策工具,因为国际贸易机构严禁对出口产品采取直接补贴的形式,而税收政策对技术创新的支持是一种间接性资助。Chung 和 Lay(1997)[47]在对韩国和德国的创新政策研究后发现,德国和韩国政策的多样性是两国促进技术创新取得成功的前提。韩国20世纪60—70年代开始,建立政府研发机构,给予研发支持,80年代重点支持关键技术的研发活动,90年代,韩国政府的重要职能包括国家研发资源进行有效利用,重点加大对基础研发的支持力度。德国20世纪60年代政府行为专注于重点关键技术的研发支持,以缩小同美国的技术差距;70年代,重点关注国家研发资源的有效利用;到了80年代则重点促进关键技术的扩散和进一步研发,激励竞争性研究;而在90年代,重点是整合两德创新体系,提升中小企业的技术创新水平,致力于对竞争性研究的改进。Jinli Zeng(2001)[48]认为,对技术创新和模仿的政府的不同资助行为,对社会经济发展后果的影响具有显著差异性。政府的技术创新资助行为可以极大地促进经济增长,而技术模仿的资助行为则会负向影响经济增长。Park(1999)[49]在对近20个国家的100多种技术创新的政府行为进行分析后认为,政府技术创新政策及行为的导向性,决定着政府的干预程度。Anthony(1998)[50]研究认为,德国政府的不同干预政策和创新战略,使得德国技术增量得以快速变化。由于重大技术创新涉及跨行业和地区的合作行为,而政府的独特性地位,使得其起到了不可替代的作用。Rappert(1999)[51]认为利用权威性,政府在制定的技术创新政策,有助于为技术创新合作者的战略谈判提供方便。Shapira(2001)[52]研究认为政府技术政策,促成的公私合作核心组织,极大地促进了技术创新和研发成果的扩散。Narula 和 Dunning(1998)[53]研究指出,技术研发的合作能产生净收益已成共识,政府参与基础研究也少有争论,但是关于应用研究,尤其是研发联盟中,政府作用在于降低创新成本和风险,提高人力资本扩散的社会收益。西方制度变迁理论认为,制度是一种行为规范,技术创新行为是在一定的社会制度环境下开展的,不同的政府行为和制度安排,使得技术研发绩效明显不同。企业作为创新主体，处于特定的制度条件之下，只有利用内外环境中的激励制度，企业才能充分发挥自身的创新优势，实现创新资源合理配置、彼此产生协同效应，达成企业技术创新的目标。诺斯与科斯认为，制度创新是技术创新前提条件。诺斯（1994）认为再先进的技术，如果处于低效的制度情景中，也无法高效率地促进经济增长。因此，为了促进技术创新带来的经济增长，鼓励技术变革，使创新行为主体的收益率接近接近于社会收益率，政府采取有效的激励行为是必要的。刘光富和 Stephen C-Y Lu（2009）[54]在对中国国有企业技术创新动力体系进行研究时发现，中国国有企业处于不完全竞争的市场环境当中，国有企业没有开展技术创新积极性，国有企业技术创新的主要动力来源是政府推动作用、企业家精神和创新文化。并通过宝钢集团的实例对研究结论进行了验证。

从以上观点可以看出，学者们关于制度创新和技术创新的关系，都认同制度创新的前提条件作用，但是，这些研究大多是在一般性的社会制度层面上探讨的，关于技术创新制度的系统性和独立性研究有待深入探讨。

20世纪80年代开始，我国学者对技术创新的外部动力问题进行了较为系统的研究。欧阳新年（2004）[55]研究认为，企业技术创新的外部动力构成要素包括：需求拉动力、技术推动力、政府影响力和市场竞争力。孙冰等（2005）[56]和孙启萌（2010）[5]等在综合研究的基础上，认为企业技术创新的外部动力指标体系包括：市场需求拉动力、市场竞争压力、技术进步推动力和政府政策支持力。

（2）内部动力机制研究

有关企业技术创新内部影响因素的研究。企业家精神是影响企业技术创新的重要内部因素之一。企业家精神是企业家在创新、冒险和责任精神的激励下，形成的追求变革、渴求创新并获得成就感的心理动机。熊彼特认为：具有创新精神是企业家的基本特征。德鲁克（1989）[57]认为创新精神是企业家精神的根本体现和重要特征。企业家精神必须扩散到整个企业及其规制当中，才能保持创新的持续性。企业家精神作为企业的一种无形资源，对企业技术创新起着巨大推动作用。Michael 和 Martin（1984）[58]、Stephenson 和 Grote（1985）[59]从不同的视角对企业家精神促进技术创新的作用进行了论述。Hekkert 等（2007）[60]认为企业家精神是保持企业创新系统良好有序运行的首要因素。Claver 等（1998）[61]研究指出企业家是企业创新要素得以激发的主导力量。Zoltan 等（2001）[62]研究认为企业经营者的创新精神，可以使企业的管理人员、科技人员甚至全体成员都热切地渴求新事物、渴望变革。通过创新计划的制定和实施，使得创新对于企业全体成员都具有吸引力，在企业内部形成一种创新的企业文化，并使这种文化成为企业技术创新的精神力量。Avlonitisa 和 Salavou（2007）[63]在对近150家中小型制造企业进行实证分析研究后指出，中小型企业的企业家们，是决定企业产品创新程度的关键因素。企业家精神是影响企业技术创新的重要推动力，学界对此已经达成共识。

技术能力是包括人力、技术和其他组织资源在内的企业资产，以及能够提供企业进行技术创新活动所需的知识资源[64]。与企业原有技术范式存在竞争关系的技术创新不能得到技术能力的支持，而具有同一技术范式的技术创新却能得到既有技术能力的支持。因而，技术能力对渐进性技术创新有利[65]。Szulanski（1996）[66]通过对122个技术转移的实证研究发现，技术吸收能力是组织间技术转移的障碍因素。Cohen 和 Levin（1989）及 Atuahene-Gima（1992）研究认为，技术吸收能力对技术创新活动具有正向影响，并且提高了新产品创新开发的流程效率[67,68]。研究表明，技术创新是企业核心竞争力形成的源泉，但是企业技术创新形成的竞争优势，会随着时间的变化而改变，这种优势不会线性地存在下去[69]。技术能力是附着于企业内部有形资产的知识存量，具有多重特性的知识本质特征[70]，这使得企业具备了进行技术创新的前提条件。表现为可表达、简单知识形态的技术能力，能够迅速扩散，而以缄默、复杂的知识形态存在的技术能力，具有粘滞性的知识技术能力而不容易被传播与接收[71]。企业技术能力是企业技术创新的前提和基础，技术创新是企业技术能力的更高阶段。大多数学者研究认为，技术能力包含企业技术创新能力。魏江和许庆瑞（1996）[72]从两个层次上对技术能力进行了划分：一按照技术能力的提高过程划分：技术检测能力、技术消化能力和技术创新能力；二按照结构层次划分：技术搜索、选择、硬件引进与生产、仿制、技术局部创新及技术整体创新等能力。企业技术创新绩效不仅受到技术能力架构中知识的影响，还受到技术能力和市场相关能力的影响[73]。Chen（2004）[74]通过对137个联盟的调查，证实了企业创新绩效受企业吸收、整合能力和创新能力等技术能力构成因素的正向影响。杜建华等（2009）[75]对270家孵化企业的实证研究，验证了动态能力与创新绩效之间的显著正相关假设，同时在社会资本的结构维和关系维，技术能力在企业的财务绩效和创新绩效之间的中介作用。Zaheer 和 Bell（2005）[76]对于加拿大共同基金的调查显示,企业的自我创新能力与企业网络位置的中心度相结合,会显著提升企业绩效。臧晨(2009)[77]认为企业的持续发展,技术能力是基础,技术创新能力是关键,并提出了技术能力和技术创新能力相耦合的螺旋上升模式。Lin(2003)[78]在研究企业利用有限研发资源获取竞争优势问题时,注意到了技术能力与技术创新之间存在内在关系,这一关系包括两个不同阶段:第一阶段是组织内部的交流和沟通过程,主要任务是模仿复制技术转让方的技术能力;第二阶段是组织的学习过程,主要任务是吸收并整合引进技术的能力,把引进的先进技术融入企业的现有知识和技术库中,从而来推动技术创新。周永红等(2006)[79]在分析技术能力成长途径和技术创新特点的基础上,认为在主导技术方式限制和约束的条件下,技术能力成长对技术创新产生正负"双刃"影响的机制,并提出了预防技术能力成长负面影响的技术集成模式。宋东林和侯青(2003)[80]在分析美国经验的基础上认为:企业竞争能力取决于是否拥有独特的核心技术能力,而核心技术能力的培育需要完善有效的技术创新机制作为动力源。生延超(2007)[81]运用双寡头古诺竞争模型分析企业技术能力与技术创新范式选择的关系,发现企业技术创新方式由企业的技术能力决定,企业的技术能力和外部环境的变迁决定企业要改变技术创新方式。林春培等(2009)[82]研究了企业技术能力的演化与技术创新模式的升级关系,本质上讲,技术能力与技术创新模式是相互协调,动态演化的匹配过程。陈勇星等(2012)[83]研究发现,随着企业技术能力的不断提升,企业技术创新模式将按照渐进式方向前进:从模仿创新到合作创新再到自主创新的轨迹演进(图1.3)。

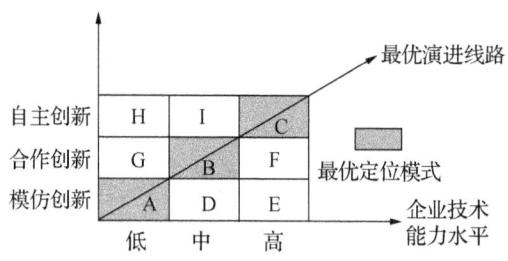

图1.3 企业技术能力与技术创新模式选择的匹配模型

企业文化对于企业技术创新具有促进作用,企业要想获得成功,必须培育能够适应环境变化的企业文化。创新企业持续成长的基础,卓越追求的企业要做的最为关键的事情是营造一种可以滋养企业创新生命力的企业文化氛围。Alan（1998）[84]指出创新型企业文化对于任何组织都是一件重要的事情，组织文化分为个人主义的文化、团队型的文化和家长型的文化。Buckler（1998）[85]研究发现，在企业规模不断壮大的同时，只有适应变化的企业文化才能对更高阶次的技术创新有促进效应。Khazanchi 等（2007）[86]认为组织文化是企业技术创新的必要条件，他们从组织价值的视角分析了创新型文化促进技术创新的作用。也有学者从社会文化的角度研究了文化对企业技术创新的影响。Hoffman 和 Hegarty（1999）[87]认为社会文化会对创新主体的创新行为和意愿产生影响，同时，社会文化还会直接影响企业决策人员的偏好模式，进而对企业技术创新活动产生影响。Sivanmar 和 Narver 在对企业文化类型研究的基础上指出，适应性的企业文化，可以有效地提高企业的适应性学习能力，这一企业文化更容易产生渐进性创新，也容易导致对更具创新性产品的遗漏；相反，鼓励创新冒险的企业文化类型，可以有效提高企业探索性学习的能力，更容易产生突破性创新[88]。Elenkov（2002）[89]研究发现，社会文化及与社会文化密切相关的环境要素对技术创新具有较大影响。

关于设计驱动创新模式。在传统的技术创新理论中，研究开发阶段划分中，设计阶段没有被单独列出。Walsh（1996）[90]研究发现，对于大多数企业，研发受到的重视程度远高于设计；研发更多的是作为独立部门而存在，而设计大多依附于研发或市场部门。然而，近年来，设计职能的重要性不断加强，成为企业持续发展所依赖的重要战略资源。Laakso 和 Kostiainen（2009）[91]的研究表明，设计职能已经发展成为企业的一项重要的竞争性资产。此外，在许多国家的政府政策创新体系中，出现了单独的设计政策，形成了所谓"设计政策网络"[92]，这一现象表明，设计在国家创新政策层面得到了极大的关注和重视。此外，部分学者尝试把设计的概念，纳入技术创新的分析框架范式。约翰·霍金斯研究指出，在很多创意产业中，研发和设计已经被分别划分为不同的产业部门[93]；随着学者 Verganti 等对设计概念的提炼和实证研究，设计驱动创新的理论模式开始形成。Verganti（2008）[94]提出了语言—技术—需求三维创新驱动模式。Verganti 从产品意义和功能维度，就设计与创新的关系进行了研究和分析，并按照技术创新程度将技术创新动力机制分为3类。设计驱动创新是产品语言形成的破坏性创新；技术推动创新是技术功能形成的破坏性创新；而市场拉动创新则是技术功能和产品语义共同形成的渐进性创新。Verganti 将语言设定为推动技术创新的作用因素，使得语言具备了推动创新的地位。也即，Verganti 提出了一种"双推动－单拉动"的创新模式。Verganti 把产品符号的知识定义为：关于产品符号及社会文化环境的知识，产品符号承担着传达信息给用户的使命，同时，在特定的社会文化环境中，能够自愿地表达自己的需求"[95]。因此，企业技术创新活动中，关于技术创新活动的有效性知识、关于市场客户需求的知识和关于产品语言的知识这 3 种有关创新的知识都是必要的。3 种不同类型的知识中，必有一种是作为战略资源的主导知识。图 1.4 表明了 3 种知识在设计驱动创新中的作用。

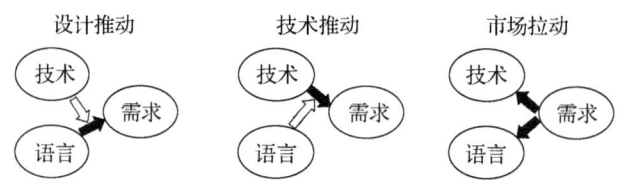

图 1.4　Verganti 的 3 种创新驱动模式

注：黑色箭头表示发挥主导作用，白色箭头表示发挥次要作用。
资料来源：作为语言中介的设计—意大利企业的创新战略，Verganti（2003）。

从 20 世纪 80 年代后期开始，我国学者跟进国外的研究，就国内技术创新的内部动力的研究，形成了如下五大类推动因素：技术推动，需求拉动，政府行为，企业家创新偏好，以及社会、技术和经济系统的自组织作用。项保华（1994）[96]研究了企业技术创新的动力机制问题，构建相应的分析模式，从及时性、合意性、内在需求、外在激励等方面出发，全面分析了我国企业技术创新的动力情况，并针对存在的问题提出了改进建议。影响我国企业技术创新动力的因素比较复杂，既有宏观调控的问题，也有企业管理的问题，要真正提高企业技术创新的动力，必须从企业技术创新各个行为主体的内在需要出发，研究技术创新活动对于行为主体的需求满足情况，并且关注行为主体对于需求满足程度的主观性评价，此外，通过适当的外在激励措施，可以改变人们对于满足程度的主观性评价，从而改变技术创新活动相对于企业其他活动的吸引力，达到增强企业创新活动动力的目的。欧阳新年（2004）[55]研究认为，企业技术创新的内部动力构成要素包括：需求拉动力、技术推动力、政府影响力和市场竞争力。孙冰等（2005）[56]构建的技术创新动力评价指标体系中，内部动力包括：企业利益驱动力、企业家精神影响力、企业文化感染力、企业激励机制催化力和企业创新能力保障力。孙启萌（2010）等[5]在综合研究的基础上，认为企业技术创新的内部动力包括：企业家的创新动力、管理和技术人员的创新动力、企业文化动力和制度与管理动力。

(3) 技术创新阻力研究

王春法（1997）[97]认为，企业技术创新是处于复杂的社会系统之中，技术创新活动具有复杂性特征，新技术在其诞生之初，进行有效的商业化推广之前，面临两方面的不确定性，即技术前景的不确定性和市场前景的不确定性。覃浩高和崔剑（2002）[98]认为技术创新活动过程是风险伴随的过程，技术创新活动本身具有实验性的特征，这个过程中的各种资源和关系的取得，市场的激烈竞争对企业来说都是挑战。此外，技术创新的投入产出关系也存在不确定性，所以不确定性是企业技术创新的内在性质。企业技术创新中的风险因素主要有技术要素市场供给风险、政府政策风险、技术创新成果商业化风险、技术风险、组织风险等。安立仁和张建申（1995）[99]把企业技术创新阻力分为内阻力和外阻力，内阻力包括：风险阻力、惯性阻力、目标阻力和要素阻力；外阻力包括：市场供不应求阻力、体制和产权关系不明确阻力、金融市场还不发育阻力和人才与技术市场不健全阻力。安立仁和席酉民（1998）[100]把企业技术创新的内阻力归结为：R&D费用、风险和惯性等因素，通过建立企业技术创新的阻力模型，对阻力因素的作用方式和程度进行了探讨。林红（2008）[101]在对福建产学研资源配置的基本特征进行分析的基础上认为，福建开展科技活动的企业较少、高层次科技人才较少、科研活动和成果层次较低。产学研分离是福建企业技术创新的重要障碍。提出了构建以企业为主体，市场为导向，科研机构和高校支撑的产学研联合技术创新体系的思路，以便解决技术创新的障碍问题。

林燕（2004）[102]从动力缺失的角度对技术创新的阻碍进行了分析，认为我国企业技术创新动力不足的原因在于技术创新投入的边际生产力较之要素投入、制度创新投入的边际生产力为低，只有当技术创新投入的边际收益高于或等于要素投入、制度创新投入的边际收益时，企业选择比较收益较高的项目进行投资，这时候企业才具备技术创新的充足动力。企业为了自我利益而实现了个体理性，但这并不意味着集体理性或者国家理性的必然实现，而政府需要采取必要的措施来维持企业技术创新投入的边际收益水平，从而消除企业技术创新的障碍。

(4) 绿色和低碳技术创新动力

监管作为政府的基本职能，具有威慑作用，在政府采取监管和惩罚措施的情况下，企业组织基于经济利益上的考量进行决策和行事，如果政府采取严厉的监管和制裁措施，会使企业选择遵从[103]。因此，按照威慑理论，企业低碳技术创新的最直接压力（或动力）是政府监管和惩罚。相对于威慑理论强调权威和强制来制止企业的高碳行为，激励理论则强调，政府的激励政策和措施会诱导企业组织发生的行为（Stigler，1970）[104]。政府的税收优惠、环保补贴等激励措施，降低了企业低碳技术创新的风险和成本，提高了企业收益。因而，政府政策的激励是企业采取低碳技术创新的重要动力。同样市场激励也是企业采取低碳技术创新的动力源泉。迈克尔·波特（1985）[105]的竞争战略理论认为，企业必须保持市场竞争优势，才能生存和发展，而竞争优势的获得可以通过实施成本领先战略、差异化战略或专业化战略来实现。企业采取低碳技术创新能够达到降低生产成本、提升产品竞争力、满足社会"绿色消费"需求及成功突破国际贸易壁垒等目的，有助于企业获得更高的竞争优势、创造更多的技术收益。市场竞争的激励是企业作为市场主体开展低碳技术创新的基本动力。因此，根据激励理论和竞争优势理论观点，企业采取低碳技术创新的动力来源是取得经济利益和保持竞争优势。制度理论指出，企业组织作为社会的一分子，是否遵从环境管制，既要考虑社会的经济和法规，还要考虑社会制度和文化压力因素[106,107]。企业组织受到社会制度和文化观念的制约，寄望得到同行和所在社团组织的认可，从而赞同并遵从好的公民职责和社会规范[108]。在公众环保意识日益增强的今天，企业采取低碳技术创新行为，有助于企业维护自身形象和提高公众声誉，从而获得合作伙伴的支持。由此可知，根据制度理论观点，企业采取低碳技术创新的重要目的之一，是提升企业形象和声誉。企业社会责任理论指出，企业公民作为市场经济主体除了考虑自身运转，还要按照社会的目标和价值要求做出行为决策、承担一定社会责任，这些社会责任包含经济、法律、生态、伦理、文化等责任[109,110]。国内学者研究把企业社会责任分为3个层次：基本责任包括善待员工、对股东负责；中级责任包括对消费者负责、搞好与社区的关系、服从政府领导、保护环境；高级责任包括热心公益事业、积极慈善捐助[111]。因此，根据企业社会责任理论，企业采取低碳技术创新行为，保护环境是企业公民的应尽责任。

国内对绿色技术创新动力机制研究较早的学者有，许庆瑞教授的研发团队，他们对绿色技术创新问题进行了系统的理论研究，并通过企业调查问卷进行了实证检验，就绿色技术创新的动力源问题，总结出的动力源包括政府法规要求、突破性工艺瓶颈需要、应对社会舆论压力、用户需求、进入国际市场需要等5个方面[112,113]。华锦阳（2011）[114]研究认为低碳技术创新是发展低碳经济的根本途径，但企业作为技术创新活动的主体，在现实中其低碳技术创新的动力仍有待加强。通过文献分析，提出了企业低碳技术创新的动力源，并建立了动力源分析框架，从应对政府监管、获取经济利益和竞争优势、维护企业声誉、自发环保和社会责任等4个维度对低碳技术动力源问题进行了横向和纵向比较分析。通过对浙江某开发区为主的企业问卷调查，同时与上海的调查问卷进行横向对比分析，考察了当前企业低碳活动动力的分布特征；随后，通过与许庆瑞研究团队1994年的调查进行纵向对比分析，考察了技术创新动力源的变化和演变特征。针对实证研究的理论含义，提出了促进低碳技术创新的建议。许士春等（2012）[115]通过分析排污税、拍卖的排污许可和可交易的排污许可3种环境规制对企业绿色技术创新的影响发现，政府可以通过提高环境规制的严厉程度，来提高企业绿色技术创新的激励效果。排污税率和排污许可价格与企业绿色技术创新的激励程度正相关；在对企业绿色技术创新的激励程度上，如果政府不控制可交易排污许可的数量，则排污税和拍卖的排污许可，对企业绿色技术创新具有同样的政策效果，而可交易的排污许可政策的激励效果最弱；如果政府能对可交易的排污许可数量进行有效控制，则3种环境规制对于企业绿色技术创新的激励效果相同。贾文婷和武忠（2012）[116]通过构造可再生能源发展初期的技术创新系统动力学模型，分析了可再生能源实现技术创新的影响因素、过程，通过对模型的实证检验和动态仿真，得出了政府和中介机构是可再生能源技术创新的核心推动力的结论。

1.2.3 研究观点述评

（1）关于光伏企业技术创新的研究

已有研究大多探讨了光伏产业发展高成本和政府支持的阶段性特征，并指出现阶段光伏企业技术创新是降低光伏发电成本的重要途径，而对促进光伏企业技术创新影响因素的研究方面，国内外学者大多研究了政府行为对光伏企业技术创新的重要推动作用；部分学者从国际视角对不同国家光伏产业发展的政府作用进行了研究；也有学者探讨市场对光伏企业技术创新的拉动作用；部分学者认为政府政策应该促进光伏产品市场的形成，从而拉动光伏企业技术创新。但是对光伏企业技术创新动力的特殊影响因素及其内外动力机制间的相互影响还缺乏系统性研究。

（2）关于技术创新动力机制的研究

企业技术创新的动力机制研究成果较为丰富，国内外学者提出了不同的企业技术创新动力机制模式，这些动力机制模式大多从企业内部动力和外部动力的视角进行综合研究，但是，对于企业技术创新动力机制中内外动力协同效应尚缺乏深入研究，尤其是对于技术创新阻力影响因素的作用机制缺乏系统研究。已有文献大多从定性角度进行研究；从定量视角展开研究的文献，也仅从动力指标体系构建和评价进行探讨，没能揭示企业技术创新内外动力及其创新阻力因素协同效应的影响。关于绿色和低碳技术创新动力机制的研究，文献多从惩罚理论和激励理论的视角或是从企业社会责任的视角进行定性研究，未能揭示绿色和低碳技术创新动力机制的黑箱。因而，已有研究不能很好揭示企业技术创新的发展规律，更不能揭示光伏企业技术创新动力机制的特有规律。

综上所述，国内外学者对于光伏企业技术创新的研究进行了有益的探索，包括对技术创新降低光伏发电成本的研究，政府行为和市场需求影响光伏企业技术创新的研究。但是，已有涉及光伏企业技术创新动力的研究大多是从不同研究需要出发，形成了不同的动力模式，存在系统性研究的不足。关于企业技术创新动力机制的研究，研究成果较为丰富，探讨了企业技术创新的内外动力和阻力因素对技术创新的影响，这些研究大多从定性角度进行研究，从定量视角研究的文献，仅仅对企业技术创新动力指标体系进行了构建和评价，而对企业技术创新动力的作用机制及其内外动力、创新阻力的交互影响没有深入探讨。显然，已有研究还不能真正揭示企业技术创新动力机制的内在机制。此外，光伏企业技术创新动力机制有其特殊之处，已有企业技术创新动力机制研究的理论模型并不完全适用，因而，探讨光伏企业技术创新动力机制的内在规律，具有理论上的必要性。

1.3 本书主要研究内容、方法、技术路线

1.3.1 本书主要内容

本书针对光伏企业核心技术缺乏，技术创新动力不足的现状，围绕两个基本问题进行探讨：光伏企业技术创新动力机制的影响因素有哪些？这些因

素是如何作用于光伏企业技术创新绩效的？在光伏企业技术创新特征及技术创新动力机制构成体系分析的基础上，构建包括光伏企业技术创新外部动力、内部动力及创新阻力的结构模型，阐释了动力机制各组成维度的相互作用关系，通过实证研究的方法，揭示了光伏企业技术创新动力机制的内在机制。并就研究结论进行案例分析，提出了一些针对性对策建议。

本研究的结构和内容如下：

第一章为绪论。主要阐述研究选题的背景、目的和意义，对国内外的相关研究文献进行了介绍和述评，最后，对本书的研究内容、研究方法、技术路线和创新之处做了介绍。

第二章为光伏企业技术创新动力机制的理论分析。本章就光伏企业技术创新的相关概念、发展现状、特征进行了研究总结，并探讨了中国光伏企业技术创新存在的问题，是后续分析的依据。光伏企业技术创新具有 5 个方面的典型特征：①政府支持特征，这是光伏产业初始发展阶段的根本特征，也是光伏产业作为各国政府战略性新兴产业的重要特征。②光伏企业技术创新的高度国际化特征，这是光伏企业技术创新的时代特征，具有鲜明的时代性。③技术发展路径的多元化特征，这一特征意味着光伏企业技术创新的不确定性和风险性特征，未来主导技术的不确定性，增加了企业技术创新的风险和成本。④技术垄断化特征，领先光伏企业的技术垄断化和知识产权保护意识增加了技术创新合作中的知识粘滞性程度，阻碍了技术交流和创新的积极性，增加了后发企业追赶领先企业的成本。⑤光伏企业技术创新的知识网络特征，国际化开放式的创新是应对技术复杂化、创新加速化的重要途径。知识网络能力是影响光伏企业技术创新的重要力量。中国光伏企业技术创新存在问题：①光伏企业技术创新动力缺乏；②光伏企业技术创新能力不足；③政府作用发挥有限；④创新环境基础薄弱。

第三章为光伏企业技术创新动力机制概念模型的构建。本章在已有文献研究的基础上，结合光伏企业技术创新的特征，构建了包括外部动力、内部动力和创新阻力在内的光伏企业技术创新动力机制模型，并提出了相关研究假设。根据光伏产业的特征，在外部动力中设置了生态观念影响力维度，在内部动力中设置了知识网络能力维度。提出了光伏企业技术创新内部动力在外部动力和技术创新绩效之间的中介效应假设。此外，提出了创新阻力影响光伏企业技术创新的假设及创新阻力调节效应的假设。

第四章为研究设计方法及变量度量。本章就实证研究的调查问卷内容设计及其可靠性进行了阐释，对研究涉及的相关变量进行了测度度量，并对样本数据的收集整理过程进行了说明，对样本特征进行了描述性统计。最后，就实证研究的程序和方法进行了介绍，主要就信度检验、效度检验、因子分析、结构方程模型、中介效应分析和调节效应分析做了介绍。

第五章为光伏企业技术创新动力机制的实证研究。本章是研究的核心章节，在前述分析的基础上，对相关变量的信度与效度进行了检验，并就样本数据的正态性分布进行检验，为进一步的实证研究做准备。本章基于结构方程的建模技术，运用探索性因子分析方法和验证性因子分析方法，对外部动力、内部动力和创新阻力影响光伏企业技术创新的内在机制进行了实证检验，对光伏企业内部动力各维度的中介效应进行了假设检验，对创新阻力各维度的调节效应进行了假设检验。最后，对假设检验进行汇总，对实证研究的结果进行了讨论分析。

第六章为光伏企业技术创新动力机制的案例分析。本章基于上述理论分析和实证研究的结论，以无锡尚德为案例，就其技术创新的情况和存在问题进行了探讨，从外部动力、内部动力和创新阻力等方面提出了完善光伏企业技术创新外部动力的共性建议，提出无锡尚德技术创新内部动力的个性建议及克服创新阻力的针对性建议。

第七章为总结与展望。本章是全文的点睛部分，对全文研究结论进行概括和总结，在对研究不足讨论的基础上，提出进一步深入研究的方向。

1.3.2 本书研究方法

科学研究是运用系统性、实验性的严谨方法，探索现象之间的联系（Kerlingger，1986）[117]。科学研究目的无法依靠单一的方法达到，结合研究内容和目的，本研究采取规范分析和实证研究相结合的方法，遵循"文献检阅和理论分析—访谈研究—形成假设—问卷调研—实证分析"等研究逻辑，运用多种方法对研究命题进行理论和实证研究。按照研究的总体安排，本书运用了以下研究方法。

①文献研究法。根据本书研究问题的需要，对国内外的相关研究文献进行分类检索、详细梳理、归纳总结，把握最新相关研究，提炼本书的研究思路和分析视角，在此基础上，提出了本书研究的假设和研究模型，为进一步的实证研究提供理论方向。

②实证研究法。本书使用的实证研究法主要包括实地访谈、问卷调查

等。实证研究是全文分析研究的主要方法,通过实证研究,提供理论检验所需数据。本书的实地访谈结合文献阅读提出了研究的假设和思路,为后续研究提供了前提和基础。问卷调查是样本数据获取的重要方法,问卷调查程序包括问卷设计、问卷发放和数据整理等。从 2011 年 8 月至 2012 年 1 月,作者对问卷设计修正完成后,通过现场发放和电子邮件等方式发放调查问卷,获得了本研究所必需的样本数据。

③定量分析法。本书运用描述性统计分析、因子分析、回归分析和结构方程建模等统计分析方法,利用 SPSS 和 AMOS 等统计分析软件,对本书提出的研究假设和样本数据进行拟合、检验和分析是本书实现科学研究目的的重要方法。

1.3.3 技术路线

技术路线如图 1.5 所示。

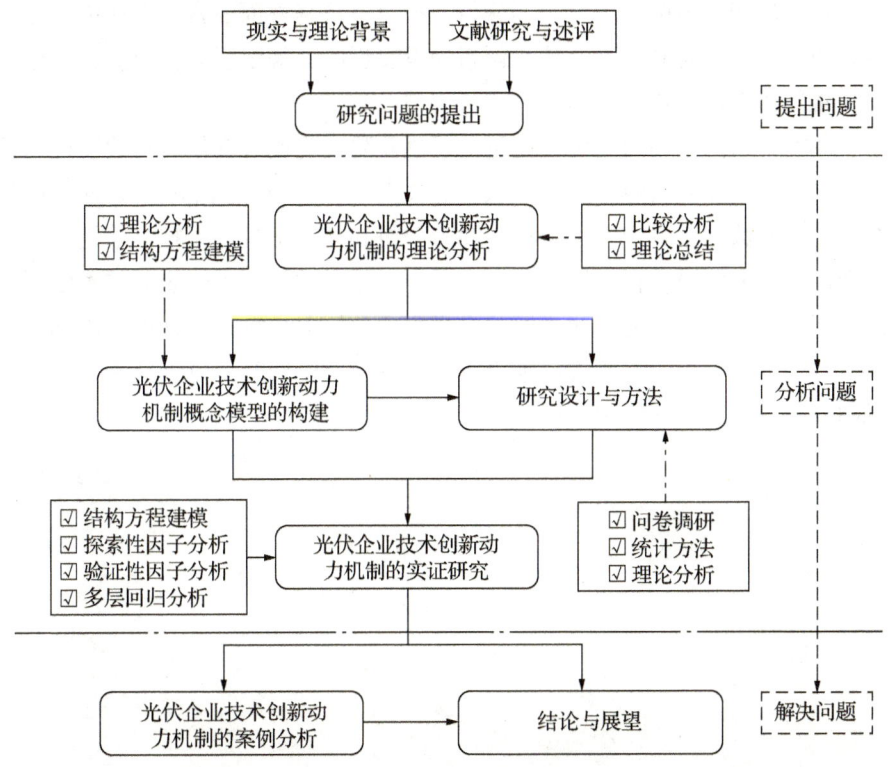

图 1.5 技术路线

1.4 本书的创新点

①基于光伏企业技术创新的特征及存在问题的分析,将光伏企业技术创新的外部动力、内部动力和创新阻力纳入统一的理论分析框架,以系统论、动态能力理论和新制度经济学为指导,建立起以 D(动力因素)—M(作用机制)—R(结果)为逻辑主线的光伏企业技术创新动力机制分析的理论范式。已有关于光伏企业技术创新动力机制的研究较为松散,缺乏系统性,本书提出的光伏企业技术创新动力机制的理论分析框架,丰富了相关研究理论,为进一步的研究奠定了基础。

②本书从多维度视角出发,将光伏企业技术创新动力因素分为外部动力、内部动力和创新阻力3个维度,突破了已有文献对创新阻力研究不足的局限,通过运用"动力场"理论对外部动力、内部动力和创新阻力在光伏企业技术创新过程中协同效应的分析,探讨了系统外部因素、企业内部能力及系统障碍因素对光伏企业技术创新的重要影响,揭示了光伏企业技术创新动力机制的内在作用机制。

③本书以内部动力为中介变量、以创新阻力为调节变量,构建了外部动力、内部动力和创新阻力影响光伏企业技术创新的动力机制模型,通过光伏企业的调研数据,运用因子分析、回归分析和结构方程建模技术等统计方法对理论模型和假设进行实证检验。本书的结论有助于对光伏企业技术创新动力机制本质的把握,为光伏企业从宏观和微观层面系统性地开展技术创新提供了理论依据,为政府相关决策提供了理论参考;同时,也为技术创新动力机制分析的理论范式应用推广打下了基础。

第二章 光伏企业技术创新动力机制的理论分析

2.1 相关概念界定

学界对于企业技术创新的相关概念研究较为丰富，但是对于光伏企业技术创新的内涵、影响因素及动力机制的探析却鲜有，故有必要对此加以探析。

2.1.1 光伏企业技术创新内涵

广义的技术创新包含了组织创新、制度管理创新等方面，熊彼特等许多国外学者持此观点。狭义的技术创新主要指工艺、产品、材料等方面首次应用，是相对于制度创新而言的。本书所研究的光伏企业技术创新，是狭义的技术创新，是指光伏企业在光伏电池、设备，以及系统集成生产工艺、光伏产品技术和光伏材料等在生产过程中的技术创新的首次使用。

2.1.2 光伏企业技术创新动力因素

光伏企业创新的动力因素较多，已有研究从不同的视角，对光伏企业技术创新的动力因素进行了不同的划分。大多数学者的研究把技术创新动力因素划分为内部动力和外部动力或者是内源动力和外源动力。在文献理论分析的基础上，结合光伏企业技术创新的实践背景，本书把光伏企业技术创新动力因素划分为：外部动力、内部动力和创新阻力3个维度，探讨三者对光伏企业技术创新的影响。外部动力维度包括市场需求拉动力、技术进步推动力、政府政策促进力、生态观念影响力和行业竞争推进力；内部动力维度包括企业家精神、利益驱动力、知识网络能力、企业技术能力和企业创新文化；创新阻力维度包括技术不确定性、技术路径依赖性和知识粘滞性等。

2.1.3 光伏企业技术创新动力机制

机制是具有结构、功能和相互关系的有机组织系统。企业技术创新动力机制是指企业技术创新的各个作用力相互依存和相互制约并形成一定的联系方式、整体的作用形式和结构功能[118]。企业技术创新动力机制，是指企业在运行过程中，实现技术创新持续不断的内在要求与适应外部环境变化的外在要求之间互动关系的总和。企业技术创新动力机制的特点[119]有能动性、整体性、相干性。

参考已有研究，本书认为企业技术创新动力的影响因素既包括动力因素，还包括创新阻力因素的影响。因而，本书把光伏企业技术创新的动力机制定义为光伏企业在技术创新过程中，由外部动力因素和内部动力因素及创新阻力因素构成，各因素之间相互作用形成的影响光伏企业技术创新的有机系统。光伏企业外部动力因素包括市场需求拉动力、技术进步推动力、政府政策促进力、生态观念影响力和行业竞争推进力。内部动力包括企业家精神、利益驱动力、知识网络能力、企业技术能力和企业创新文化。创新阻力因素包括技术不确定性、技术路径依赖性和知识粘滞性等。

2.2 光伏企业技术创新概况

太阳能光伏技术的核心是能够释放电子的半导体物质，是将太阳光能转换成电能的现代技术，关键技术指标是光电转换率。1839 年，学者 Becquerel 通过实验发现，太阳能光照可以使得半导体物质的内部产生电位差，这就是"光生伏打效应"，简称"光伏效应"。1954 年，恰宾和皮尔松首次成功地制作出光电转换率达到 4.5% 的单晶光伏电池，这是太阳能转化为电能的实用技术，从此开启了光伏技术发展的大门。

目前，具有商业应用价值的光电转换技术主要有：一是晶体硅电池技术；二是薄膜电池技术；三是聚光电池技术。其中，晶体硅光伏电池的市场占有率达到 80% 以上，而薄膜太阳能电池近几年也得到了迅速增长，占比达到 10% 以上，此外，聚光电池技术应用范围有限，有少量市场。晶体硅太阳能电池技术的特点是转换效率高，且使用面积少，但是其缺点是成本较高；薄膜电池具有硅耗少、成本低的优势，其较低的光电转换率、较大的投资额大、较大的衰减度和使用面积较大，限制了其应用范围；聚光电池具有高转化率的优点，却存在不能利用分散光能的缺点。未来太阳能光伏发电技术会出现多种技术竞争并存的局面，具有成本优势和实用前景的技术会获得市场的青睐。在研究开发方面，单晶硅电池效率达到 24.7%，多晶硅电池效率达到 19.8%，非晶硅电池实验室效率已经突破 15%，碲化镉电池效率达到 16.4%，铜铟硒电池效率达到 18.8%（图 2.1）。晶硅薄膜电池的研究自 1987 年以来发展迅速，成为世界太阳能电池研究的新热点。

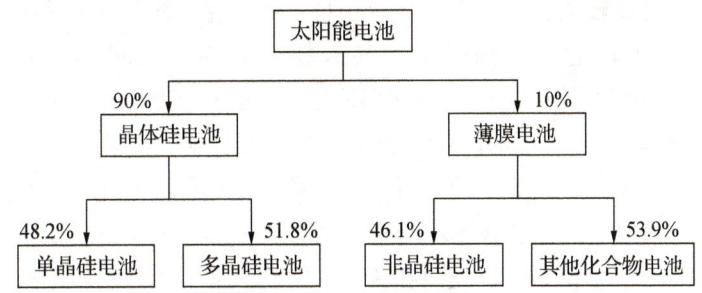

图 2.1　两类主要太阳能电池技术及市场份额

2.2.1　国外光伏技术创新概况

从国外光伏技术来看，日本和德国保持了较大的领先地位。作为技术密集型新兴产业，光伏产业的技术研发具有至关重要的意义。为了在未来能源领域竞争中占据领先地位，日本在光伏技术领域做出了巨大投入和努力，太阳能电池技术取得了巨大进步，在政府的支持下，日本形成了一批世界顶尖太阳能光伏企业，如夏普、京瓷、三菱和三洋等技术领先企业。日本凭借其在半导体领域的领先优势，在太阳能光伏技术领域取得了领先地位。日本通过新能源产业技术开发机构来支持光伏技术研发和创新，这些研发项目包括先进光伏电池和组件的开发；光伏系统大容量调度技术开发；光伏发电技术创新研发。此外，日本通过"5 年光伏发电技术研发计划"支持企业参与国际技术合作。2008 年日本与欧盟签署太阳能技术共同研发合作协议，发展聚光型太阳能电池技术，日方组织了包括丰田、夏普、大同特钢等企业在内的研发团队，参与合作研发，有力地促进了日本光伏企业技术进步。德国光伏技术的领先地位与政府的支持是分不开的。德国政府通过全面支持光伏技术创新和研发，保持德国在光伏产业中的领导地位。2006 年，德国环境、自然保护和核安全部支持光伏技术研发的金额 3800 万欧元；教育和研究部实施了一个支持可再生能源联网的项目支持光伏技术研发和创新。德国拥有超过50多家世界领先技术的光伏企业。德国不仅是世界最大的光伏产品市场，同时也是世界最大的光伏产业集群地，位于产业集群内的光伏企业依托于世界级的研发机构，大幅提高了企业技术水平和生产工艺。位于巴登-符腾堡州光伏产业集群的太阳能薄膜电池技术领先光伏企业"Manz"公司保持着薄膜电池技术转换效率14%的世界纪录。国外晶硅的制备技术最为先进，集中度也比较高，技术主要掌握在日、美、德等发达国家手中，具体说就是技术掌握在七大厂商手里：美国赫姆洛克（Hemlock）、德国瓦克（Wacker）、挪威可再生能源公司（REC）、美国（MEMC）、日本三菱（Mitsubishi）、日本住友（Sumitomo）。此外，国外领先的科研院所主要有澳大利亚的新南威尔士大学、美国的可再生能源实验室、德国的弗劳恩霍夫太阳能系统研究所、日本的产业技术综合研究所、美国加州大学洛杉矶分校、美国加州大学圣塔芭芭拉分校、美国麻省理工学院。澳大利亚的新南威尔士大学至今保持着光伏转换效率的多项世界纪录。

2.2.2 国内光伏技术创新概况

在政府政策大力支持下，国内光伏企业的光伏技术水平取得了极快发展，部分技术甚至达到了国际领先水平，但整体技术水平还处于落后地位，尤其是一些核心技术还未能掌握。国内光伏产业链上游的多晶硅企业有江西赛维、大全新能源、保利协鑫、洛阳中硅、新光硅业、英利能源，这些国内企业的多晶硅制备技术大多采用西门子改良技术，其技术成本大多在30美元/公斤以上，少数企业可以降到30美元/公斤以下，而国外的晶硅技术成本已经降到20美元/公斤以下。中游的晶硅电池技术与国外技术相差不大。常州天合光能有限公司产品质量和品牌已跻身世界领先行列。其中包括最先进的钝化和金属化技术。目前，单晶和多晶电池片的转换效率已经提升分别至19.5%和18.0%。截至2009年底，常州天合光能已经申请国家专利96项。其中发明31项，领先国内同行业其他企业。在2009年中就利用独有的金属化和钝化技术突破了18.8%的光电转化效率。2008年，常州天合光能在德国TUV组织的光伏发电量竞赛中超越13家国际一流光伏企业，取得全球第二的成绩。依托天合光能的光伏技术国家重点实验室是国家在华东地区第一家认可的光伏技术领域企业国家重点实验室，在对外技术合作方面，与澳大利亚国立大学合作致力于开发始于量产的转换效率为20%的N-型单晶硅太阳能电池，同时可将天合光能多晶硅太阳能电池转换效率提升至19%。英利新能源开发的熊猫 N-型高效太阳能电池具有双面发电、寿命长和输出功率衰减小的特性，最高光电转化效率超过20%，是全球三大高效太阳能电池之一。拥有完全自主知识产权的"新硅烷法"制备高纯度多晶硅，具有闭环式生产、无污染、低能耗、高纯度的特点，填补了中国规模化生产电子级硅烷特气的空白，被列入国家科技支撑计划。英利自主研发的大容量磁悬浮飞轮储能技术，首台20万千瓦机成功下线，填补了国家飞轮储能系统装置的空白，采用定向凝固法生产高品质晶体硅锭的"藏羚羊"技术，是世界太阳能光伏领域的前沿技术，已经获得重大突破，在不增加成本的基础上将转换效率提升了一个百分点。国家光伏材料与技术重点实验室、国家能源光伏技术重点实验室，是中国唯一一个拥有两个国家重点实验室的光伏企业，设有博士后工作站和院士工作站。与荷兰能源研究中心、挪威材料与化学研究所等国际研发机构开展国家技术合作和高端人才培养项目。中国科学院电工所、复旦大学、清华大学、中科院长春应用化学研究所等大学和研究院所是国内领先的光伏技术研究机构。

尽管中国光伏技术在某些方面取得了突破性进展，但是，普遍来看我国光伏企业技术创新和研发实力不强的问题，并没有得到改变，技术瓶颈问题仍是制约我国光伏产业健康发展的主要问题。中国可再生能源学会副理事长孔力认为，我国在晶体太阳能电池的后续研发及薄膜太阳能电池的研发等方面与国外存在较大差距，至少落后10年。2011年12月，德国破产的太阳能技术公司 Solon 组件转换率比中国企业要高出2～3个百分点，这已经算有代差了，目前国内还有相当部分企业在多晶硅纯度上做不到5个"9"（即99%的小数点后5个9）。而发达国家企业大都能达到小数点后七八个9的纯度。可见技术上还有相当差距。目前光伏技术记录基本上由外国公司把持（表2.1）。例如，日本京瓷多晶体硅光伏电池光电转换效率为18.5%；日本三洋混合型太阳能光伏电池，光电转换效率达22%；美国联合太阳能公司以微米级不锈钢带为衬底的柔性非晶硅薄膜太阳能电池，与其他公司的玻璃硬衬底太阳能电池相比具有重量轻、可弯曲等优点。

表 2.1　光伏产业链技术状况比较

工序环节	国际技术状况	国内技术状况
多晶硅	主要技术掌握在日美德的七大生产商手中	采用俄罗斯的改良西门子法技术，技术相对有一定差距
硅锭、硅片	技术较为成熟	单晶硅技术已经成熟；但多晶硅浇铸炉仍需进口
电池及组件	电池片的光转化效率高	技术水平与国际技术水平最为接近相当，是设备国产化率最高的环节

资料来源：2011 年中国及海外太阳能光伏产业发展报告。

2.3　光伏企业技术创新发展阶段

企业技术创新的发展阶段是同产业环境和经济发展水平密切相关的。学者们对技术创新的发展阶段进行了研究，以技术来源为划分标准，将技术创新过程划分为 3 个阶段：使用技术阶段、改进技术阶段和创造技术阶段[120,121]。根据技术创新主导动力来源的不同，技术创新阶段可以划分为：政府主导型技术创新阶段、政府市场共同主导型技术创新阶段、市场主导型技术创新阶段。政府主导型技术创新是指技术创新的主要资金来源由政府提供，或者技术创新的主要动力来源于政府政策优惠和支持。政府市场共同主导型技术创新是指技术进步已经达到向市场化过渡阶段，但是技术水平还没有完全达到市场化盈利的水平，因而，政府和市场的共同作用是这一阶段产业健康持续发展的保障。就光伏产业技术创新的发展阶段来说，国内与国外存在一定差距。发达国家处于政府主导向市场主导过渡的阶段。而我国光伏技术起步较晚，市场化程度不高，核心技术依赖国外，技术水平较为落后，目前处于政府主导市场为辅的技术创新阶段，这是符合产业技术发展规律的。但是美欧等发达国家和地区却不顾产业发展规律和特征，以政府支持和补贴为借口，对我国的光伏产品实施反倾销和反补贴的调查，严重损害了国际贸易的正常秩序。

2.4 光伏企业技术创新特征

光伏企业技术创新有其特殊性，光伏企业技术创新特征的把握是进行动力机制理论探讨的前提和基础。已有研究较为零散，缺乏系统性，故有必要对此进行探讨。

2.4.1 政府支持特征

光伏企业技术创新的政府驱动力是其根本特征。目前光伏发电的成本还普遍高于常规能源，因而单靠市场驱动是无法形成产业竞争优势的，光伏产业从开始起步就得到政府的扶持。各国政府的研发补贴、税费优惠、产业规划、融资平台等政策是当前光伏企业技术创新的重要驱动力。由于光伏技术经济性的提高存在极大不确定性，对于处于不同发展阶段的低碳电力技术，各个国家给予支持，鼓励低碳电力发展[122]。

政府对于技术创新支持的理论依据。由于技术创新的知识外溢特征和创新产品的准公共产品特性，在具有正的经济外部性产品中，技术创新投入会导致市场失灵现象，这是政府介入矫正市场失灵的重要原因，这也是具有公共特性技术创新的普遍要求。此外，由于光伏产业战略性新兴产业的地位，世界各国都在大力扶持光伏产业的发展。随着传统能源的日益枯竭，太阳能光伏产业受到极大重视。光伏产业是彻底解决未来能源问题的最大寄望，谁占领了光伏产业的技术制高点，谁就拥有了未来经济的主导权。相比于传统制造业，我国光伏产业是少有的在国际上具有竞争力的产业。为了占领未来经济发展的制高点，各个国家都在大力支持新能源尤其是光伏产业的发展，为了扶持本国企业发展，遏制中国光伏企业的发展，美国、印度和欧盟等国家和地区不惜贸易战争和争端，先后发起了对中国光伏企业的"反倾销、反补贴"调查。对于两头在外的中国光伏企业来说，无疑是灭顶之灾。为了挽救、支持光伏产业的健康稳定发展，政府支持对处于风雨飘摇中的中国光伏企业就显得尤为重要。

欧洲大力支持光伏企业技术创新及研发活动。除了各个国家自身技术研发投入外，欧盟专门设立了太阳能光伏技术研究基金及示范工程。欧盟实施技术创新和研发计划的活动是通过4年跨度的"框架计划"实施的。仅仅其1994—1998年的第4个"框架计划"，就支持了多达85个光伏技术研发项目，支持资金超过了8400万欧元。1998—2002年的第5个"框架计划"，预算技术研发资金接近1.2亿欧元。2002—2006年的第6个"框架计划"，技术研发资金也超过1.075亿欧元。此外，欧盟还设有"玛丽居里奖学金"及"欧洲智能能源"项目支持计划。为了应对日趋严峻的能源问题，欧盟实施了CONCERTO计划，这项计划在应对能源问题上具有先导性作用，欧盟能源总署负责此项计划实施的监管。欧盟基于"框架计划"，建立了具有发展支撑作用的光伏研发平台。该平台对欧洲未来光伏战略进程进行了规划，并制定了详细的实施计划，确保了欧洲在未来光伏技术的领先地位。欧盟的第7个"框架计划"从2007—2013年，持续7年之久，欧盟目标是以技术研发和创新，带动规模经济，到2020年，使光伏发电成本降到0.10～0.25欧元/(kW·h)；在技术环保工艺技术研发的基础上，减少光伏项目材料耗费，并大幅提高光电转换率，改进光伏发电系统（Waldau，2010）[123]。

日本政府制订了可再生能源发展规划，并就可再生能源计划颁布了相关配套的法律法规及政策。日本通产省发布了"2004新能源行业展望""2006新国家能源战略"和"2008促进利用太阳能发电行动计划"，这些新能源发展规划，对于光伏产业政策起到了巨大的支持作用，极大地促进了太阳能光伏产业的健康、持续发展。为了落实光伏产业发展规划和政策，日本就光伏产业发展目标提出了实施的具体措施，包括：①促进太阳能光伏技术创新和研发。成本是制约光伏发电推广的最大问题，依靠技术创新和研发降低成本，并开发光伏联网系统，为光伏电力的应用推广创造条件。②采取政策措施，启动光伏需求市场。日本政府部门采取包括补贴在内的多样化政策措施，支持光伏企业拓展新的商业模式。③通过规范光伏市场竞争，实现光伏产业的持续健康发展。这些措施包括建立专业人才培养计划、光电系统标准体系，以及促进国际合作的激励措施。此外，为了落实新能源研发计划，日本还专门设立新能源管理机构，负责政府计划的落实，如日本新能源开发组织就是一个政府实体组织，负责新能源发展规划的落实。受益于政府对太阳能光伏的政策支持，亚太地区光伏电力应用呈现日益增长的趋势，为了有效地促进光伏技术创新和研发，亚洲开发银行发起了"2010亚洲太阳能倡议"，并为此倡议投入20多亿美元（Waldau，2010）3个方面。

美国通过立法支持可再生能源的发展。2005年通过的《能源法案》《能源税收刺激法案》，以及2008年的《能源改进与延长法案》。《能源法案》对于政府支持新能源的发展具有里程碑式的意义，而《能源税收刺激法案》

促进了公用事业单位和电力单位的合作项目,《能源改进与延长法案》则延长了 CRED 计划。其他设计光伏支持政策的法案,包括 2009 年《美国复苏与再投资法案》。此外,美国的一些州政府也实施了太阳能"光伏屋顶计划"。2006 年 8 月,加利福尼亚州的"百万太阳能屋顶计划",预计 2018 年州内太阳能光伏发电将超过 3 GW(Waldau,2010)。美国还制定了"太阳能技术研发计划",该计划的研发经费每年超过了 1.7 亿美元,主要用于有潜力的太阳能光伏发电技术阳能电力技术。该计划的另外一个重要目的是清除光伏技术市场推广应用的障碍因素,对于不合时宜的标准和准则进行了改进,并修订了公用电力部门和终端客户之间的并网协议。这些工作,有助于与光伏电力有关的客户、电力公司和太阳能企业在利用新能源方面做出明智理性的选择。美国太阳能光伏技术创新和研发计划的落实,有赖于 4 个子计划的实施,包括太阳能光伏发电计划、聚光太阳能发电技术、光伏系统集成、光伏市场改革计划(Waldau,2010)。

2.4.2 高度国际化特征

作为新能源的希望之星,光伏技术受到各国政府、研发机构、学者和企业的高度重视,具有高度国际化的特点。开放式创新已经成为光伏技术创新的特征和必然选择。国内光伏企业技术研发人员大多以国外留学归国人员或外籍人员为核心,天合光能的技术高级副总裁为黄强博士。黄强于 2002 年获得新加坡国立大学薄膜物理专业博士学位,1998 年获得华中科技大学电子材料及仪器专业硕士学位。江西赛维的首席技术官万跃鹏,1997 年毕业于德国亚琛工业大学,加盟江西赛维前,从 2005 年 10 月至 2007 年 2 月担任美国新罕布什尔州 GT 太阳能公司研发主管一职,负责 DSS 炉的研发,之前从 2005 年 1—10 月在美国马萨诸塞州 Saint-Gobain Northboro 研发中心担任研究员。海润光伏首席技术官邢国强获得了美国大学的物理学硕士和物理化学博士学位。曾在哥伦比亚大学作博士后研究员,历任美国 TI 公司的资深研发工程师。此外,国内领先的光伏企业大多与国外的大学和科研机构进行广泛的技术研发合作。这从一开始就决定了的光伏技术创新的高度国际化特征。

2.4.3 技术发展路径的多元化特征

光伏技术发展呈现路径多元化趋势,一是以多晶硅为基础的硅基电池,晶硅光伏电池技术可以细分为三种技术：单晶硅光伏电池技术、多晶硅光伏电池技术和薄膜光伏电池技术。此外，还有聚合物多层修饰电极型太阳能电池技术、聚光发电技术。随着太阳能光伏电池产业的迅猛发展，多晶硅太阳能光伏电池技术相对已发展得较为成熟，是国内企业普遍重视发展的方向。以薄膜为基础的薄膜光伏电池技术呈现多样化发展趋势。其中多元化合物薄膜光伏电池技术使用的主要材料为无机盐，包括硫化镉、砷化镓及铜铟硒等，这些化合物多晶薄膜电池技术的光电转换效率要远高于非晶硅薄膜电池，还有成本低、易于规模化生产的优势，但镉有剧毒的缺陷，使得其很难规模化替代晶硅光伏电池；而砷化镓化合物光伏电池的光电转换效率达到了28%，砷化镓具有抗辐照能力强，适宜制造高效单结电池，但是由于材料的高昂价格，限制了其推广应用。铜铟硒薄膜电池技术转换效率和多晶硅一样，且具有材料价格低及生产工艺简单等优点，是光伏电池未来发展的一个重要方向。聚合物多层修饰电极型太阳能光伏电池技术。在光伏电池技术中，聚合物代替无机材料的技术研发处于起步阶段，是光伏电池技术研发的一个重要方向，原理是利用聚合物的不同氧化还原电势，在导电材料的表面进行多层复合，制成单向导电装置。有机材料柔性好，材料来源广泛、成本低等优势，对太阳能规模化利用有重要意义，但有机材料的太阳能光伏电池技术的研发刚开始，在使用寿命和转换效率上还不能达到规模化推广应用程度，能否成为具有使用价值的应用产品，有待进一步的探索。此外，聚光发电技术也是太阳能光伏技术的一个重要研究领域。

2.4.4 技术垄断化特征

无论是晶体硅太阳能电池技术还是薄膜太阳能电池技术，都存在技术垄断化的特征。以市场占有率达80%的晶体硅电池产业为例，产业链条主要由5个部分组成：多晶硅原料生产、单晶硅拉制或多晶硅定向浇铸、硅片切割、电池芯片制造、组件及系统封装与应用。高纯多晶硅原料的生产时进入壁垒最高的环节，制造过程技术复杂、资金密集、耗能高、回收周期长，这一环节的技术基本上被国际上七大厂垄断：美国赫姆洛克（Hemlock）、德国瓦克（Wacker）、挪威可再生能源公司（REC）、美国（MEMC）、日本三菱（Mitsubishi）、日本住友（Sumitomo），多晶硅拉制属于光伏产业利润最高部分，由于投资巨大、技术壁垒较高，一般企业很难涉足，而我国投资建设的多晶硅企业多采用流行的改良西门子法，相对国外先进技术来说，能耗高，大多国内企业还无法实现全封闭回收的技术，因而存在一定的污染性，利润相对国外厂商也较低。此外，太阳能电池芯片制造环节进入壁垒也较高，技术复杂性、工艺水平和设备技术要求较高，这些决定了所生产电池芯片的光电转换效率，因而，也直接影响着该环节光伏企业的盈利能力。中游电池组件和电池板技术也被国内外几家大型企业和科研院所垄断，这一环节，国内企业与国外企业的技术差距不是很大，呈现多寡头垄断竞争态势。

2.4.5 知识网络化特征

光伏企业技术创新一开始就具有网络化的特征，无论是企业内部创新还是外部创新，创新过程都是知识在网络成员之间交流、碰撞的结果。光伏企业技术更新换代具有加速度趋势，光伏企业单靠自身的知识资源是很难适应变化迅速的技术创新状况。内部技术创新是由知识主体构成的知识网络，是知识在各个内部成员之间交流、碰撞、共享等协同效应的结果。March (1991)[124]的研究发现企业的创新成果大多来源于合作伙伴。Andersson 等(2010)[125]也认为，企业与技术合作伙伴的信息知识的交换，特别是关于新技术方面的信息交换，可以有效地促进企业的技术创新，企业的知识网络是企业获得知识进行创新的重要途径。李浩（2007）[126]在研究企业技术创新中的知识网络时，把企业内部知识网络分为交互型知识网络、辐射型知识网络、多中介知识网络。

2.5 中国光伏企业技术创新存在的问题分析

中国光伏企业规模和数量迅速扩张，而由于技术能力和水平的积累不足，导致其创新能力低。探讨中国光伏企业技术创新存在的问题，是深入研究的前提条件。

2.5.1 光伏企业技术创新动力缺乏

我国光伏企业缺乏技术创新的动力。在光伏产业迅猛发展的同时，大量资金涌入光伏产业，光伏企业数量急剧膨胀，企业受到产业发展利好的刺激，盲目扩大企业规模、低水平重复建设，纯粹以逐利为目标，不重视技术研发的投入，具有很大的投机性。技术水平是长期积淀的结果，尤其是核心技术的研发，国外领先企业是在几十年积累的基础上完成的。国内光伏企业大多领先技术是在国外技术上的模仿改进，或是停留在实验室的水平上，产业化应用具有很大难度。此外，由于政府光伏产业规划和政策具有极大的风险性，使得光伏企业存在急功近利的行为，缺乏持续技术创新的动力激励；而中国国内市场需求和光伏产品的供需失衡也是光伏企业技术创新动力不足的重要原因。从2007年开始，中国光伏电池产能和产量连续5年居世界第一，而国内市场需求不足10%，对国外尤其是欧洲市场依赖严重。国内市场需求拉动创新的动力缺乏，是制约国内光伏企业技术创新的重要原因。

2.5.2 光伏企业技术创新能力不足

中国光伏企业的技术创新能力和研发速度上，相对于国外光伏企业还存在很大差距。在研发投入上，中国光伏企业和外国企业差距较大，将毛利率的10%以上投入研发的企业寥寥无几。人才是光伏企业竞争力的关键，我国研发人才的缺乏是造成核心技术缺乏和创新能力不足的重要原因。目前我国大型光伏企业的技术研发负责人大多有国外学习背景或直接聘用国外专家。大学对光伏相关专业人才培养缺乏，造成了企业持续技术创新能力的缺乏。尽管，部分大学开设了光伏相关专业甚至设立了光伏专业学院，但是大多时间较短、实力不足；此外这些专业的设置大多顺应光伏产业的迅猛发展而设立，在目前光伏产业不景气的背景下，光伏相关专业的学生就业困难，一定程度上降低了大学对光伏相关专业设置的热情和动力，也存在后续招生的困难。中国光伏企业技术能力不足，核心技术缺失，导致关键设备及设备工艺技术的落后。这些问题的存在严重影响了中国光伏企业的持续发展能力。

2.5.3 政府作用发挥有限

现阶段，政府对光伏产业的发展具有至关重要的影响，我国政府政策作用发挥不足制约了中国光伏产业的发展，对光伏企业技术创新促进作用有限。德国政府对光伏技术创新大力支持，维持了德国光伏技术的领先优势。2006年，德国政府部门支持光伏技研发创新资金超过了3800万欧元，此外还通过支持光伏联网项目和光伏示范发电项目，对光伏企业技术研发进行直接或间接的支持。这些措施大幅促进了德国光伏产品的市场需求，拉动企业技术创新。日本政府通过新技术应用于光伏发电应用到公共实施和产业当中，加速光伏企业技术发展。此外，日本政府还通过光伏示范项目和国际合作项目提供光伏企业参与研发，促进了光伏企业的技术进步。从 2006 年开始累计投入超过 200 多亿日元用于示范项目和合作项目，大幅促进了日本光伏技术的发展，使日本企业始终保持技术领先地位。美国也通过光伏技术研发项目"百万光伏屋顶计划""阳光美国计划"拉动光伏企业发展。美国政府通过税收返、安装补贴来刺激光伏市场发展。都促进了光伏产业的技术发展。

我国政府对光伏产业的补贴计划落实不够，很多示范安装项目很难按照补贴政策拿到资金；此外光伏产业发展规划落实不够。按《可再生能源中长期规划》也制定了到 2020 年建设 100 万 kW 屋顶光伏发电系统的目标。但是以近年的产业发展来看，2007—2010 年光伏装机增长率须达到 33%，而实际增长率不到 20%。此外，光伏产业政策的配套措施和系统性缺乏；政府主管部门之间协调困难。另外，我国光伏建筑集成系统尚无统一的技术标准，光伏示范工程技术没有标准依据，在国际市场上也就没有技术标准的话语权。政府主导的光伏技术标准体系缺乏，使得中国光伏技术标准缺少国际话语权，限制了中国光伏技术的应用和推广。

2.5.4 创新环境基础薄弱

相对于国外的光伏技术科研院所，中国科研院所无论是在研发历史，还是在研发水平上都存在差距。部分国内大学在近几年光伏产业快速发展的促进下，开设了光伏技术相关的专业，但是从科研能力来看还处于起步阶段，尚未形成研发实力，对光伏企业技术的促进作用有限。国外领先的科研院所主要有澳大利亚的新南威尔士大学、美国的可再生能源实验室、德国的弗劳恩霍夫太阳能系统研究所、日本的产业技术综合研究所、美国的加州大学洛杉矶分校、美国的加州大学圣塔芭芭拉分校、美国的麻省理工学院。澳大利亚的新南威尔士大学至今保持着光伏转换效率的多项世界纪录。复旦大学、清华大学、中国科学院电工所、中科院长春应用化学研究所等大学和研究院所是国内领先的研究机构。中科院电工所研究员、中国可再生能源学会副理事长孔力认为，我国在晶体太阳能电池的后续研发及薄膜太阳能电池的研发等方面与国外存在较大差距，至少落后 10 年。

2.6 光伏企业技术创新动力机制的理论分析框架

基于对光伏企业技术创新相关概念的界定、光伏企业技术创新特征的探讨及中国光伏企业技术创新存在问题的分析，本节以系统理论、动态能力理论和新制度经济学为指导，探讨研究的理论框架。根据系统理论的观点，光伏企业技术创新动力系统是由外源性动力要素子系统、内源性动力要素子系统和创新阻力要素子系统构成的有机整体。光伏企业是技术创新动力系统的主体，光伏企业竞争优势的获得取决于光伏企业技术创新过程中企业所拥有的异质性资源，以及企业利用内外部资源的能力。光伏企业技术创新的内外动力和创新阻力是影响其创新绩效的重要因素。本书以"D（动力因素）—M（作用机制）—R（结果）"为逻辑主线，构建光伏企技术创新动力机制的理论分析框架。

光伏企业技术创新动力机制是一项复杂的系统工程，是企业内外环境中多种资源要素和企业能力参与协同的结果，其良性循环需要政府行为的支持，因而系统理论、动态能力理论和新制度经济学是本书研究的理论基础。

（1）系统理论

系统论创始人 L. V. 贝塔朗菲[127]（Bertalanffy，1987）认为，系统是指由若干要素以一定结构形式联结构成的具有某种功能的有机整体。从此定义中可知，系统理论是整体性观点，着重从整体上去揭示系统内部各要素之间，以及系统与外部环境间的多种多样的联系、关系、结构与功能；其强调要素的耦合、行为的协调、多样性统一等，具有整体性、层次结构性、动态平衡性、时序性的基本特征。

结合对光伏企业技术创新动力机制的认知，本书认为光伏企业技术创新动力系统由外源性动力要素、内源性动力要素、创新阻力要素子系统构成。光伏企业技术创新动力系统的本质是创新主体在环境要素的规定情境中，在内外动力要素和创新阻力要素的共同作用下，创新主体动力要素内部之间、外部动力要素与内部动力要素之间、内部动力要素与创新阻力要素之间发生联动的系统活动。也就是说，光伏企业技术创新动力系统是以光伏企业为核心，由政府部门、科研院所、中介服务机构等主体共同构成，包括技术创新面临的政治、经济、技术、社会、文化等环境要素所组成的系统，使得技术创新所需的信息、资源、技术和人才等要素在光伏企业技术创新系统内外持续流动,而形成的动力系统。因此,以系统理论为指导,多方位、多角度、全面地研究光伏企业技术创新动力机制,具有理论和实践上的科学性与合理性。

(2) 动态能力理论

动态能力理论(Dynamic capabilities theory)是资源基础理论的延伸和拓展,是企业资源利用过程的一种全新方法。Teece 等(1997)[128]认为动态能力是企业为了适应外界环境的动态变化而整合、利用内外部资源和能力的能力。为了创造竞争优势,企业的资源和能力必须具有差异性,在一段时期内是稀缺的。显然,这种稀缺性和差异性,不仅依赖于资源因素,更依赖于能力因素,前者取决于先天禀赋,后者依赖于后天努力。

光伏产品的市场需求、技术进步、政府支持行为、生态观念诉求和行业竞争压力等外部环境是光伏企业技术重生的外部资源基础。光伏企业技术创新的内部资源包括人财物等投入和企业所拥有的各种关系资源,内部资源的差异性是形成企业竞争优势的前提条件,而企业所拥有的适应内外环境变化的差异化能力,是企业竞争优势的决定要素。具有同样外部环境和内部资源的光伏企业,在竞争实力上的差异主要表现为动态能力上的差异,这也是解释在光伏产业陷入困境的环境下,光伏企业之间绩效差异的根本原因。光伏企业技术创新的内部动力要素是形成光伏企业动态能力的关键因素,光伏企业外部动力为光伏企业技术创新提供了外部资源条件,光伏企业整合和利用内外资源及克服创新阻力进行技术创新的动态能力,决定了光伏企业技术创新的绩效水平。

(3) 新制度经济学

新制度经济学的研究始于科斯(Ronald Coase)"企业之性质",威廉姆森(Oliver Williamsom)、德姆塞茨(Harold Demsetz)也对制度经济学做出了重大贡献。对于光伏企业技术创新动力机制而言,技术创新具有正的外部溢出效应,具有准公共物品属性,同时由于光伏产业的国家战略性产业定位,需要政府介入以建立健全有效的光伏企业技术创新运行保障机制,通过制度设计对光伏企业技术创新活动产生激励与约束功用,规制利益相关者之间的行为关系,实现激励相容,减少信息传递成本,降低信息不对称产生的创新阻力,把阻碍光伏企业技术创新的阻力因素减少到最低程度,从而促进光伏企业技术创新活动的良性循环,增强光伏企业技术创新动力。

技术创新是光伏企业获取竞争优势的必要条件,动态能力决定了光伏企业整合利用内外部资源、克服创新阻力开展技术创新的水平。在当前中国光伏企业技术创新动力不足的背景下，探讨内外部动力和创新阻力要素影响光伏企业技术创新绩效的机制，具有重要的理论和实践意义。本研究以系统理论为指导，基于动态能力理论和新制度经济学，构建了以动力因素（D）—作用机制（M）—结果（R）为逻辑主线的理论分析框架，探究外部动力、内部动力、创新阻力在光伏企业技术创新动力系统中的作用机制，以实现光伏企业技术创新的良性循环，促进光伏产业的健康发展。理论分析框架如图 2.2 所示。

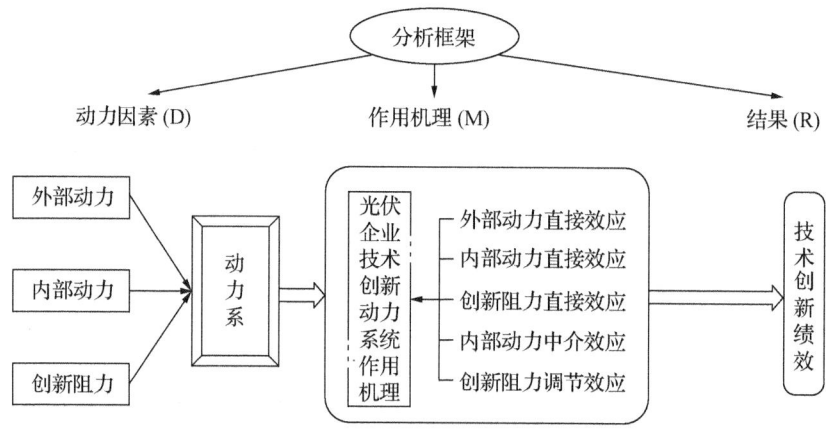

图 2.2　光伏企业技术创新动力机制的理论分析框架

2.7　本章小结

本章第一，对光伏企业技术创新、光伏企业技术创新动力因素及动力机制的概念进行了界定。第二，对光伏企业技术创新的概况进行了分析。第三，对国内外光伏企业技术创新的发展阶段进行了分析探讨，我国光伏技术处于政府主导与市场为辅的技术创新阶段，符合产业技术发展规律的。第四，本章在前述分析的基础上，对光伏企业技术创新的特征进行了探讨，光伏企业技术创新的特征包括政府支持特征、高度国际化特征、技术发展路径多元化特征、技术垄断化特征、知识网络化特征；第五，对中国光伏企业技术创新存在的问题进行了分析。第六，在理论分析的基础上，构建了本书研究的理论分析框架。

第三章 光伏企业技术创新动力机制概念模型的构建

本章在前述光伏企业技术创新概念界定的基础上，运用"动力场"理论对光伏企业技术创新系统机制进行分析，结合对技术创新影响因素的分析，提炼出影响光伏企业技术创新的动力和阻力因素，构建了光伏企业技术创新的动力机制模型，提出了相关假设，为下一步的实证分析检验奠定基础。

3.1 光伏企业技术创新系统的"动力场"分析

自从法拉第提出了电磁场的概念后，"场"概念的运用范围扩展到了社会科学领域，出现了"管理场""心理场""舆论场"和"成长场"等概念。布迪厄（1998）[129]认为"场"作为研究的焦点，具有核心性，场域是关系网络，是多种"力"作用和较量的空间与场所。这一理论融合了宏观与微观研究的对立状态。场理论是生物学、系统论在物理学和社会学领域的反应和应用。光伏企业技术创新的实质是内外部动力要素和创新阻力要素协同作用的结果，而光伏企业技术创新动力机制是一项复杂的系统工程，由企业创新主体要素、外部资源和环境动力要素、内部资源和能力动力要素及创新阻力要素等构成。为此，本书将物理学"场"的概念引入到光伏企业技术创新动力系统中，提出动力和阻力要素之间协同作用的"动力场"概念，光伏企业技术创新受到内外部创新动力资源、创新阻力和企业动态能力的共同影响，这些动力资源要素和企业拥有的能力要素共同作用构成了光伏企业技术创新的"动力场"。"动力场"概念的引入为定量研究光伏企业技术创新的过程机制提供了新的思路。

3.1.1 光伏企业技术创新系统"动力场"的构成分析

依据光伏企业技术创新各种动力要素的作用，"动力场"对光伏企业技术创新的作用可以分为3种场动力：光伏企业技术创新系统的外部资源和环境动力、光伏企业技术创新的内部资源和能力动力、光伏企业技术创新系统的阻力。

（1）光伏企业外部资源和环境要素的场动力

在光伏企业技术创新过程中，市场需求、技术进步、政府支持、生态观念和行业竞争等外部资源环境影响因素，是光伏企业技术创新的基本动力。在光伏企业技术创新的过程中，光伏企业出于趋利性的动机，利用外部资源环境中有利因素，克服不利因素提升自身的技术创新能力，打造核心技术，赢得市场和行业的竞争优势。首先，市场需求和技术进步为光伏企业技术创新提供了基础；其次，在光伏企业技术创新过程中，由于技术创新的正外部性和光伏产业的战略性新兴产业地位，政府支持行为为光伏企业技术创新提供激励动力；再次，公众生态观念的诉求是光伏企业实行低碳和绿色技术创新的主要动力；最后，行业竞争程度的加剧是光伏企业追求差异化利润的重要动力。

借鉴库仑定律，本书将外部资源和环境对光伏企业技术创新过程中产生的作用力定义为 F_R。

$$F_R = K(t) \frac{Q(t)q(t)}{d^2(t)} \tag{3.1}$$

式中，F_R 可能为正向的推力，促进光伏企业技术创新，也可能为负向的阻力，阻碍光伏企业技术创新。$K(t)$ 为光伏企业技术创新的环境承载系数 $[0 < K(t) < 1]$，环境越复杂，$K(t)$ 越小；$Q(t)$ 为光伏企业自身所拥有的资源和能力，$q(t)$ 为光伏企业技术创新所面临的外部资源和环境；$d(t)$ 为环境距离，表示光伏企业技术创新拥有的资源和能力与外部资源和环境的契合程度；t 为时间参数。光伏企业资源和能力与外部资源和环境的契合程度主要取决于以下两个方面。

1）外部资源要素

光伏企业技术创新的外部资源要素是构成光伏企业技术创新体系的重要因素，主要包括：市场需求、技术进步水平（技术研发人才、技术成果、学研实力）、政府支持力度、公众生态观念、行业竞争程度等。外部环境资源要素是光伏企业技术创新的基本动力之一；外部资源要素水平与光伏企业的资源和能力契合程度越强，则 $d(t)$ 的数值就越小；反之，则越大。

2）内部资源和能力

光伏企业作为技术创新的主体，其自身拥有的资源和能力是影响外部资源和环境要素利用程度的重要因素。企业家能力和精神越强，光伏企业利用外部资源和环境要素的程度越高；同样，企业利益驱动力、知识网络能力、技术能力和创新文化等越强，企业利用外部资源和环境要素开展技术创新的水平越高。

F_R 作为光伏企业技术创新动力系统中最基本的场动力，光伏企业拥有的资源和能力为 Q_A。本书假设在光伏企业技术创新过程中，外部资源环境中共有 n 个场力，有 m 个促进光伏企业技术创新的场力，大小为 F_{R+}；有 $n-m$ 个阻碍光伏企业技术创新的场力，大小为 F_{R-}；则 F_R 为：

$$F_R = F_{R+} - F_{R-} = K(t)\left(\sum_{i=1}^{m}\frac{q_i(t)}{d_i^2(t)} - \sum_{i=m+1}^{n}\frac{q_i(t)}{d_i^2(t)}\right)Q_A \qquad (3.2)$$

（2）光伏企业内部资源和能力要素的场动力

在光伏企业技术创新的过程中，动力场以光伏企业内部资源和能力为依托，将对光伏企业技术创新系统各种资源要素进行优化整合，产生光伏企业技术创新的内部场动力。光伏企业技术创新过程中内外资源和要素的协同效应与光伏企业内部"动力场"的状态与属性密切相关，用场强表示"动力场"的基本状态与属性，依据库仑定律中场强与力的关系，本书将光伏企业技术创新内部的场动力定义为 F_{I+}，则：

$$F_{I+} = K(t)Q_A E^\mu(t) \qquad (3.3)$$

式中，$E(t)$ 为动力场的场强；μ 为嵌入度，指光伏企业的技术创新活动嵌入到技术创新系统中时与其他内外资源环境和相关主体之间联系的紧密程度。光伏企业内部资源和能力的场动力在光伏企业技术创新系统中起正向的促进作用，故为正。光伏企业内部动力不仅直接影响光伏企业的技术创新绩效，还在外部动力转化为光伏企业技术创新绩效过程中起到中介作用，是光伏企业技术创新的关键动力。光伏企业内部动力要素是指光伏企业技术创新过程中内部资源和能力形成的促进技术创新绩效水平提升的正向力。包括企业家能力和精神、利益驱动力、知识网络能力、企业技术能力、创新文化等。

（3）光伏企业技术创新阻力要素的场力

光伏企业技术创新过程中，除了促进光伏企业技术创新的推动力，创新阻力是更为值得关注的问题，创新阻力的存在往往决定着光伏企业技术创新的成败。光伏企业技术创新的路径多元化特征决定了技术创新具有不确定性的风险,降低了光伏企业技术创新的积极性,是光伏企业技术创新的阻力因素之一;光伏企业技术路径依赖性是其技术创新的又一阻力因素;此外,光伏企业发展的高度国际化的特征和知识网络化特征,意味着光伏企业竞争激烈程度的加剧,竞争主体之间核心技术和知识产权保护意识加强,形成了知识粘滞性,在一定程度上对企业技术创新产生了阻碍。因而,光伏企业技术创新过程中存在着多种风险,这些风险的场力对光伏企业技术创新起着阻碍作用。光伏企业技术创新的承载系数越大,嵌入度越大,技术创新的风险就越小。故定义光伏企业技术创新风险的场力 F_{I-} 为:

$$F_{I-} = \frac{V^\mu}{K(t)Q_A} \tag{3.4}$$

式中,V 表示创新阻力风险;μ 为嵌入度。

3.1.2 "动力场"对光伏企业技术创新的影响分析

依据上述分析可知:光伏企业技术创新受到 3 种场力的影响,为深刻解释光伏企业技术创新的成效差异,本书将分析 3 种场力是如何影响光伏企业技术创新的,光伏企业技术创新的合力 F 可以表示为:

$$F = F_R + F_{I+} - F_{I-} = K(t)\left(\sum_{i=1}^{m}\frac{q_i(t)}{d_i^2(t)} - \sum_{i=m+1}^{n}\frac{q_i(t)}{d_i^2(t)}\right)Q_A + K(t)Q_A E^\mu(t) - \frac{V^\mu}{K(t)Q_A} \tag{3.5}$$

式中,Q_A 为光伏企业拥有的技术创新资源和能力,随时间发生变化;E 为动力场强、V 为光伏企业技术创新的阻力风险,其在一定的时间周期内缓慢变化或是稳定的。为此,存在一个时间点 t_1,使得在时间区间 (t_0, t_1) 内,q、E、V 可以看作常数,则此段时间内 F_{I+}、F_{I-} 大小不变。根据式(3.5),对 $d_i(t)$ 求导可得:

$$\begin{cases} \dfrac{\partial F}{\partial d_i(t)} = -2KQ_A q_i(t)\dfrac{1}{d_i^3(t)} < 0, (0 < i \leq m) \\ \dfrac{\partial F}{\partial d_i(t)} = 2KQ_A q_i(t)\dfrac{1}{d_i^3(t)} < 0, (m < i \leq n) \end{cases} \tag{3.6}$$

继续对 $d_i(t)$ 求导可得:

$$\begin{cases} \dfrac{\partial^2 F}{\partial d_i^2(t)} = 6KQ_A q_i(t)\dfrac{1}{d_i^4(t)} < 0, (0 < i \leq m) \\ \dfrac{\partial^2 F}{\partial d_i^2(t)} = -6KQ_A q_i(t)\dfrac{1}{d_i^4(t)} < 0, (m < i \leq n) \end{cases} \tag{3.7}$$

由式（3.6）和式（3.7）可知，在(t_0, t_1)内，光伏企业技术创新能力与内外资源要素的契合度的差距$d_i(t)$将对技术创新绩效产生较大的影响，是技术创新合力F变化的主要原因。当$0 < i \leq m$时，光伏企业技术创新场力与$d_i(t)$负相关，且是凹函数；当$m < i \leq n$时，光伏企业技术创新场力与$d_i(t)$正相关，且是凸函数。

若令$\varepsilon = K(t)Q_A E^\mu(t) - \dfrac{V^\mu}{K(t)Q_A}$，则契合度的差距对$F$的影响变化，当$d_i(t)$变小，意味着契合度增强，企业技术创新的合力$F$不断增大，技术创新的推动力就越大，技术创新的绩效水平就越高。依据式（3.5）可知：

$$F = K(t)Q_A \left[\sum_{i=1}^{m} \frac{q_i(t)}{d_i^2(t)} + E^\mu(t) \right] - \left[K(t)Q_A \sum_{i=m+1}^{n} \frac{q_i(t)}{d_i^2(t)} + \frac{V^\mu}{K(t)Q_A} \right] \tag{3.8}$$

当$t > t_1$时，$d_i(t)$、$q_i(t)$、μ、$E(t)$、V均是时间t的函数，它们对F的正负和绝对值大小会产生重要影响。

若令$M = \sum_{i=m+1}^{n} \dfrac{q_i(t)}{d_i^2(t)}$，$\rho = \dfrac{\sum_{i=1}^{m} \dfrac{q_i(t)}{d_i^2(t)}}{\sum_{i=m+1}^{n} \dfrac{q_i(t)}{d_i^2(t)}}$，$W = \dfrac{E(t)}{V}$，则有：

$$F = K(t)Q_A [\rho M + (\omega V)^\mu] - \left[K(t)Q_A M + \frac{V^\mu}{K(t)Q_A} \right] \tag{3.9}$$

因为
$$\frac{K(t)Q_A [\rho M + (\omega V)^\mu]}{\left[K(t)Q_A M + \dfrac{V^\mu}{K(t)Q_A} \right]} = \rho \frac{M + V^\mu \big/ \dfrac{\rho}{W^\mu}}{M + V^\mu / [K(t)Q_A]^2} \tag{3.10}$$

所以
$$\begin{cases} \rho \dfrac{M + V^\mu \big/ \dfrac{\rho}{W^\mu}}{M + V^\mu / [K(t)Q_A]^2} > 1 \Rightarrow F > 0 \\[2ex] \rho \dfrac{M + V^\mu \big/ \dfrac{\rho}{W^\mu}}{M + V^\mu / [K(t)Q_A]^2} = 1 \Rightarrow F = 0 \\[2ex] \rho \dfrac{M + V^\mu \big/ \dfrac{\rho}{W^\mu}}{M + V^\mu / [K(t)Q_A]^2} < 1 \Rightarrow F < 0 \end{cases} \tag{3.11}$$

特殊地，若 $\dfrac{\rho}{W^\mu}=[K(t)Q_A]^2$，则有 $\begin{cases}\rho>1\Rightarrow F>0\\ \rho=1\Rightarrow F=0\\ \rho<1\Rightarrow F<0\end{cases}$ \hfill (3.12)

由式（3.11）可知，光伏技术创新所受的合力 F 为正时应该满足的条件，尤其是当 $\dfrac{\rho}{W^\mu}=[K(t)Q_A]^2$ 时，合力 F 仅决定于 ρ 值，也可以说决定于 F_R。

依据 W 的表达式，本书将其定义为光伏企业技术创新的场强风险比，W 表示了技术创新资源要素演变的属性，能从整体上反映光伏企业技术创新绩效水平，揭示光伏企业技术创新是否处于良性循环状态。

通过实证推演，本书将深入研究光伏企业技术创新合力 F 与各变量之间的关系。

①对于 F 与 $d_i(t)$ 之间的关系，当 $t\in(t_0,t_1)$ 时，两者之间的关系同样适用于 $t\in(t_0,+\infty)$ 下的情况，即要使光伏企业技术创新的场力越大，必须增大光伏企业技术创新能力与内外资源的契合度，缩小契合度的差距。

②同理，F 与 $q_i(t)$ 之间的关系呈现出：要使光伏企业技术创新的场力越大，必须保证光伏企业技术创新能力与内外资源的契合度的倒数越小。

③依据式（3.8）可以看出，场力 F 与场强 $E(t)$ 成正比，与创新风险 V 成反比。

④对 μ 求导，有 $\dfrac{\partial F}{\partial \mu}=K(t)Q_A\ln E(t)-\dfrac{1}{K(t)Q_A}V^\mu\ln V$，于是，可以得出 F 和 μ 的相关性：

$$\begin{cases}\dfrac{E^\mu(t)\ln E(t)}{V^\mu\ln V}>\left(\dfrac{1}{K(t)Q_A}\right)^2\Rightarrow 正相关\\[2mm] \dfrac{E^\mu(t)\ln E(t)}{V^\mu\ln V}=\left(\dfrac{1}{K(t)Q_A}\right)^2\Rightarrow 极值\\[2mm] \dfrac{E^\mu(t)\ln E(t)}{V^\mu\ln V}<\left(\dfrac{1}{K(t)Q_A}\right)^2\Rightarrow 负相关\end{cases}\quad(3.13)$$

依据式（3.13）可知：光伏企业技术创新的嵌入度并不是越大越好，而是取决于技术创新的场强 E 和创新阻力风险 V 的相对大小。一般来说，在技术创新逐渐趋于成熟的时候，技术创新的嵌入度会不断增大，技术创新的场强在不断增大，同时技术创新的阻力风险也会相对增加，如果技术创新的阻力风险大于场强，则可能导致光伏企业技术创新的动力不足，造成光伏企业技术创新的成功率低下。若要想增加光伏企业技术创新的动力 F，就必须增加光伏企业技术创新所需的资源和能力，即 Q_A，使 F 和 μ 呈正相关关系。

3.2 光伏企业技术创新动力机制概念模型的提出

3.2.1 外部动力对光伏企业技术创新的影响

关于技术创新外部动力影响因素，熊彼特学派提出了技术进步推进技术创新的模式，而施穆克勒在对美国的资本货物部门和消费品工业部门统计分析后，得出了市场成长和潜力是发明活动的决定因素，认为市场需求推动了技术创新；厄特巴克对 1974 年的一项工作结论也认为 60%~80% 的重要创新是由于需求拉动的。学者罗森伯格与持相同观点的克莱茵、莫里厄和弗里曼等人提出了技术创新的综合作用模式，强调科技与市场需求的综合作用，能够更好地反映技术创新的实际过程。金麟洙（1998）[43]、Shyu（2001）等[45]认为政府政策可以有效地促进技术创新。我国学者对企业技术创新的动力进行了较为综合的研究，欧阳新年（2004）[55]研究认为，企业技术创新的外部动力构成要素包括需求拉动力、技术推动力、政府影响力和市场竞争力。孙冰、李柏洲（2005）[56]和孙启萌（2010）[5]在综合研究的基础上，认为企业技术创新的外部动力指标体系包括市场需求拉引力、市场竞争压力、科学技术推动力和政府支持力。Stigler（1970）[104]提出的激励理论认为，采取激励措施可以提高企业环保行为的收益，来自市场"绿色消费"观念的激励也是企业采取低碳技术创新的动力。波特（1985）[105]的竞争战略理论认为，企业必须保持市场竞争优势，才能生存和发展，而竞争优势的获得可以通过实施成本领先战略、差异化战略或专业化战略来实现。企业采取低碳技术创新能够达到降低生产成本、提升产品竞争力、满足社会"绿色消费"需求，以及成功突破国际贸易壁垒等目的，有助于企业获得更高的竞争优势、创造更多的技术收益。

已有研究文献对企业技术创新外部动力的研究上，多孤立地分析某种因素对技术创新的推动作用。本书认为企业技术创新的外部动力因素具有多样性和复杂性，共同构成了企业技术创新的外部动力系统，外部多种动力因素对企业技术创新具有综合协同效应。在借鉴国内外已有研究文献的基础上，本书认为光伏企业技术创新外部动力因素主要包括市场需求拉动力、技术进步推动力、政府行为促进力、生态观念影响力和行业竞争推进力。

(1) 市场需求拉动力对光伏企业技术创新的影响及假设

市场需求动力模式强调技术创新的动力来自于社会和市场客户的需求。美国创新经济学家施穆克勒教授（Schmookler）研究19世纪上半叶至20世纪50年代，美国炼油、铁路、农业和造纸工业等的投资、劳动就业和技术发明活动。研究表明，市场投资和技术专利的时间序列表现为高度的同步效应，投资序列常常领先于专利序列。施穆克勒由此认为：专利活动，也就是技术发明活动，与其他经济活动一样，根本上是追逐利润的经济活动，受到市场需求的拉动和制约[130]。施穆克勒得出了技术创新的市场需求拉动模式。英国的布鲁斯也认为：与技术创新的成功更加紧密地联系起来的是对未来市场需求的分析，以及对未来客户的了解，而不是那些"闪光的想法或科学发明"[131]。技术创新的市场需求拉动模式认为，市场需求信息是技术创新行为的起点，它对技术和产品提出了详细的要求，通过技术创新行为，创造出符合这一市场用户需求的适销产品，市场需求随之得到满足（图3.1）。一些学者的进一步研究工作支持了技术创新的市场需求拉动理论。麻省理工学院马奎斯教授（Marquls）、迈尔斯教授（Myers）在1969年对5个产业的567个创新项目进行了抽样调查，发现3/4的技术创新是以市场需求和生产为出发点，仅有1/5的技术创新是以技术本身进步和发展为来源的（表3.1），由此，他们认为：在技术创新中，市场需求与技术进步相比，是一个更重要的影响因素[132]。Acemoglu 和 Linn（2004）[133]通过对实证研究美国的医药市场后认为市场容量和技术创新存在正向影响关系。Laforet（2007）[134]等通过对中小型制造企业的市场导向等维度对技术创新影响的实证分析，研究表明市场需求对技术创新的作用较为重要。

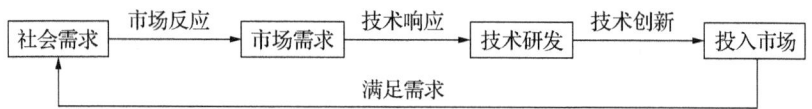

图 3.1 技术创新的市场需求动力

关于光伏产品市场对光伏技术创新的作用，国内外学者进行了探讨。Colatat（2009）[14]研究了美国光伏产业的历史情况，认为光伏市场规模过小和不确定性会降低光伏企业创新的投入意愿。肖庆文（2009）[17]认为我国光

第三章 光伏企业技术创新动力机制概念模型的构建

表 3.1 技术创新来源

创新来源	创新项目数	比例
市场需求	257	45%
生产需求	169	30%
技术能力	120	21%
行政需要	21	4%
总计	567	100%

伏产业链初步形成，创新空间大，需要加大需求鼓励政策力度，通过启动市场来拉动技术创新。霍沫霖等（2011）[18]结合光伏产业特点及技术创新的相关理论，运用 20 个国家的市场和专利数据进行跨国比较，根据计量结果识别出市场发展态势对市场发挥拉动创新作用的影响。光伏产业是在市场需求的拉动下发展起来的，光伏企业的技术创新与光伏产品的市场需求有着密切的关系。欧洲光伏市场的发展拉动了全球光伏企业的发展，同时，也带动了光伏企业的技术创新。中国光伏企业技术发展经历了技术引进、技术模仿、技术创新的发展阶段。在欧美光伏发电市场的拉动作用，中国光伏企业的技术在短短十年时间里，走过了西方企业数十年的发展历程，取得了令人瞩目的成就，虽然大多数核心技术仍然由少数国外企业所垄断，但是部分中国光伏企业技术已经达到世界先进水平。经过多年的技术积累，我国多晶硅光伏企业已经完全有能力与国外企业展开竞争。在国外下游市场的持续拉动下，国内光伏企业加大研发投入的力度，对技术领先的企业开展技术赶超。保利协鑫在苏州成立协鑫工业应用研究院和保利协鑫美国研发中心分析检测中心，同时联合高校和科研单位联合技术攻关。持续的技术提升和产能的扩张，使保利协鑫的多晶硅成本不断下降，具备了相当的国际竞争力。

与国内光伏企业技术快速发展不相匹配的是，中国国内光伏应用市场的启动迟缓。中国光伏企业快速发展的十年，同时也是欧洲光伏市场大力发展的十年，可以说是欧洲的光伏市场拉动了中国光伏企业的发展，随着欧美的反倾销和反补贴的贸易保护主义行为的越演越烈，产品的 90% 依赖国际市场的中国光伏企业遭受了沉重打击。为了启动内需市场，根据光伏产业"十二五"规划，太阳能光伏发电装机目标经过 4 次调整，从 5 GW、10 GW、15 GW、20 GW 提至 40 GW，确切地说应该是调整到了 40 GW 以上，上不封顶。我国光伏应用市场空间相对欧盟市场要大很多，每年我国用电增量和存量比欧盟所有国家的总量还要大。此外，我国的光照条件和光伏资源条件比世界上大多数光伏大国要好很多，单位面积太阳能输出几乎是德国的2倍。我国具备充分启动国内市场、加速光伏产业发展的有利条件。如果国内光伏应用市场能够顺利启动，中国光伏企业的技术创新水平必将得到进一步的提升。

基于以上分析，本书提出以下研究假设：

H1-1 市场需求正向影响行业竞争程度，市场需求越大，参与竞争企业越多，竞争越激烈。

H1-2 市场需求正向影响光伏企业技术创新绩效，市场需求越强烈，光伏企业技术创新绩效水平越高。

（2）技术进步推动力对光伏企业技术创新的影响及假设

技术进步推动力模式强调技术创新的动力来自于科学研究及其技术发明。技术进步推动力表现为科学技术的重大突破，使得技术水平远远超出现有生产水平，而创造出潜在的市场需求。创新理论的奠基者熊彼特（J. A. Chumpeter）是技术进步推动模式的倡导者。他指出，无论技术是在经济系统外部或是在研发实验室中产生，都是技术创新的主发动机[34]。技术创新并非市场拉动产生，而是由技术的创新行为主体按技术功能的适用性而实现的创新，这种创新经过市场适应性推广的磨合，可以达到间接满足市场上某种潜在需求或者创造新的市场需求[135]。技术创新的技术进步推动力模式如图3.2所示。

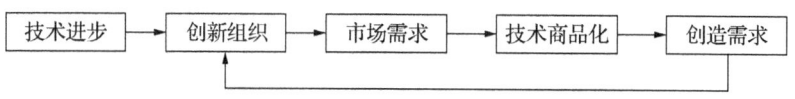

图3.2 技术创新的技术进步推动力

1839年，贝克雷尔发现光照能使半导体材料的不同部位之间产生电位差。这种现象后来被称为"光生伏打效应"。"光伏效应"技术的重大发现和突破，为光伏技术创新提供了原始的动力，各国科学家对光电转换效率进行了持续的研究和实验。1954年，恰宾和皮尔松首次制成了光电转换效率为4.5%的单晶硅太阳电池，为太阳能光伏发电实用化技术的推广奠定了基础。光伏电力成本制约着光伏技术的广泛应用，发电并网技术的发展可以使光伏电力的成本有效地降低[6]。Hamakawa（1999）[136]研究了目前主要光伏发电技术的进展情况，如太阳能电池板生产技术和集成技术，研究了未来光伏产业发展的支撑方案。随着光伏技术的进一步发展和技术创新水平的不断提升，光伏电力成本持续下降（图3.3）。

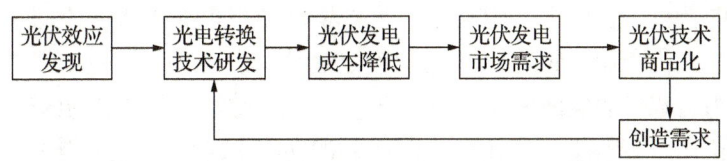

图3.3 光伏企业技术创新的技术进步推动力

基于以上分析，提出以下假设：

H1-3 技术进步正向影响光伏产品市场需求，技术进步越大，市场需求越大。

H1-4 技术进步正向影响光伏企业技术创新绩效，技术进步越快，光伏企业技术创新绩效越高。

（3）政府政策促进力对光伏企业技术创新的影响及假设

新古典学派和熊彼特学派新技术创新理论，对技术创新理论中政府的作用进行了阐释。新古典学派认为政府干预技术创新的合理性在于技术创新过程中具有市场失灵现象。为了纠正市场失灵，主张政府需要出面对市场失灵的问题进行矫正，政府利用干预的有形之手，来平衡市场自由配置资源的无形之手带来的创新资源和要素配置的偏差。新熊彼特学派认为技术创新的各个环节都需要政府的政策支持，并且强调促进技术创新扩散政策的重要性[137]。市场需求对企业技术创新具有推动作用，但是由于技术创新的正外部性存在，导致市场失灵，这就要求政府在企业技术创新中发挥重要作用；此外，作为战略性新兴产业的光伏产业，产业的技术实力决定了国家未来的国际地位，出于国家竞争需要，政府对光伏企业的技术创新政策支持更需战略性要求。政府在促进企业技术创新中的方式主要有：①有效的干预与调控政策。②培育技术创新环境氛围的政策。③促进技术创新制度完善的政策。④完善技术创新服务机制的政策。政府通过制定政策完善各类市场和中介服务体系，为企业技术创新提供信息、金融、法律等全方位的政策支持服务。

光伏产业技术创新市场失灵的另类表现，有实力的技术领先企业通过技术控制和市场控制导致的技术锁定，从而使得后发企业形成技术和市场的路径依赖，后发企业很难依靠自身的力量或市场的力量克服技术的路径依赖和产业市场依赖路径，这是市场失灵的另外一种表现形式，尤其是对于技术处于赶超地位的中国光伏企业，政府的介入和支持更显重要。关于政府政策促进光伏企业技术创新的已有研究形成了一些成果。太阳能光伏发电具有环保和再生的特点，各国把太阳能作为重点发展的战略性产业。在过去十五年里，全球光伏产业以年均25%的速度迅速增长。各国政府把促进光伏技术创新作为培育新的经济增长点的重要举措，伴随欧美光伏市场的迅速发展，我国光伏产业也获得了快速发展，自2007年以来我国连续6年光伏电池产量跃居世界第一，连续5年的增长速度达到30%以上。Poullikkas等对塞浦路斯光伏园区研究认为，塞浦路斯的太阳能光伏发电极具潜力、政府在促进可再生能源技术创新政策效果明显，并对上网电价进行了定量的成本效益分析。Robert（2011）[138]以光伏技术的发展为研究对象，对能源技术革新的要素进行了分析，揭示了政府主管部门的相关技术政策对技术革新具有重要影响。Taylor（2008）[25]以美国加利福尼亚州光伏产业发展为案例，根据不同类型的政策对光伏企业创新行为的影响途径和优缺点进行了定性分析和研究。Grau（2011）[26]政府政策鼓励技术创新可以有效地降低光伏组件成本、提升企业利润，促进光伏产业的健康持续发展。肖庆文（2009）[17]研究表明需求鼓励政策是驱动太阳能光伏发电技术快速产业化的关键因素。霍沫霖等（2011）[18]认为光伏发展政策应促进市场规模的持续增长，定量分析了市场对光伏技术创新的拉动作用。

基于以上分析，提出以下假设：

H1-5 政府政策正向影响光伏产品市场需求，政府政策扶持力度越大市场需求越旺。

H1-6 政府政策正向影响光伏企业技术创新绩效，政府政策支持力度越大企业技术创新绩效水平越高。

（4）生态观念影响力对光伏企业技术创新的影响及假设

随着生态环境的恶化和资源稀缺程度的加剧，低碳、绿色经济成为社会共识，生态消费观念正日益流行，如何实现经济与环境的协调发展，成为社会、企业、政府、学界更为关注的课题。在生态经济观念的影响下，生态技术创新成为企业承担社会责任、维护企业声誉、树立品牌形象、提升企业效益的重要手段。生态技术是指在把握生态经济发展规律的基础上，以节约资源和原材料、减少"三废"排放、保护生态环境为目的，能够实现经济、

social和环境协调发展的产品或工艺的总称。生态技术创新是符合社会经济可持续发展理念的一种绿色技术创新。"绿色"代表的是一种节约资源、降低能耗、生态环保的积极理念。绿色技术创新可以定义为企业在从事生产经营活动过程中，依靠现代科技力量，进行绿色工艺改造或研究开发绿色产品，以节约资源和原材料、减少废弃物排放、改善生态环境，实现经济与环境协调发展的工艺或产品绿色化、生态化的活动过程[139]。20世纪70年代以来，我国出口产品屡屡遭受国际绿色壁垒，国内企业的国际竞争力受到环境规制、生态观念、技术标准的制约，有日益削弱的趋势。目前我国出口产品所遇到的绿色贸易壁垒有多种类型的环境认证与标签制度、技术标准与法规、绿色包装制度、卫生检验检疫制度、生态关税和市场准入、绿色贸易制裁、绿色补贴与反补贴等。据一项联合国的统计数据，由于日益严格的环境技术标准，我国每年出口商品约有74亿多美元受到影响，主要原因是我国出口商品技术水平，难以达到进口国环境标准的要求，或者达到了进口国的基本环境要求，但又不能在较短时间内适应进口国技术标准的变化。杨立生和段云龙（2007）[140]研究后认为人们对生态环境的重视，以及消费者和顾客对绿色产品的需求是推动企业技术创新主体、开展绿色技术创新活动的持续动力，同时强调了社会制度结构对绿色持续创新动力形成的重要影响。尹艳冰（2008）[141]研究认为生态化技术创新，是生态学向传统技术创新渗透的一种新型创新体系，它是在技术创新过程中全面引入生态学思想，在以经济增长为中心的前提下，追求自然生态平衡和社会和谐有序发展，从而引导技术创新朝着经济、社会与生态系统之间良性循坏的方向协调发展。

　　光伏产业是在生态环境日益恶化、传统能源日渐枯竭情况下，为了适应社会生态观念和消费需求兴起并发展起来的朝阳产业。光伏企业的技术创新活动从根本上说是社会生态观念影响的结果。尽管光伏企业看似清洁、低碳、无污染的代名词，而光伏产业链上的生产污染问题也广受诟病。多晶硅提纯环节的化学污染，三氯氢硅、切片环节的酸碱、污水及金属、电池环节的酸碱等污染。多晶硅企业解决污染问题的关键在于先进技术的采用，相对于国内多晶硅企业，垄断了核心技术的国外多晶硅巨头已经实现了无污染的全封闭生产。国外多晶硅巨头的技术垄断，加之社会生态观念产生的市场需求，从而形成的环境技术标准，要求国内光伏企业要想获得生存的机会，必须加大技术研发和创新力度使产品达到环保认证标准。清洁生产技术不仅能是光伏企业达到环境保护的标准要求，还有助于降低企业生产成本，实现环境保护和成本降低的双赢，帮助企业提高竞争力（图3.4）。

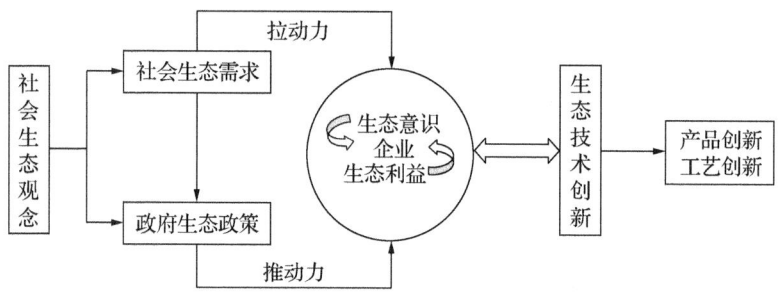

图 3.4　技术创新的生态观念影响力

基于以上分析，提出以下假设：

H1-7 生态观念正向影响政府政策，公众生态需求观念越强烈，政府支持光伏企业的政策力度越大。

H1-8 生态观念正向影响光伏企业技术进步，公众生态需求观念越强烈，光伏企业技术进步越强。

H1-9 生态观念正向影响光伏企业技术创新绩效，公众生态需求观念越强烈，光伏企业技术创新绩效水平越高。

（5）行业竞争推进力对光伏企业技术创新的影响及假设

Lunn 和 Martin（1986）[142]在对不同技术机会进行分类研究后指出，竞争促进了产品的技术创新。Aghion 和 Harris（2001）[143]研究指出，产品市场的激烈竞争会增加创新的利润，进而刺激企业的技术创新投入行为。国内学者柳卸林（1999）[144]研究认为，行业市场竞争是企业技术创新的重要推动力量；对我国企业的情况研究后认为，竞争压力不大会制约企业的创新能力。赵曙东（1999）[145]研究发现竞争压力是高新企业技术创新的重要动力，尽管新技术产品某种程度上会降低企业原有利润，但企业通过加强技术创新研发活动能够有效地规避竞争，提高企业的生产效率。在日益激烈的市场竞争中，企业产品市场占有率决定其生存与发展，企业为了打开产品销路，提升企业产品的市场占比，必然要加大技术创新和研发力度，实现企业生产率提高、生产费用降低，企业竞争力提升的综合目标。

光伏企业技术创新具有高度国际化的特征，我国光伏电池产量的90%销往国外市场，尤其是欧洲市场，光伏企业的竞争是国际性的。目前，国内光伏组件的出货量居全球首位，约占全球出货量的70%，并且大部分出口到欧洲国家。中国光伏企业技术进步是中国光伏企业参与国际竞争的结果。随着行业竞争加剧，光伏产品价格持续下降，欧美各国政府下调光伏发电上网补贴政策，光伏产品的国际市场竞争将更趋激烈，应对国际市场激烈竞争的根本办法是技术创新。因而，光伏行业的竞争促进了光伏企业的技术创新。

基于以上分析，本书提出以下假设：

H1-10 行业竞争负向影响政府光伏政策。行业竞争越激烈，政府支持光伏企业政策力度越弱。

H1-11 行业竞争正向影响光伏企业技术创新绩效。行业竞争越激烈，光伏企业技术创新绩效水平越高。

3.2.2 内部动力对光伏企业技术创新的影响

关于技术创新内部动力影响因素，熊彼特认为：创新是企业家的基本特征和基本职能，企业家的职能是通过采用一种新发明，或利用生产新商品的方法或技术，通过开辟原材料供应的新途径或者产品的新市场，通过重组产业实现改革生产模式。Michael 和 Martin（1984）[58]、Stephenson 和 Grote（1985）[59]都从不同的视角对企业家精神促进技术创新的作用进行了论述。Cohen 和 Levintha（1990），Atuahene-Gima（1992）研究认为，技术吸收能力对技术创新活动具有正向影响，并且提高了新产品创新开发的流程效率[67,68]。Alan（1998）[84]认为培育一种促进创新的文化很重要。Sheldon（1998）[85]认为文化是促进更高层次创新的必需氛围。Khazanchi（2007）[86]等认为组织文化是企业技术创新的必要条件，从组织价值的视角分析了创新型文化促进技术创新的作用。我国学者对企业技术创新的内部动力进行了较为综合的研究，欧阳新年（2004）[55]研究认为，企业技术创新的内部动力构成要素包括企业创新的主观价值判断、创新利益目标、创新能力和创新权力的合力配置。孙冰等（2005）[56]构建的技术创新动力评价指标体系中，内部动力包括利益驱动力、企业家精神作用力、文化感染力、企业激励机制催化力和企业创新能力保障力。孙启萌等（2010）[5]在综合研究的基础上，认为企业技术创新的内部动力包括企业家的创新动力、管理和技术人员的创新动力、企业文化动力和制度与管理动力。

已有文献对企业技术创新内部动力的研究时，多孤立地分析某种因素对技术创新的推动作用，本书认为企业技术创新的内部动力因素具有多样性和复杂性，共同构成了企业技术创新的内部动力系统，内部多种动力因素对企业技术创新具有综合协同效应。光伏企业技术创新具有高度国际化的特征，并且在开放式创新的背景下，企业单独依靠内部能力和资源，已经无法应付技术创新加速化和复杂化的趋势，因而，在知识经济和网络化时代，实现企业间联合创新、合作研发的企业知识网络能力，是企业技术创新的重要内部动力之一。基于以上分析，在借鉴国内外已有研究文献的基础上，本书作者认为光伏企业技术创新内部动力因素主要包括企业家精神、利益驱动力、知识网络能力、企业技术能力和企业创新文化。

（1）企业家精神对光伏企业技术创新的影响及假设

企业家精神是企业家寻求变革、追求成功、创造新产品的内在动机，所产生和驱动的创新进取精神[146]。企业家精神的英文为"entrepreneurship"，国内外学者给企业家精神下过不同的定义。彼得·德鲁克把企业家精神定义为"社会创新精神"，并且把这种精神称为"社会进步的杠杆"[57]。罗伯特·蒙代尔认为，企业家精神是组织发展的引擎，具备企业家精神的领导者才能创新产品，敢于冒险，有能力控制市场风险，抓住市场机会，使企业目标变为现实。企业家精神的培养不仅需要企业家自身内功的修为，外部成长环境同样非常重要[147]。张维迎（1989）[148]企业家精神归结为四种精神，即冒险精神、不满足精神、创新精神和英雄主义精神。经济学家汪丁丁把企业家精神概括为三个方面的内容：创新精神、敬业精神、合作精神[149]。以上学者对于企业家精神研究侧重点不同，但他们概括出企业家精神的基本内涵就是创新开拓、冒险精神和责任敬业精神。熊彼特定义"创新"为"企业家对生产要素的重新组合"，并把创新精神看作是企业家精神的精髓和内涵[150]。Michael 和 Martin[58]在《技术创新管理与企业家精神》，Stephenson 和 Grote（1985）[59]也认为企业家精神对技术创新有重要的影响。企业家精神对企业技术创新起着巨大推动作用，对一个企业的技术创新具有至关重要的作用。

企业家作为"创新的主体"，在企业的技术创新活动中具有关键的地位。指导企业开展创新活动成为企业家的"基本风格"，而企业家精神，也在逐渐成为驱动企业开展创新活动的重要驱动力。企业家精神是企业进行技术创新活动的有力支撑和导向，技术创新活动则是企业家精神的重要体现。企业家精神中的创新精神激励企业家追求企业已有技术体系的不断完善和改进，同时，不断地寻求生产工艺和产品的技术创新机会，在分析研究现有产品市场问题的基础上，制定企业技术变革和创新的程度、时间、地点及范围，并采取有效合理的技术方法，增强企业核心技术竞争中的优势地位，实现创新驱动企业持续健康发展的目标[151]。此外，企业家的创新进取精神，会影响、促进企业全体成员追求创新、促使开拓进取精神理念的形成。必定会促使企业的每一位管理者、科技人员乃至全体人员都迫切地渴求变革与渴望新事物，企业家会制定具有吸引力的创新目标，并制定激励政策和计划，使得企业成员理解，创新是企业生存、发展的基础，随着时间的积淀，创新精神成为一种渴求变革的企业文化在企业内部确立，这种文化是企业开展技术创新的内在精神力量[152]。因而，企业家精神是企业开展技术创新活动的基本动力。

  一批具有创新精神、冒险精神和责任精神的企业家，带领中国光伏企业走向了世界，技术创新取得了辉煌的成就，使中国光伏产业成为令世界瞩目、具有世界竞争力的行业。专业从事晶体硅太阳能光伏组件生产的制造商天合光能宣布，公司创始人兼首席执行官高纪凡先生荣获"2012太阳能产业大奖"（Solar Industry Award 2012）。高纪凡凭借其卓越创新精神获得光伏产业评审专家的一致好评。在技术创新方面，天合光能一直处于领先地位，公司持有约350件专利，对科技创新及技术研发相当重视。2011年12月初，在高纪凡的推动下，常州天合光能提出的两项光伏标准已正式成为国际标准立项。保利协鑫集团董事长朱共山于2006年8月在徐州创办江苏中能硅业科技有限公司，带领江苏中能缔造了GCL特色的多晶硅生产工艺，技术水平、质量、环保控制已达国际先进；自主研发的氯氢化工艺技术，实现了多晶硅生产副产物封闭循环利用；高效还原技术和全流程能量回收利用工艺将综合电耗控制到国际先进水平。目前多晶硅生产成本控制在20美元/kg以下的世界领先水平。保利协鑫董事局主席朱共山秉持"科技创新是企业可持续发展的生命动力之源"理念。河北晶龙集团董事长靳保芳提出，企业搞好技术创新的产业创新与企业创新、专家创新与员工创新相结合，提高科技创新的广度。靳保芳带领河北晶龙集团发展成为世界一流的太阳能光伏高科技企业。保定英利能源董事长苗连生勇于创新和勇于承担责任的开拓精神，使英利形成了浓厚的创新氛围，创新使得英利具有技术、成本等多方面的优势，也使得英利在行业困难期获得了生存发展的机会。

  基于以上分析，本书提出以下假设：

H2-1 企业家精神正向影响光伏企业创新文化。

H2-2 企业家精神正向影响光伏企业技术能力。

H2-3 企业家精神正向影响光伏知识网络能力。

H2-4 企业家精神是光伏企业技术创新的直接动力，正向影响光伏企业技术创新绩效。

(2) 利益驱动力对光伏企业技术创新的影响及假设

企业是以盈利为目的的经济组织，技术创新根本动力来源于企业对自身利益持续追求的愿望。胡哲一（1994）[153]在对企业利益影响其创新的研究中，通过对比分析发现，企业目标是决定企业技术创新动力的首要因素。社会组织的任何社会行为，都是一定利益目标驱使的结果。因而，利益驱动力是企业为取得竞争优势和实现利润预期，而制定创新战略、实施创新活动的根本驱动力。企业追求短期利益不会投入足够的时间和资金进行强度较大的技术创新活动；而在追求中长期利益最大化的目标中，企业宁可牺牲部分短期利益，也会增加技术创新的资本积累，通过技术创新以降低成本、提高质量，根据市场需求不断推出自己的新产品，确立企业在市场上的竞争优势，为获得长期的利益和持续发展奠定基础。

企业存在的根本意义在于通过提供社会需要的产品或服务，通过一系列的经营运作，实现投资回收的利润目标，为自身的持续生存能力提供基础。企业与行政事业单位及福利性组织的根本区别在于，企业的生存和发展依赖于自己的盈利能力和水平，它必须通过提供高附加值的产品或服务，来赢得社会的认可。对于企业来说，营利性不仅仅是一种要求，更多时候被看作企业唯一且最高的目标。无论是在物质富裕的时代，还是在经济短缺的年代，企业往往通过多种经营方式以获取利益最大化。但是，在供过于求的情境中，企业取得经济利益最大化的决定性因素是企业的技术创新能力和创新速度。可以断言，在市场竞争机制发挥作用的经济情景下，企业开展技术创新活动是企业实现经济利益的根本方法和内在要求。企业无论是降低单位材料消耗，还是降低人工费用成本，只能通过工艺改进和产品创新来达成目标，因此，技术创新是企业实现自身价值和目标的迫切要求。

利益最大化是企业经营活动开展的前提和基础，而利益驱动力是企业实施技术创新战略的最为根本的内在驱动力，并在企业的整个经营活动中具有主导作用。以长远利益为目标的企业，一定会制定企业长远的技术创新战略规划。这些具有长远战略规划的企业，对技术创新和研发投入了巨资，使它们在市场中站稳了脚，形成了规模化、低成本、高质量的竞争优势。经过十年的发展，中国光伏产业中真正经得起市场考验的是那些注重长远战略，以技术创新作为追逐长期利益手段的企业。如常州天合、保定英利、保利协鑫旗下的江苏中能等都是以长远战略利益为目标的企业。这些企业依靠技术创新在自己所属的光伏领域取得了骄人的业绩，拥有了保持独特竞争优势的核心技术。

基于以上分析，本书提出如下假设：

H2-5 利益驱动力正向影响企业家精神。

H2-6 利益驱动力正向影响知识网络能力。

H2-7 利益驱动力正向影响企业技术能力。

H2-8 利益驱动力是光伏企业技术创新的直接和根本动力，正向影响光伏企业技术创新，企业追求利益动机越强，技术创新绩效水平越高。

（3）知识网络能力对光伏企业技术创新的影响及假设

在知识经济时代，企业组织的网络化发展和企业技术创新范式向网络化转变的背景下，网络能力成为影响企业技术创新的重要因素。在信息技术为特征的新技术革命的浪潮中，以网络化逻辑为形态的企业技术创新范式，实质地改变了企业的生产、经营和文化过程中的操作和结果。在知识经济的时代背景下，企业组织形式的网络化趋势不可避免。联盟、外包、集群和虚拟企业等网络组织的涌现，也印证了网络化逻辑的不可逆转趋势。企业在这种时代的大背景下如何有效地提高自身的技术创新绩效，成为学界和业界共同关注的话题。

在信息技术网络化逻辑背景下，企业的技术创新行为面临更大的挑战，技术创新过程的复杂化趋势使企业不得不采取网络化的开放式创新战略。一方面，工艺的改进和新产品的创造需要多个领域知识和技能的相互合作才能实现，越来越多的技术创新往往出现在知识交叉领域，如生物芯片、航天技术、纳米技术等。随着知识专业化分工越来越细，参与创新的企业，即使大型跨国企业，也很难具备全部必要的知识，技术创新面临的一个重要的难题：如何搜寻到技术创新所需的知识。另一方面，随着技术进步的速度加快，技术本身也日趋综合化和复杂化。根据有关的统计显示，在通信设备、飞机制造等行业，在1970年，世界上30种关键的进出口产品中复杂性技术占43%左右；到了1996年，这些产品中的复杂性技术已占到84%。技术复杂化随着整体知识存量的快速增加而增加。对于企业等技术创新个体，其知识吸收、消化等速度无法赶上知识增长的速度。在技术创新复杂化趋势下，企业作为一种适应性主体,其创新范式向网络化演变。Hagedoom 和 Schakenraad（1990）[154]对 20 世纪 80 年代跨国公司形成战略联盟的动因分析发现,85% 以上联盟与追求技术创新有关。

Rothwell（1994）[155]归纳了自 20 世纪以来企业技术创新范式的变化历程：在 20 世纪 60—70 年代中期的第一代、第二代技术创新模式,称作"线性模式",这一模式以技术推动和需求拉动为特征,技术创新是在企业内部发生的；而到了 20 世纪 70 年代中期至 80 年代初期,随着技术创新活动的复杂化,技术与市场相结合的第三代耦合模式技术创新模式开始出现；20 世纪 80 年代末期第四代技术创新整合模式出现。面对市场和技术的不确定性,企业日益重视设计开发、生产等要素平行开展的过程,与上游供应商、先行用户的及时互动,实施研究、制造和开发相结合的"可制造的设计"。在第四代技术创新整合模式的基础上,第五代技术创新模式,即网络化创新模式,其借助互联网信息技术,应对产品生命周期缩短和技术迅速变化的不确定性。这一代的特征是强调企业内部技术能力和外部的网络能力,对外与前沿用户建立紧密联系,与供应商联合开发新产品,在技术研发、生产、销售上进行广泛的纵横联合（Rothwell,1994）。

Asheim（1998）也对传统创新模式和网络化创新模式的特点进行了归纳和比较,如表 3.2 所示,认为在复杂动态的环境下,非线性创新模式更具优势。

表 3.2 创新模式比较

	传统创新模式	网络化创新模式
重要部门	大企业和研发部	企业研发部门、客户、合作商、高校、科研院所
创新过程中的投入	研发资金投入	研发投入、市场信息、技术竞争、非正式知识投入等
创新格局	大多发生在核心区域	创新在地理空间扩散
典型的部门	流水线制造业	弹性产业
政策导向	在非核心区域鼓励研发活动	发展更广的创新系统

Michel Callon、Bruno Latour 和 John Law 等提出的行动者网络理论[156]为涉及多个行动者的网络化创新活动研究,提供了一种研究的独特视角,为我

们对技术创新动力机制的研究的展开提供了新思路。作为技术创新活动重要载体的行动者网络，网络行动者既包括参与其中的人和单位组织，也包括异质性资源要素。技术创新活动的重要目的是构造强大的行动者网络，使得行动网络构造者维持网络控制力。网络行动者的优势不是源自其拥有的独特资源，而是其拥有的网络控制力[157]。"稳定的网络是管理行动者达成预期目标的重要保障"[158]。光伏企业技术创新网络化和复杂化趋势明显。光伏企业在技术创新过程中不仅要适应市场客户的多样性要求，同时也要关注相关前沿技术的进展情况与技术领先的科研院所和跨国公司结成联盟；此外，政府是影响光伏企业技术创新的重要因素。政府通过运用光伏项目竞标和特许权等方式，规定投标光伏企业的技术和规模标准，从而形成了光伏企业技术创新的阻力，促进了光伏企业技术创新。因而，具有较强网络能力的光伏企业，在构建技术创新的外部网络方面能够占得先机，为技术创新提供有利的外部知识资源和信息条件，这些优势资源，结合企业内部的创新精神和文化、技术能力转变为企业相应的技术创新绩效。

基于以上分析，本书提出以下研究假设：

H2-9 知识网络能力正向影响光伏企业技术能力。

H2-10 知识网络能力是光伏企业技术创新的直接动力，正向影响光伏企业技术创新，企业知识网络能力越强，技术创新绩效水平越高。

(4) 企业技术能力对光伏企业技术创新的影响及假设

企业技术能力是包含企业所拥有的人员、信息、设备及知识储存量的总和，反映了这些资源要素储存量的增加，既有数量的积累，也有质量的积累，这些积累对于企业的技术创新有直接的促进作用。企业技术创新资源的积累程度，对于企业的技术能力和水平、技术能力的成长与企业合作能力、转化能力及吸收能力的提升具有正向相关关系，可以直接促进企业学习能力的提高，企业的学习能力增强，新获取的知识被整合进入原有知识的可能性越大，就会有更多的机会和能力进行技术创新[159]。Tsai（2004）[160]研究认为企业技术水平和能力的积累强度是企业的战略性资源，影响企业竞争优势的获得，技术能力水平决定了企业的创新绩效水平。企业内部的组织能力、资源和知识的积累是解释企业获得超额收益、保持竞争优势的关键。事实上，这种能力、资源和知识在很大程度上是指企业的技术能力，包括物质的、人力的、技术的或组织的资源资产，以及能够使组织执行企业活动的实践知识[64]。Chen（2004）[74]通过对137个联盟的调查，证实了企业创新绩效受企业吸收能力、整合能力和创新能力等技术能力构成因素的正向影响。杜建华等(2009)[75]对270家孵化企业的实证研究验证了动态能力与包括创新绩效之间的显著正相关假设,同时在社会资本的结构维和关系维,技术能力与企业的财务绩效和创新绩效之间的中介作用。邢小强(2007)[161]研究指出企业技术能力越强,不仅有利于建立高质量的网络关系,这种新知识吸纳的过程必然伴随着网络互动,而这种网络管理的活动会极大地促进企业网络能力的提升。企业自身技术能力较低会制约企业网络管理的层次与效率,会直接影响到未来企业的网络管理活动,限制企业知识网络能力的进一步发展。

基于以上分析,本书提出以下假设:

H2-11 企业技术能力正向影响企业知识网络能力。

H2-12 企业技术能力是光伏企业技术创新的直接动力,正向影响光伏企业技术创新,企业技术能力越强,技术创新绩效越高。

(5) 企业创新文化对光伏企业技术创新的影响及假设

企业创新文化指企业全体员工拥有的,与创新、冒险、责任等创新精神相关的信念、价值、态度和行为方式等的总和,是企业奖励创新、鼓励承担责任和勇于冒险的文化。企业创新文化的本质是鼓励创新、包容失败,对技术领域来说,就是能够最大限度地激发人们进行技术创新的文化(李垣等,2005)[162]。创新文化正成为推动技术创新和科技进步的内在力量。创新文化是企业制定技术创新战略,实施技术创新活动的重要驱动力,同时也是影响企业能否顺利开展创新活动的关键因素。许庆瑞(2005)以海尔为案例进行研究,认为企业创新型文化不仅直接作用于企业的技术要素,更重要的是作用在于通过全员实施的创新管理思想,形成的企业"文化场",进而作用于企业各创新要素,再间接地作用于企业的技术要素。Vecchi 和 Brennan (2009)[163]以制造业企业为样本,对冒险性创新型文化促进企业创新绩效的影响进行了验证。

基于以上分析,本书提出如下假设:

H2-13 企业创新文化正向影响企业技术能力。

H2-14 企业创新文化是光伏企业技术创新的直接动力,正向影响光伏企业技术创新,企业创新文化氛围越浓,企业技术创新绩效水平越高。

3.2.3 内部动力的中介效应

外部动力因素如何作用于光伏企业技术创新,内部动力因素在其中扮演什么样的角色是揭示光伏企业技术创新动力系统内在机制的关键。企业只有在不断地识别市场需求和利用市场机遇的前提下才能实现创新,而市场机遇的识别和利用是企业家精神实现创新的基础[164],因而市场需求在直接推动企业技术创新的情况下,还需要通过企业家的创新和冒险精神进行决策,根据未来市场需求进行研发投入,这种研发投入具有前期性和风险性的特征。市场需求影响企业技术创新活动的作用力是通过企业家精神而间接作用于企业。同样当企业面临外部政策变动、技术进步变化、社会观念变迁和竞争压力增强的环境下,企业的适应能力往往体现在企业家的综合能力和精神意志。在具备独特资源和网络的条件下,企业家利用高超的决策能力来杠杆化地开发、利用这些资源和网络[165],利益驱动力指导企业的技术创新方向,为企业持续竞争优势形成创造条件。李丽青(2008)[166]研究认为利益驱动力是企业技术创新活动开展的根本推动力,受到企业外部竞争环境因素的影响,利益驱动力是企业把外部压力和动力转变为企业技术创新行为的最根本动力。21世纪以来,随着技术创新速度的加快、知识的分布性特征增强,开放式创新日益成为企业技术创新策略的必然选择。配置分散的知识资源,企业在技术创新的不同阶段都需要寻求外部合作,将外部知识资源纳入自身的创新系统[167],外部知识网络成为企业技术创新的重要组织形式[168]。外部知识网络能力成为影响企业整合外部资源和协调外部压力和动力的关键因素,对企业技术创新的推动和促进作用产生了重要影响。Nagarajan 和 Mitchell(1998)[169]研究认为行业技术发展动态对企业技术能力的积累途径有显著影响。赵晓庆和许庆瑞(2006)[170]从技术能力的知识视角将技术能力分为显性层、核心层和扩展层3个层次。扩展层包括企业与用户、供应商、竞争者、政府及大学科研院所结成的技术联盟和关系网络,反映了企业利用外部资源要素开展技术创新活动,有助于企业提高技术能力和技术水平。企业创新文化是与企业创新相关的文化和精神形态,鼓励冒险的创新文化可以促进企业有效的技术创新。创新文化可以对快速变化的内外环境,以及突然出现的危机与情况做出快速反应[171],在企业技术创新的外部动力和技术创新绩效之间起到中介效应。

  光伏产业的技术发展经历了一个漫长的时期。在全球传统能源日益枯竭、环境日趋恶化的背景下,社会生态观念日渐高涨,节能减排的诉求得到社会公众和各国政府的响应。各国政府为了支持本国光伏产业的发展壮大,占领新兴产业的制高点,纷纷制定产业发展支持政策,出台产业发展规划。

国际上政府支持光伏发展的主要做法有上网电价补贴，规定电力公司以高于常规电价的价格收购光伏电量，国家给予电力公司相应补贴。政府对光伏研发活动进行支持，欧洲除了27个国家对各自的研发给予支持以外，欧盟实施了光伏研究基金和示范工程。2007年欧盟发布战略能源技术计划，把光伏技术列为关键支持计划之一。日本政府也制定了促进太阳能利用的发电行动计划，其要点之一就是大力促进光伏技术的开发，以技术研发解决光伏发电成本高的问题。从国外的光伏技术研发支持政策来看，国家制定的光伏技术研究计划，划拨专项研发基金，加大支持力度，有力地促进了光伏技术的持续进步。我国政府在借鉴国外成功经验的基础上，对光伏技术研发的支持主要有研发基金、财政税收优惠、产业发展规划、上网电价补贴等支持，我国光伏技术实现了跨越式发展，使得我国光伏产业在世界范围内具有了一定的竞争力。政府的产业规划和大力支持，以及技术进步推动的光伏发电成本的下降，形成了巨大的市场需求，造就了光伏行业的丰厚利润，吸引了众多机构和企业投资光伏产业。随着光伏企业数量的增长，行业竞争加剧。加大研发力度，投资技术创新，是企业解决低价竞争的根本途径。在光伏企业外部环境的动力和压力下，企业经营者支持企业开展技术创新，进行技术能力的积累，在利益驱动之下，企业外部环境中的技术创新动力，借由企业内部动力因素产生创新的协同效应，有效地提升了企业技术创新的综合绩效。由上述分析可知，光伏企业技术创新面临的外部环境中的政府支持、生态观念、市场需求、行业竞争和技术进步等动力因素，是需要通过光伏企业内部的企业家精神和能力、知识网络能力和技术能力等内部动力因素的作用才能对企业技术创新活动产生影响。

基于以上分析，本书提出以下假设：

H3 光伏企业内部动力在外部动力和技术创新绩效之间具有中介作用。

H3-1 企业家精神在外部动力各维度和技术创新绩效之间具有中介作用。

H3-2 利益驱动力在外部动力各维度和技术创新绩效之间具有中介作用。

H3-3 知识网络能力在外部动力各维度和技术创新绩效之间具有中介作用。

H3-4 企业技术能力在外部动力各维度和技术创新绩效之间具有中介作用。

H3-5 企业创新文化在外部动力各维度和技术创新绩效之间具有中介作用。

3.2.4 创新阻力对光伏企业技术创新的影响

企业技术创新从系统和环境的互动角度来看，也就是从企业作为创新主体的内部和外部两个方面探讨企业技术创新的动力机制，有助于我们全面理解技术创新的影响因素。创新动力结构分解成内力和外力两部分。内力为企业提供创新的动因，外力为企业技术创新提供动势。内力分为内动力和内阻力，外力分为外动力和外阻力。何亮（1998）[172]认为企业的内部阻力有风险阻力、目标阻力、惯性阻力、要素阻力等；外部阻力有市场需求障碍、体制和产权关系不明确、金融市场不发育、社会整体的生产技术水平落后、人才和技术市场不健全、劳动力过剩等。企业技术创新是在内外动力的共同作用下实现的。已有相关研究对企业技术才的动力因素进行了较为详细深入的研究，企业技术创新不仅受到技术创新内外动力的作用影响，还受到企业内外部环境中阻力因素的影响，在一定程度上，企业技术创新的水平，甚至成败，取决于这些阻力因素，研究企业技术创新阻力因素，在理论和实践上都具有重要意义。而已有关于企业阻力因素的研究较少，因此，结合光伏企业的实际情况探讨其技术创新阻力因素，有助于发现阻力产生的原因，找到消除或减弱阻力的途径，使光伏企业技术创新得以顺利完成。由第二章光伏企业技术创新特征的分析可知，技术发展路径多元化是光伏企业技术创新的重要特征，这就意味着未来光伏主导技术的不确定性，加大了光伏企业技术创新的风险和成本，降低了光伏企业技术创新的积极性。因此，技术不确定性是光伏企业技术创新的阻力因素。此外，光伏技术路径的多元化也意味着采用不同技术的光伏企业，具有技术锁定效应和转换成本，降低了光伏企业采用差异化先进技术的积极性，因而，技术路径依赖性是光伏企业技术创新的阻力因素。知识网络化特征决定了光伏企业合作技术创新，是获得持续竞争优势的重要途径；但是，光伏企业技术的垄断化特征，决定了企业在合作技术创新过程中，会对形成企业垄断地位的核心技术和知识产权采取保护措施，同时，企业之间的文化和技术能力差异决定了知识吸收能力的差异，因而，知识产权保护和弱吸收能力是知识粘滞性产生的重要原因，阻碍了光伏企业技术创新。结合以上对光伏企业实际情况的分析，本书把光伏企业技术创新的阻力因素分为以下几个方面：技术不确定性、技术路径依赖性、知识粘滞性。

（1）技术不确定性对光伏企业技术创新的影响及假设

技术不确定性是企业在技术创新和研发过程中，很难准确地判定新产品开发的技术要求[173]。不确定程度主要取决于技术的新颖程度、复杂程度和更新速度[174]。技术不确定性既是市场竞争的结果，也是技术发展变化加速的产物，主要表现在：技术的演化、突破性技术、技术的变化速率和不连续性方面。技术的演化表现为旧技术被新技术逐步取代，而形成的新标准；突破性技术是行业技术获得重大发展的结果，产品技术与工艺特征实现根本性改变；技术的变化速率是指行业技术发展变化的速度，在一些技术密集型行业中体现的较为明显，这些行业中的技术不确定性较高；技术不连续性是指一种新的技术相较于原有技术，具有更强的发展潜力，可以显著降低产品成本，提高产品性能，增强企业竞争优势。任何新技术的研发都面临两个不确定性，即技术前景的不确定性和市场前景的不确定性。

光伏企业技术不确定性表现在技术研发的速度和连续性的不确定，以及未来市场应用前景的不确定。以光伏晶硅电池的技术发展为例，第一代是晶硅电池，其技术比较成熟，市场占有率较高，目前在80%左右；第二代是薄膜电池，技术处于成长阶段，目前市场占有率10%以上；第三代光伏电池是由其他最新技术和材料制成的电池。新兴的光伏电池技术和材料不确定性表现在其研发成功率和市场的应用前景，也就意味着，在投入研发成本的情况下，成功的概率和收益具有不确定性。这种不确定性具有极大的风险性，尤其对于以追求利润最大化为目标的企业来说，风险性评估的高低在一定程度上会阻碍企业技术创新的积极性。

H4-1 技术不确定性是影响光伏企业技术创新的阻力因素，因而负向影响光伏企业技术创新绩效。

（2）技术路径依赖对光伏企业技术创新的影响及假设

技术发展总会受到先前技术基因的遗传规定和经济制度等社会因素的影响。技术能力及水平的积累过程表现为技术的动态成长过程，具有路径依赖性[70]，是企业在已有技术轨道内的积累性增长。原有技术轨道或范式对企业技术的变化方向具有强制性制约，可能会导致企业丧失突破性创新的机会。路径依赖的产生原因主要是两个方面：一是技术的转换成本；二是技术的网络效应。当两种技术之间的转换成本比较高时，技术就面临锁定效应。贝尔大西洋公司投资30亿美元购买美国电话电报公司（AT&T）的5ESS数字转换器的案例，就很好地证明了技术锁定效应的巨大影响。关于转换成本的来源，将其夏皮罗和瓦里安（2000）归因于可持续互补资产的投资。具体表现形式，既可以是学习成本（如消费者通常需要花费一定的时间用来学习一种操作技能），也可以是交易成本（如通过顾客忠诚计划，消费者能够获得更多的优惠），还可以是对专用互补品的投资等。虽然转换成本的来源有差异，但最终都会导致技术锁定（表3.3）。技术路径依赖的网络效应具有正反馈的特征，使强者更强，弱者更弱。网络效应是指相关消费者的效用函数之间具有相互的依赖性，一个消费者的收益会受到其他消费者选择的影响。一种产品用户数量的增加，如果该产品变得更有价值，意味着就会吸引更多的消费者选择这种产品，而这又会导致产品价值的正向增加，更进一步刺激消费者的需求。技术的路径依赖性导致新技术的研发和应用面临巨大风险和阻力，因而技术路径依赖性阻碍并降低了企业技术创新的积极性。

表3.3 技术锁定和相关转换成本的类型

锁定类型	转换成本
合同责任	毁约的损失
耐用品	设备更换
特定品牌的培训	新系统的学习成本
信息数据库	数据格式的转换成本
特定供应商	新供应商更换成本
商品搜索成本	购买者和销售者共同的搜寻和认知成本
顾客忠诚计划	原有供应商处失去的任何利益

光伏企业技术创新也受到技术范式的路径依赖影响。晶硅电池的市场占有率达到80%以上，薄膜电池的市场占有率在10%左右，其他类型的光伏电池市场占有率不到10%。生产晶硅电池的企业生产技术具有较强的路径依赖性。一方面由于技术市场规模的依赖特性，使企业依赖原有的技术就能获利，而导致企业技术创新的动力不足；另一方面，由于原有技术的研发投入成本具有沉没性，如果开展技术创新，有可能抛弃原有技术而导致早期技术创新投资成本的浪费，企业囿于技术成本沉没的困境而缺少技术创新的动力。因而，光伏企业技术创新也面临着路径依赖的转换成本因素和网络效应的影响，具有锁定效应，路径依赖性是技术创新的阻力。

基于以上分析，本书提出以下研究假设：

H4-2 技术路径依赖性降低了光伏企业技术不确定性，技术路径依赖性越强，技术不确定性越低，负向影响技术不确定性。

H4-3 技术路径依赖性增加了知识粘滞性，技术路径依赖性越强，知识粘滞性越大，正向影响知识粘滞性。

H4-4 技术路径依赖性是影响光伏企业技术创新的阻力因素，负向影响光伏企业技术创新绩效。

(3) 知识粘滞性对光伏企业技术创新的影响及假设

知识共享，尤其是默会性知识的共享是企业技术创新成功的关键影响因素。技术创新过程中知识的转移和共享，既发生在企业内部，也发生在企业和其他合作伙伴之间。波兰尼（1966）[175]提出默会知识的概念，默会知识的转化与共享是学术界研究的难点。Von Hipple（1994）[71]首次提出了粘滞性概念，技术问题解决过程中所需信息的获得和转移，以及在新环境中的应用所付出的成本，就是粘滞性。具有里程碑研究的是野中郁次郎（1994），他从知识性质和知识转化的机制出发，认为创新是默会知识和显性知识交互作用的螺旋上升过程[176]。Szulanski（1996）[66]实证研究认为，知识源、知识性质和知识的接受方的特征是知识难以共享的根本原因。国内学者王毅和吴贵生（2001）[177]界定了粘滞性知识，建立了知识转移的模型，提出了克服知识转移粘滞性的途径。

我国光伏企业的技术创新过程，大都是在引进国外技术模仿的基础上，进行企业内部的技术创新（自主创新）。光伏企业技术创新过程中的技术引进、消化和吸收，是外部知识共享、转移和消化的过程，这一过程既受到默会知识难易程度的影响，也受到知识拥有方转移和共享意愿的影响，同时还受到知识接受方吸收能力的影响。光伏产业链上游的多晶硅技术，多年来一直被国外的七大厂商所垄断，我国大多数多晶硅企业采用的改良西门子法生产技术不仅产品成本高、精度低，而且由于没有掌握尾气回收的核心技术，导致环境的严重污染，给国内光伏企业造成了"国内污染、国外清洁的负面"形象。国外公司核心技术的保护，是技术创新过程中知识粘滞性的重要表现，是企业技术创新的阻碍因素。光伏企业技术创新过程中，内部成员之间同样存在着知识转移和共享的粘滞性问题。企业内部成员拥有的知识是一定资金、时间和精力的凝结，这些知识，尤其是默会知识的存在，可以为他们带来额外的垄断收益，增强他们对团队的重要性和在团队中地位的稳固性。基于自利主义的考虑，保留自己独特知识的思想倾向是不可避免。知识受体的吸收意识和能力，反映的是知识受体对共享知识的主动参与程度和对知识源战略意图的了解程度。通常情况下，知识源的转移和共享意愿越弱，知识受体的吸收意识和能力越弱，知识粘滞性越强，对技术创新形成的阻力也就越大。

基于以上分析，本书提出以下研究假设：

H4-5 知识粘滞性负向影响技术不确定性，知识粘滞性越强，技术不确定性越低。

H4-6 知识粘滞性是影响光伏企业技术创新的阻力因素，因而负向影响光伏企业技术创新绩效。

3.2.5 创新阻力的调节效应

技术的不确定性会增加了企业技术创新的成本和风险，降低了企业技术创新和研发的积极性和动机[178]，企业技术创新动力的减弱，导致技术创新绩效的降低。吴爱华和苏敬勤（2012）[179]构建理论模型从技术不确定性调节作用的视角实证检验了创新团队组织情境因素对创新速度的影响，研究发现，一般情况下，组织鼓励与创新速度正相关，但当技术波动性较大时，组织鼓励与创新速度负相关，技术不确定性具有负向调节作用。David（1985）[180]和 Arthur（1987）[181]最早将路径依赖理论应用于技术创新研究。Arthur（1983）认为采用已有技术的正反馈导致收益递增，使得技术锁定于非优的、低效率的水平，最终导致技术创新的低效率。Paul（1985）利用QW ERTY 键盘实例对路径依赖影响技术创新效率进行了研究。Stephen（2002）[182]研究指出技术发展过程中的历史因素在决定未来技术变迁中起到了主要作用。技术的路径依赖使得企业利用原有的技术就可以获得丰厚的利润，降低了企业进行技术创新的动机，从而导致技术创新绩效的降低。王向阳等（2011）[183]通过实证研究发现，路径依赖对知识获取与企业的渐进式创新之间的关系具有显著的调节作用。在一定的环境因素影响下，知识对其拥有者具有一定的粘附性，使知识难以得到有效流动。知识粘性严重影响了知识的转移和共享，给分布式技术创新造成了现实困难，是分布式创新成功的重要障碍[184]。知识粘性或粘滞性阻碍了合作创新单位之间和创新团队内部成员之间的知识共享和转移，降低合作创新积极性，对企业技术能力的提高有负向影响，从而降低了企业技术创新绩效。知识转移的粘滞性也是知识分享不畅、合作创新项目失败的重要原因[185]。在合作技术创新过程中，由于担心核心知识的泄露[186]和竞争优势的丧失或者由于对知识受体的不够信任，担心把来之不易的成功经验传授给合作企业而得不到相应的补偿[13]，从而形成了知识转移和共享的粘性,这种粘性对企业家的创新和冒险精神具有极大的阻碍作用,同时,也影响着企业技术能力的提高和创新文化的培育,直接或间接地对企业技术创新绩效产生负面影响。

基于以上分析,本书提出以下假设:

H5 创新阻力负向调节光伏企业内部动力与技术创新绩效之间的关系。

H5-1 技术不确定性对光伏企业内部动力与技术创新的关系有负向调节作用,技术不确定性越强,内部动力越小,技术创新绩效降低。

H5-2 技术路径依赖对光伏企业内部动力与技术创新的关系有负向调节作用,技术路径依赖越强,内部动力越小,技术创新绩效降低。

H5-3 知识粘滞性对光伏企业内部动力与技术创新的关系有负向调节作用,知识粘滞性越强,内部动力越小,技术创新绩效降低。

在上述理论研究的基础上,结合光伏企业技术创新的实践情况,本书提出以下研究概念模型(图3.5)。

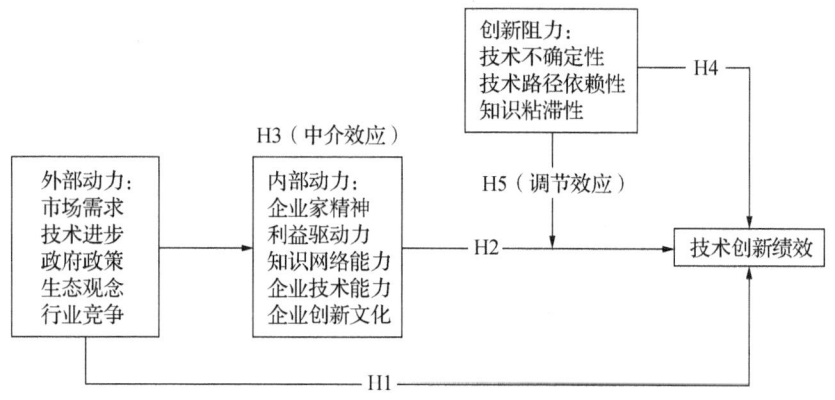

图 3.5 研究综合概念模型

3.3 研究假设的汇总

表3.4给出了本研究的理论假设汇总。

表 3.4 本研究的理论假设汇总

编号	内容
H1-1	市场需求正向影响行业竞争程度,市场需求越大,参与竞争企业越多,竞争越激烈

续表

编号	内容
H1-2	市场需求正向影响光伏企业技术创新绩效,市场需求越强烈,光伏企业技术创新绩效越高
H1-3	技术进步正向影响光伏产品市场需求,技术进步越大,市场需求越大
H1-4	技术进步正向影响光伏企业技术创新绩效,技术进步越快,光伏企业技术创新绩效越高
H1-5	政府政策正向影响光伏产品市场需求,政府政策扶持力度越大市场需求量越大
H1-6	政府政策正向影响光伏企业技术创新绩效,政府政策支持力度越大企业技术创新绩效水平越高
H1-7	生态观念正向影响政府政策,公众生态需求观念越强烈,政府支持光伏企业的政策力度越大
H1-8	生态观念正向影响光伏企业技术能力,公众生态需求观念越强烈,光伏企业技术能力越强
H1-9	生态观念正向影响光伏企业技术创新绩效,公众生态需求观念越强烈,光伏企业技术创新绩效越高
H1-10	行业竞争负向影响政府光伏政策,行业竞争越激烈,政府支持光伏企业政策力度越弱
H1-11	行业竞争正向影响光伏企业技术创新绩效,行业竞争越激烈,光伏企业技术创新绩效越高
H2-1	企业家精神正向影响光伏企业创新文化
H2-2	企业家精神正向影响光伏企业技术能力
H2-3	企业家精神正向影响光伏企业知识网络能力
H2-4	企业家精神是光伏企业技术创新的直接动力,正向影响光伏企业技术创新
H2-5	利益驱动力正向影响企业家精神
H2-6	利益驱动力正向影响知识网络能力
H2-7	利益驱动力正向影响企业技术能力
H2-8	利益驱动力是光伏企业技术创新的直接动力,正向影响光伏企业技术创新,企业追求利益动机越强,技术创新绩效越高

续表

编号	内容
H2-9	知识网络能力正向影响光伏企业技术能力
H2-10	知识网络能力是光伏企业技术创新的直接动力,正向影响光伏企业技术创新,企业知识网络能力越强,技术创新绩效越高
H2-11	企业技术能力正向影响企业知识网络能力
H2-12	企业技术能力是光伏企业技术创新的直接动力,正向影响光伏企业技术创新,企业技术能力越强,技术创新绩效越高
H2-13	企业创新文化正向影响企业技术能力
H2-14	企业创新文化是光伏企业技术创新的直接动力,正向影响光伏企业技术创新,企业创新文化氛围越浓,企业技术创新绩效越高
H3	光伏企业内动力在外部动力和技术创新绩效之间具有中介作用
H3-1	企业家精神在外部动力各维度和技术创新绩效之间具有中介作用
H3-2	利益驱动力在外部动力各维度和技术创新绩效之间具有中介作用
H3-3	知识网络能力在外部动力各维度和技术创新绩效之间具有中介作用
H3-4	企业技术能力在外部动力各维度和技术创新绩效之间具有中介作用
H3-5	企业创新文化在外部动力各维度和技术创新绩效之间具有中介作用
H4-1	技术不确定性是影响光伏企业技术创新的阻力因素,因而负向影响光伏企业技术创新绩效
H4-2	技术路径依赖性降低了光伏企业技术不确定性,技术路径依赖性越强,技术不确定性越低,负向影响技术不确定性
H4-3	技术路径依赖性增加了知识粘滞性,技术路径依赖性越强,知识粘滞性越大,正向影响知识粘滞性
H4-4	技术路径依赖性是影响光伏企业技术创新的阻力因素,负向影响光伏企业技术创新绩效
H4-5	知识粘滞性负向影响技术不确定性,知识粘滞性越强,技术不确定性越低
H4-6	知识粘滞性是影响光伏企业技术创新的阻力因素,因而负向影响光伏企业技术创新绩效
H5	创新阻力负向调节光伏企业内部动力与技术创新绩效之间的关系

续表

编号	内容
H5-1	技术不确定性对光伏企业内部动力与技术创新的关系有负向调节作用,技术不确定性越强,内部动力越小,技术创新绩效降低
H5-2	技术路径依赖对光伏企业内部动力与技术创新的关系有负向调节作用,技术路径依赖越强,内部动力越小,技术创新绩效降低
H5-3	知识粘滞性对光伏企业内部动力与技术创新的关系有负向调节作用,知识粘滞性越强,内部动力越小,技术创新绩效降低

3.4 本章小结

本章基于国内外文献的研究,选择外部动力、内部动力、创新阻力、技术创新绩效4个变量构建了光伏企业技术创新的动力机制结构模型。其中,外部动力用市场需求拉动力、技术进步推动力、政府政策促进力、生态观念影响力和行业竞争推进力5个维度进行度量;内部动力用企业家精神、利益驱动力、知识网络能力、企业技术能力和企业创新文化5个维度进行度量;创新阻力用技术不确定性、技术路径依赖性和知识粘滞性3个维度进行度量;技术创新绩效用5个题项进行测量。

此外,在上述研究分析的基础上,本章提出了研究的相关假设。外部动力各维度正向影响光伏企业技术创新绩效;内部动力各维度正向影响光伏企业技术创新绩效,同时,提出了内部动力各维度在外部动力和技术创新绩效之间的中介效应假设;创新阻力负向影响光伏企业技术创新绩效,同时,提出了创新阻力对内部动力和技术创新绩效之间的调节效应假设。基于以上假设,构建了相应的结构方程模型,为后续研究做好准备。

第四章　研究设计方法及变量度量

对光伏企业技术创新动力机制进行有效的研究，既需要规范的理论研究，又需要进行科学合理的实证研究。问卷设计和数据收集的科学性和合理性，直接关系到文章的质量，本书实证研究的样本数据，以问卷调查为主，并进行了调研访谈。本章主要围绕研究设计和方法问题，就问卷制定原则和方法、研究模型相关概念的度量、研究问卷量表的质量控制及数据的处理方法等进行阐述。

4.1　问卷设计内容及可靠性

研究共涉及以下研究变量，分别为光伏企业技术创新的外部动力（市场需求拉动力、技术进步推动力、政府政策促进力、生态观念影响力、行业竞争推进力）；内部动力（企业家精神、利益驱动力、知识网络能力、企业技术能力、企业创新文化）；创新阻力（技术不确定性、技术路径依赖性、知识粘滞性）。规范实证研究要求对变量，要求通过问卷设计和编制对变量进行测量。问卷的构思与目的在问卷设计中是最重要的，不同的研究目的决定了问卷内容的总体安排和量表的构成（王重鸣，1990）[187]。本书研究主要是围绕我国光伏企业技术创新动力机制的分析框架而展开的，要求问卷量表能够提供研究所需的有效数据。围绕研究框架内容和目的，本书调查问卷涵盖了以下几个方面的基本内容：

①企业基本情况及背景资料；
②有关影响光伏企业技术创新的外部动力因素；
③有关影响光伏企业技术创新的内部动力因素；
④有关影响光伏企业技术创新的阻力因素；
⑤关于光伏企业技术创新绩效判别。

为了尽可能客观、科学地对相关概念进行度量，研究采取以下措施以保证问卷的质量。

①优先选择被验证并得到广泛应用的问卷;
②尽可能选择有关文献中与本书研究直接相关的问卷;
③优先选择研究文献中信度和效度值比较高的问卷;
④仅仅在无法提供直接问卷的情况下,选择间接问卷。

为保证问卷的有效性,在制定出初始调研问卷之后,本书采取相应的前侧措施,确保问卷的适宜性和科学性,采取的措施包括可行范围内的预测试、建议征询等;自行开发编制的调研问卷,采取了深度访谈、小样本测试等方法以确保问卷的可靠性。而对于没有研究文献可供参考的概念,严格按照问卷规范要求综合采用逻辑法、经验法和因子分析法进行设计。

第一,通过检索查阅关于技术创新、动力机制、创新阻力、创新绩效评价、光伏企业开展技术创新等方面的研究文献,将相关文献中已论证指标等进行归纳,结合有关的知识,形成初步研究思路。

第二,选取河北省和江苏两省的 5 家光伏企业进行深入访谈。访谈对象是光伏企业负责技术工作的主管领导、技术中心的负责人及研发项目的直接负责人。了解光伏企业技术创新的基本情况,以及技术创新过程中激励机制实施所遇到的主要问题。现场访谈有两个目的:一是,就本书的研究思路与企业专业人士进行讨论,以确认研究思路与现实状况的相符程度,并根据建议进行了适当的调整;二是,就相关的研究变量和研究框架模型与相关专业人员进行了咨询,在这些合理建议的基础上进行补充完善,逐步形成本研究的初始调查问卷。

第三,征询光伏协会专家和学术研究人员。就初始调查问卷对江苏省光伏产业协会的 5 名专家及南昌大学光伏学院的 8 名专业研究人员进行访谈,以征求各位专家和相关专业研究人员对初步调查问卷的意见和建议,根据相关建议和实际需要对初始调查问卷进行了改进,形成了改进后的调查问卷。

第四,调查问卷的预测试。本研究选择江苏的 5 家光伏企业进行预测试,调查对象为光伏企业的高层领导和技术研发中心的负责人、研发成员和外聘专家顾问。根据相关的反馈意见和建议,对有关题项的表述方式进行了修改,形成了最终的正式调查问卷。

本研究所需的样本数据,采用直接面向企业的调研问卷。问卷设计 Likert 七点法,通常情况下 Likert 七点法设计的问卷量表具有较高的可靠性,能够有效地判别被调研者的态度和意见。本研究之所以选择 Likert 七点法进行问卷设计,是基于以下原因:第一,本研究的受访者大多数是光伏企业和协会的专业人员，他们能够有效地提供较高辨识度的答案；第二，Likert 七点法可以有效地区分答卷者的态度差异程度，便于对各统计变量进行区分。问卷设计的问题表述极为重要，问卷有效性取决于答卷者的主观评价，而 Fowler（1988）[188]指出了问卷回答不准确的四大主因并导致的调查结果偏差。本研究在设计的问卷内容时如果能够获得已有研究的问卷内容，就相关问题进行直接引用；如果不能获得有效内容，则搜寻已有类似相关变量的表述，以既有的视角设计相关问卷题项。这样处理的优点在于，获得广泛认同的既有研究成果，其问卷和变量的信度与效度已经获得检验，直接引用可以提高问卷数据的信度。有关本书研究涉及的新变量，则根据变量内涵自行编制问卷题项的表述，并经多次讨论后确认。按照 Lee 等（2001）[189]的研究结论，调查问卷对拟研究的内容和思路没有进行说明，并将技术创新绩效题项安排在其他测度题项的后面，以防止因果关系暗示对被调查者的影响。

4.2 变量度量

本研究所涉及的变量包括光伏企业技术创新的外部动力（解释变量）、内部动力（中介变量）、创新阻力（调节变量）、技术创新绩效（被解释变量）和控制变量（企业规模、年龄）。量表使用了 Likert 七点法，对变量的题项度量，数字"1~7"用于判别答卷者对问题项的认可程度，"1"表示完全不同意，"7"表示完全同意；"4"代表中间状态。由于测度变量的指标具备一致性的前提下，多指标相对于单指标具有更高的可信度（Churchill，1979）[190]，本书采用多指标对变量进行测度。

4.2.1 外部动力

光伏企业技术创新的外部动力，除了一般企业技术创新具有的动力，如市场需求拉动力、技术进步推动力、政府政策促进力和行业竞争推进力，还具有自身所特有的技术创新动力——生态观念影响力。因而，本书研究的光伏企业技术创新的外部动力，包括市场需求拉动力、技术进步推动力、政府政策促进力、行业竞争推进力和生态观念影响力。

（1）市场需求拉动力

市场需求拉动力是社会经济发展产生的新需求对企业技术创新形成的一种动力源泉。随着光伏发电成本下降，政府政策的扶持，光伏市场逐步形成，光伏发电的市场需求极大地刺激了企业投资光伏产业的积极性。在日趋竞争激烈的光伏行业，技术创新成为赢得市场竞争优势的必由之路。学者们由于研究的目的和视角不同，对市场需求拉动力测度也有差异。李垣和汪应洛（2004）[119]研究认为市场需求拉动力主要表现为产业吸引力和市场竞争力。孙冰和李柏洲（2005）[56]在对企业技术创新动力的评价研究中，采用以下两个指标对企业技术创新的市场需求拉动力进行测度：①现有产品的市场需求；②新产品的市场需求。赵玉（2006）[191]认为市场需求与竞争产生的动力测度指标分为：①同类产品的市场饱和度；②同类企业在市场中的数量；③企业产品市场平均利润率；④企业核心产品在同类产品中的市场占有率。孙冰（2007）[192]基于多视角赋权的研究方法对企业技术创新的动力评价研究中，度量企业技术创新的市场需求拉动力采用以下指标：①现有产品的市场份额；②新产品的市场份额。段云龙（2010）[193]基于制度结构视角对企业技术创新动力的评价研究，度量技术创新的市场需求动力采用以下指标：①现有产品需求状况；②新产品的需求状况。因而，本书采用如下指标来度量市场需求拉动力：①市场对现有光伏产品的需求程度；②市场对光伏新产品的需求程度；③市场对光伏产品的潜在需求。

（2）技术进步推动力

李垣和汪应洛（2004）研究认为，科学技术推动力使技术发明具有转化为现实物质财富的潜力。孙冰和李柏洲（2005）对科学技术推动力的度量，采用如下指标：①科技成果供给状况；②科技信息传播状况；③技术市场的状况。赵玉（2006）认为科学技术推动力测度指标分为：①国家或省内科学技术研究所数量；②国家或省内科学技术研究人员数量；③国家或省内重大科学技术研究成果和国家科技奖励数量；④国家或省内专利申请受理量；⑤国家或省内专利申请批准量。孙冰（2007）在《基于多视角赋权的研究方法对企业技术创新的动力评价研究》中，对企业技术创新的技术进步推动力采用以下指标进行度量：①科技成果供需数量比；②科技信息传播速度；③技术市场的发达程度。段云龙（2010）基于制度结构视角对企业技术创新动力的评价研究，对技术创新的科学技术推动力采用以下指标进行度量：①科技成果供给情况；②技术市场发达程度。基于以上分析，本书对技术进步推动力采用以下指标进行度量：①科研成果供需状况；②科技信息和资源状况；③技术成果的市场化程度。

(3) 政府政策促进力

Basant (2002)[194]、Figueiredo (2008)[195] 和 Joëlle Noailly (2012)[196] 等的研究对政府行为采取以下指标进行度量：①政府税收政策、政府研发补贴政策；②政府电价补贴政策；③政府光伏产业规划政策。孙冰和李柏洲 (2005)[56] 采用以下指标对政府支持力进行度量：①创新的政府资助；②创新的税收优惠；③创新的贷款优惠；④政府对企业家创新的激励；⑤知识产权保护状况。赵玉 (2006)[191] 认为政府作用产生的动力测度指标分为：①市场机制的公平程度；②激励创新活动的财政政策的有效程度；③激励创新活动的金融政策的有效程度；④激励创新活动的人才政策的有效程度；⑤激励创新活动的产业政策的有效程度；⑥建立保护知识产权的法律法规的程度。孙冰 (2007)[192] 在基于多视角赋权的研究方法对企业技术创新的动力评价研究中，对企业技术创新的政府行为支持力采用以下指标进行度量：①创新的政府资助比率；②创新的税收优惠比率；③创新的贷款优惠比率；④政府对企业家创新的奖励力度；⑤知识产权保护力度。段云龙 (2010) 在基于制度结构视角对企业技术创新动力的评价研究中，对技术创新的政府支持力采用以下指标进行度量：①知识产权保护力；②政府对企业家激励状况；③创新的财政资助状况；④创新的税收优惠状况；⑤创新的贷款优惠状况；⑥风险投资制度完善状况。在上述研究文献的基础上，并结合光伏企业的现实情况，研究对政府政策的度量，选取如下指标：政府研发补贴政策、政府电价补贴政策、政府税收优惠政策、政府贷款优惠政策、政府光伏产业规划。

(4) 生态观念影响力

随着社会公众生态观念和环境意识的提高，人们对生态产品的需求促进了企业生态技术的创新。消费者认识到环境保护与人类生存密切相关，他们的消费观念和价值导向日益受到企业的重视。波特假说认为严格而适度的环境标准可以促使企业进行技术创新，使用清洁生产技术，提高资源利用率和环境质量[197]。在生态化技术创新较为发达的美国，政府对生态技术的重视源于社会公众强烈的生态环保意识[198]。随着社会公众对于生态恶化问题严重性认知的加强，公众对于企业的环境生态形象的关注持续增强。负面环境问题会对企业形象产生不良影响。因此，从企业的角度来说，公众生态观念的提高会促进企业进行生态化技术创新。尹艳冰 (2008)[199] 对生态技术创新指标体系构建研究中，将社会公众的生态化意识及公众对生态产品的认可程度作为创新支撑主体的测度指标之一，对于生态化技术创新社会效益的测度，把公众对企业生态环境的满意度作为测度指标之一。基于以上分析，本书采取以下指标对生态观念影响力进行度量：公众的生态化意识；公众对生态产品的认可程度；公众对企业生态环境的满意度。

（5）行业竞争推进力

孙冰和李柏洲（2005）[56]采用以下两个指标对企业技术创新的竞争压力进行测度：①市场竞争的程度；②市场竞争的公平性。赵玉（2006）[191]有关竞争动力测度指标是与市场需求动力合并讨论的，把它们分为：①同类产品的市场饱和程度；②同类企业在市场中的数量；③企业产品市场平均利润率；④企业核心产品在同类产品中的市场占有率。孙冰（2007）[192]在《基于多视角赋权的研究方法对企业技术创新的动力评价研究》中，对企业技术创新的市场竞争压力采用以下指标进行测度：①生产同类产品的企业数量；②市场竞争的公平度。基于以上分析，本书对行业竞争推进力采取以下指标进行度量：①生产同类产品的企业数量；②产品的市场饱和度；③企业核心产品的市场占有率；④市场竞争机制的公平性。

4.2.2 内部动力

光伏企业技术创新的内部动力，除了一般企业技术创新具有的动力，如企业家精神、利益驱动力、企业技术能力和企业创新文化等动力，本书认为在开放式创新时代，企业的知识网络能力是企业技术创新的重要动力。因而，本书研究的光伏企业技术创新的内部动力，包括企业家精神、利益驱动力、知识网络能力、企业技术能力和企业创新文化。

（1）企业家精神

孙冰和李柏洲（2005）[56]采用以下指标对企业技术创新的企业家精神进行测度：①企业家的创新精神；②企业家的冒险精神；③企业家的奉献精神。赵玉（2006）将企业家产生的创新动力的测度指标分为：①企业家的创新素质与创新能力的程度；②企业家创新精神的程度；③企业家的企业责任感程度；④企业家对创新带来的物质激励的敏感程度。孙冰（2007）在《基于多视角赋权的研究方法对企业技术创新的动力评价研究》中，对企业技术创新的企业家精神动力采用以下指标进行测度：①企业家的创新精神；②企业家的冒险精神；③企业家的奉献精神。段云龙（2010）基于制度结构视角对企业技术创新动力的评价研究，对技术创新的企业家精神影响力采用以下指标进行：①企业家持续技术创新精神；②企业家持续冒险精神；③企业家敬业精神。基于以上分析，本书采取以下指标对企业家精神进行度量：①企业家进取创新精神；②企业家持冒险精神；③企业家敬业奉献精神。

（2）利益驱动力

孙冰和李柏洲（2005）采用以下指标对企业技术创新的利益驱动力进行测度：①创新的利润驱动；②创新的市场份额驱动。赵玉（2006）研究认为，利益导向产生的动力测度指标分为：①企业通过技术创新获得差额利润的程度；②企业通过技术创新获得技术上相对优势的程度。孙冰（2007）基于多视角赋权的研究方法，对企业技术创新的企业利益驱动力采用以下指标进行测度：①创新后的利润提高率；②创新后的市场份额提高率。段云龙（2010）基于制度结构视角对企业技术创新动力的评价研究，对技术创新的利益驱动力采用以下指标进行：①创新的企业利润驱动力；②创新的市场份额驱动力。基于以上分析，本书采取以下指标对利益驱动力进行度量：①创新后的利润增长预期；②创新后的市场份额增长预期；③创新后的技术相对优势。

（3）知识网络能力

技术创新的复杂性和加速性，使得企业单纯依靠自身的资源和能力已经很难跟上技术发展的速度，开放式创新成为企业技术创新的必然选择。知识网络能力是影响开放式技术创新成功与否的关键因素。知识网络能力实质上是一种网络能力。关于网络能力的测度指标，Moller和Halinen（1999）[200]采用网络规划、网络管理、组合管理和关系管理4种能力进行测度；Ritter与Gemünden（2003）[201]和Chiu（2009）[202]用任务执行（特定任务和跨任务执行）指标和资质条件（专业资质和社交资质）2个维度的4个指标进行测度。李贞和张体勤（2010）[203]研究文献中用4个指标对知识网络能力进行测度：网络规划、网络管理、网络知识吸收和网络知识传送。王海花和谢富纪（2012）[204]以开放式创新模式下企业外部知识网络构建面临的挑战为基点，基于对外部知识网络中结构洞的规划、利用、占据、剖析和拓展，揭示了企业外部知识网络能力的结构体系和内部作用机制；利用实证研究确定了涵盖网络构想能力、网络建构能力、网络利用能力、网络解构能力和网络重构能力等5个维度，共12个子维度和37个题项的企业外部知识网络能力测量量表。基于以上分析，本书采取以下指标对知识网络能力进行度量：

①知识网络规划构想能力；②知识网络管理能力；③网络知识获取能力；④网络知识传送能力；⑤网络知识创新能力。

(4) 企业技术能力

在 Preeta (2012)[205]和于渤等 (2011)[206]等所做研究中，采取以下指标对技术能力进行测度：①技术获取能力；②技术吸收能力；③技术创新能力。孙冰和李柏洲 (2005)[56]在对企业技术创新动力的评价研究中，采用以下指标对企业技术创新能力的保障力进行测度：①人力投入；②物力投入；③财力投入；④创新机构设置；⑤企业的信息能力；⑥企业创新倾向；⑦新产品销售份额。孙冰 (2007) 在《基于多视角赋权的研究方法对企业技术创新的动力评价研究》中，对企业技术创新的企业创新资源保障力采用以下指标进行测度：①科技人员占职工总数比重；②技术开发设备原值比重；③技术开发经费占销售收入比重；④创新机构设置；⑤企业的信息能力；⑥近5年企业创新频率；⑦新产品销售占总销售收入比重。基于以上研究文献，结合本研究的实际需要，采取以下指标对技术能力进行测度：技术研发投入能力、技术获取能力、技术吸收整合能力、技术创新能力。

(5) 企业创新文化

孙冰和李柏洲 (2005) 采用以下指标对企业技术创新的企业文化感染力进行测度：①权力距离；②不确定性回避；③个人主义和集体主义；④男性度和女性度。孙冰 (2007) 在《基于多视角赋权的研究方法对企业技术创新的动力评价研究》中，对企业技术创新的企业文化感染力采用以下指标进行测度：①创新权力获得度；②不确定性回避度；③创新协作程度；④文化传统创新导向。段云龙 (2010) 基于制度结构视角对企业技术创新动力的评价研究，对技术创新的企业持续技术创新文化感染力采用以下指标进行：①企业持续发展理念；②员工共享核心价值观；③企业敢于创新精神。基于以上分析，本书采取以下指标对企业创新文化进行度量：企业创新理念；员工知识共享观念；员工创新冒险精神。

4.2.3 创新阻力

光伏企业技术创新的阻力变量包括技术不确定性、技术路径依赖性和知识粘滞性。Wang 等 (2004) 用3个指标来测度技术不确定性：①企业所处产业的技术变革非常快；②企业所处产业的技术变革预测困难；③新技术对企业竞争力的影响相对较高。Desarbo (2005)[207]等的问卷设计中，对技术不确定性用以下 3 项指标度量：①产品的技术更新快；②产品的技术研发投入大；③技术产业化难度大。Song 等（2005）用类似的 3 个指标来测度：①所在行业的技术变化较快；②技术的变革为行业发展提供了机遇；③所在行业未来 2~3 年的技术进展很难预测。Akgun 等（2007）用 4 个指标测量技术不确定性：①产品开发技术变化非常快；②本产业技术变化非常快；③产业中技术突破，使得设计新产品的思路变为可能；④技术变革给企业带来很多机会。基于以上分析，本书采取以下指标对技术不确定性进行度量：①技术研发成功的不确定性；②产业技术变革加速性；③技术成果产业化的不确定性；④技术变革提供机会的不确定性。

技术路径依赖指标的测度参考 Karim 和 Mitchell（2000）[208]及王向阳等（2011）[183]的研究文献选取以下指标进行测度：①组织结构受已有经验影响；②企业组织学习能力受现有经验影响；③企业管理层的认知惯性；④公司的新技术/产品与现有技术/产品高度关联。

Simonin（1999）[209]和杨燕等（2010）[210]使用 2 个指标度量知识粘性：合作伙伴的技术过程秘密转移的困难程度；与合作伙伴的技术过程秘密相关的因果关系、投入—产出关系、行为—结果关系的不清晰程度。Szulanski（1996）[66]实证分析认为，知识接受方吸收能力缺乏、知识因果关系模糊、知识接受方和知识源之间交流困难是知识粘性产生的重要因素。冯帆和廖飞（2007）[211]将影响知识粘性的因素分为认知因素、知识转移环境和知识转移动机等。周贺来（2008）[212]则认为知识粘性产生的原因为以下几个方面：知识提供方、知识接受方、知识提供方与知识接受方之间的落差、转移知识属性、知识转移机制等。基于以上分析，本书采取以下指标对知识粘性进行度量：知识提供方的知识保护意识；知识资源的隐性属性；知识接受方的能力差异。

4.2.4 技术创新绩效

光伏企业技术创新绩效是本书研究的被解释变量。技术创新分产品创新和过程创新，产品创新对企业发展的重要作用已经得到普遍认同（Montalvo，2006）[213]，但是已有研究技术创新的度量指标大多以产品创新为主，忽视了过程创新。产品创新指标反映了创新的重要程度和市场价值。但是，产品创新指标也存在着一些问题，首先技术创新不仅有产品创新，也包括过程创新，其次新产品没有严谨的划分标准，在企业之间的可比性较差。因而，本研究所指的技术创新既包括产品创新也包括过程创新。学者们关于技术创新绩效度量研究取得了丰富研究成果，但是，关于技术创新绩效度量的指标体系尚未达成共识。

关于技术创新绩效的研究多采用单一指标来测量，如新产品数、新产品产值占产品总销售额的比重及专利数（王飞绒，2008）[214]。关于技术创新绩效的测度指标更多采用两个或多个指标，而指标体系的选取主要取决于学者们研究问题的需要，研究不同的问题提出了不同的变量。例如，Cooper 和 Kleinschmidt（1987）[215]用市场的影响、财务绩效和机会窗口等指标来衡量产品的创新绩效。陈钰芬（2007）[216]和王飞绒（2008）[214]等从新产品开发速度、创新项目成功率、申请的专利数、新产品销售额占产品总销售额的比重等来衡量企业技术创新绩效。Alegre 和 Chiva（2008）[217]用创新效益（如替换淘汰的产品、新产品扩展、市场占有率、环境友好、产品新市场开拓等指标）和创新效率（如平均开发时间、创新平均成本、工作时间数、产品满意度等题项）来测度绩效。

本文基于已有文献关于技术创新绩效的度量方法，结合光伏企业技术创新的实际情况和有关专家意见，本文从创新效益和创新效率2个层面，用5个指标对光伏企业的技术创新绩效进行衡量，分别为：①技术创新的速度；②技术创新的成功率；③新产品的数量；④新产品利润；⑤专利申请量。如表4.1所示。

表4.1 光伏企业技术创新绩效的测度指标

变量	编号	测量指标	参考文献
技术创新绩效	CX1	与竞争对手相比，本公司技术创新的速度较快	Alegre 和 Chiva（2008）；陈钰芬（2007）；安同良、王文翌和魏巍（2005）；王飞绒（2008）
	CX2	与竞争对手相比，本公司技术创新的成功率较高	
	CX3	与竞争对手相比，本公司的新产品数量较多	
	CX4	与竞争对手相比，本公司的新产品利润上升快	
	CX5	与竞争对手相比，本公司申请的专利数量较多	

4.2.5 控制变量

除了企业外部动力、内部动力和创新阻力等变量对光伏企业技术创新产生影响外，企业规模和企业年龄等外来因素变量也会对光伏企业技术创新绩效产生影响，因而，为了避免外来因素的影响，需要对企业规模和企业年龄等变量的影响进行控制。本书研究选取的控制变量是光伏企业规模和光伏企业的成立年限。企业规模采用企业上年末的实际人数进行测量；企业年龄根据企业实际成立年限进行计算。对于企业规模和企业年龄采用无量纲化方法进行标准化处理。

4.3 数据收集整理及样本描述

调查问卷样本的选择和样本质量是模型分析的基础和前提，样本的代表性如何，决定了模型分析的有效性和规范性。本节结合样本筛选和整理的规范要求，以及光伏发展的实际情况，对调查对象进行了筛选，研究首先对调研问卷的发放和回收的情况进行描述，最后，对问卷的样本情况进行了统计学特征的描述。

4.3.1 调查对象确定及问卷情况

研究样本主要选自江苏、河南、河北、四川等地企业，采取大样本随机抽样并辅助判断抽样的方法，从中选择包括多晶硅硅锭硅片、电池生产、组件封装、系统集成及一体化等50家光伏企业发放的调查问卷1000份。针对Fowler（1988）研究认为可能会导致问卷回答不准确的影响因素，除了在问卷设计过程中对题项表述的修正优化外，在选择调查对象方面也进行了控制。根据研究需要和光伏技术创新的实际情况，本次问卷调查对象确定为光伏企业的中高层管理人员和技术负责人及研发人员。为了对调研问卷的受访对象进行引导，调研问卷设置了职位、工作时间和收入情况等题项。此外，在企业规模、企业性质等方面，调研问卷的样本构成均存在差异性，因而调研问卷中增加了有关企业规模和企业性质的题项，以增加量表的效度。

本书采用结构方程技术方法进行验证性因子分析，有关结构方程建模需要较大样本量，学者已经取得共识，而具体需要多大的样本量，学者们尚未达成一致观点。通常认为有效建模的样本数量的底线是100~150个，最好在150个以上。本书研究的样本容量在遵循既有研究要求的条件下，保持样本容量处于较为合理的范围之内，参考马庆国（2002）[218]指出的样本容量和成本约束的关系，考虑了样本容量的经济原则，最终确定发放调研问卷1000份，并回收有效问卷582份。问卷调研时间2011年8月至2012年

1月，历时近6个月。为了增强样本数据的代表性，有效提高研究数据的可靠性及准确性，调研问卷采用了大样本随机抽样的方法，在江苏、河北、河南、四川4省进行采样，其中每个省根据随机抽样的原则，共选取50家企业，总共发放1000份问卷。问卷发放方式：①现场发放。在与企业管理部门预约后，现场给企业的技术研发人员及管理人员发放调研问卷，并就问卷回答过程中的问题进行现场解答。现场发放方式情况为，共发放问卷120份，回收120份，有效问卷120份，有效率100%。②电子邮件。通过企业网站和光伏产业协会等方式获取其联系电话和电子邮件，在电话沟通好以后，通过电邮方式发放问卷880份，返回问卷485份，其中无效问卷23份，有效问卷462份，有效率为52.5%。有效问卷回收总计582份，回收率为58.2%（表4.2）。

表4.2 样本企业层面的分布情况描述

项目	类别	频次	百分比
光伏企业成立年限	2年以下	66	11.3%
	3~5年	282	48.5%
	6~10年	204	35.1%
	11~20年	20	3.4%
	21年以上	10	1.7%
光伏企业性质	国有	18	3.1%
	集体	9	1.6%
	民营	279	47.9%
	合资	190	32.6%
	外资	86	14.8%
光伏企业类别	晶硅硅片	26	4.5%
	电池生产	246	42.3%
	组件封装	229	39.3%
	系统集成	33	5.7%
	一体化企业	48	8.2%
企业规模	100人以下	108	18.6%
	101~1000人	185	31.8%

续表

项目	类别	频次	百分比
企业规模	1001～3000人	208	35.7%
	3001～10 000人	61	10.5%
	10 001人以上	20	3.4%

4.3.2 样本整理与特征描述

问卷回收完毕，作者对调查数据进行了整理分析，得到有关企业及调查对象的一些基本信息，根据企业层面（企业成立年限、企业性质、企业类别和企业规模）和个体层面（职位、学历和工作年限）对调研样本的情况进行了描述性统计。从样本所在企业年限来看：成立3～5年和成立6～10年的居多，分别达到了48.5%和35.1%；样本所在光伏企业性质分布如下：被调查者在民营企业的最多，达47.9%，其次是合资企业达32.6%；从样本所在光伏企业的类别来看，大部分集中在电池生产环节（42.3%）和组件封装环节（39.3%）；从样本所在光伏企业规模来，中小企业占大多数，员工人数在101～1000人占31.8%，在1001～3000人占35.7%。样本个体层面的分布情况描述见表4.3。从样本个体的职位情况来看，研发人员占比最高，达到了31.1%，其次是中层管理人员和中层技术负责人占比分别为：28.2%和24.7%，高层管理人员和高层技术负责人占比分别为：7.4%和8.6%；从样本个体的学历情况来看，本科和硕士学历人员占比较大，分别为：45.2%和21.8%，大专学历占比为15.6%，高中以下学历占比为12.2%，博士学历占比为5.2%；从样本个体的工作年限来看，工作年限在10～15年占比为38.3%，工作5～9年占比为32.5%，工作16～20年占比为18.2%；工作21年以上的占比为6.7%，工作4年以下的占比为4.3%。

表4.3 样本个体层面的分布情况描述

项目	类别	频次	百分比
职位	中层管理人员	164	28.2%
	高层管理人员	43	7.4%
	研发人员	181	31.1%

续表

项目	类别	频次	百分比
职位	中层技术负责人	144	24.7%
	高层技术负责人	50	8.6%
学历	博士	30	5.2%
	硕士	127	21.8%
	本科	263	45.2%
	专科	91	15.6%
	高中以下	71	12.2%
工作年限	4年以下	25	4.3%
	5~9年	189	32.5%
	10~15年	223	38.3%
	16~20年	106	18.2%
	21年以上	39	6.7%

4.3.3 数据合并的有效性

由上述描述性统计结果可知，由于本研究所涉及样本光伏企业在区域、研发强度等方面都具有分散性，且采用了两种不同的数据收集方式（网上填写和现场填写），为了将样本合并后从整体上进行分析，需要判定两种不同问卷收集方式得到数据的差异性问题。本研究对不同收集方式下样本光伏企业的技术创新绩效测度指标进行方差分析，用来判断不同样本的均值是否存在显著差异，以检验样本合并的有效性。表4.4显示了对两组样本指标评价值的方差齐性Levene，各指标的Levene统计值显著性概率都大于0.05，Levene检验通过，表示两种方式收集的样本评价值具有方差齐性。表4.5显示了两种方式收集的样本各指标测度值的方差分析结果，各指标的F统计值的显著性概率都大于0.05，表明两种方式收集的样本无显著差异，样本可以在合并后进行分析。

表 4.4 不同方式样本的方差齐性检验

变量	Levene 统计值	自由度 1	自由度 2	显著性概率
技术创新成功率	0.128	1	580	0.807
技术创新速度	0.568	1	580	0.781
新产品数量	0.735	1	580	0.262
新产品利润上升	0.532	1	580	0.357
专利数	0.426	1	580	0.506

表 4.5 不同方式样本的方差分析

变量	方式	平方和	自由度	均方和	F 值	显著性概率
技术创新成功率	组间差异 组内差异 总和	0.098 652.618 652.716	1 580 581	0.098 1.125	0.035	0.807
技术创新速度	组间差异 组内差异 总和	0.169 603.215 603.384	1 580 581	0.169 1.040	0.072	0.781
新产品新工艺	组间差异 组内差异 总和	2.981 591.082 594.063	1 580 581	2.981 1.019	1.159	0.262
新产品利润上升	组间差异 组内差异 总和	1.806 573.115 574.921	1 580 581	1.806 0.988	0.792	0.357
专利数	组间差异 组内差异 总和	1.238 559.891 561.129	1 580 581	1.238 0.965	0.498	0.506

4.4 研究的主要程序和方法

除了有效的问卷设计和数据信息，合适的研究方法和程序，是对研究假设和模型进行有效验证的重要保证。本书研究数据处理的主要程序和步骤为：首先，对问卷调查所得数据进行分析，对调查问卷的可信性、有效性进行检验；其次，对概念模型的拟合度和假设进行分析。研究用到的方法主要包括：信度效度检验、因子分析法、调节效应分析、中介效应分析、结构方程模型等。本书主要运用软件 SPSS 17.0 对概念模型的变量因素及其关系进行描述性分析、因子分析、信度与效度检验和相关性分析；模型拟合度则采用 AMOS 17.0 软件对前述模型和假设关系的最终结构方程模型进行检验。

4.4.1 信度检验和效度检验

（1）信度检验

量表信度是对问卷测量所得结果一致性程度的估计，反映测量工具的稳定性、可靠性和被测变量真实程度的指标。内部一致性系数是检验问卷信度高低的常用方法。内部一致性信度大多通过分半信度进行估计，而分半信度不是唯一的方法且存在不足，为了克服分半信度法的不足，研究常采用克朗巴赫 α（Cronbach's α）系数来估计量表信度。Cronbach's α 系数是 Cronbach 于 1951 年创立的，用于评价测量表的内部一致性，其计算公式：

$$\alpha = \frac{n}{n-1} \left(1 - \frac{\sum_{i=1}^{n} s_i^2}{s_x^2} \right)$$

式中，n 为问卷包含的题项数目，s_i^2 为问卷在第 i 题项得分的方差，s_x^2 为问卷测验题项总得分的方差。α 系数的值处于 0~1，α 值越大，意味着测量表的内部一致性越高，即信度越高。当 α>0.8，表明量表具有非常高的信度；α 值在 0.7~0.8，认为量表信度较高表示量表信度较高；α 值在 0.6~0.7，认为量表信度可以接受；α 值在 0.5~0.6，意味着问卷基本没有应用价值；α<0.5 时，则必须对问卷进行重新设计。此外，α 系数与量表的题项数量有密切关系，一般来说题项数量增加，α 系数升高，反之则下降。另外，可计算剔除的 Cronbach's α 系数，是指如果剔除后的 α 系数比剔除前的 α 系数显著提高，则认为所剔除的题项与其他题项相关性较低，可剔除的题项使得问卷题项之间的总体相关性得到提高。

（2）效度检验

效度（Validity）通常指问卷的有效性和正确性，指问卷对其所要测量对象特性程度的估计。问卷的有效性反映了它对系统误差的控制程度。效度指标主要包括内容效度和结构效度。内容效度是指问卷内容的适合性和相符性，即问卷能否反应所要测量题项的特质，能否符合测验要求和目的；结构效度又称构想效度，是指问卷对理论概念的测量程度。

内容效度属于主观评价指标，常用的评价方法为专家评价法。为了保证问卷的内容效度，本研究中采用多种方法来测量问卷的内容效度。第一，借鉴已有研究成果中较为成熟的相关问卷。第二，对于已经形成的调研问卷再次进行梳理，并通过深度访谈法，收集相关人员的意见建议，补充完善问卷，在此基础上，采用专家评定法，让相关领域的专家判别问卷题项是否对这一研究领域的样本具有代表性，从而保证了研究所用问卷的内容效度。

结构效度常用的评价方法是因子分析法。因子分析法可以判断，描述相同概念的不同题项，是否如理论假设预测的一样属于同一公共因子。在进行因子分析前，一般先进行因子分析的适合性评估。适合性评估通常采用 KMO（Kaiser Meyer-Olkin）检验，KMO 越大，则所有变量之间的相关系数平方和远大于偏相关系数平方和，就越适合做因子分析。对结构效度进行分析判断时一般使用验证性因子分析，相比探索性因子分析的解释力更强。此外，本书使用验证性因子分析，对调研问卷的会聚效度进行检验。会聚效度是指问卷题项与理论要求的测量特质相关程度，核心在于检验不同测量方法所得结果的关联程度。本书采用 Fornell 和 Larcker（1981）对会聚效度的方法[219]，即采用平均抽取方差（AVE）和组合信度（C.R.）来衡量。如果 AVE > 0.5，表明问卷具有较好的会聚效度，C.R. 值建议在 0.7 以上，C.R. 值越高，则效度越好。AVE 和 C.R. 的公式如下。

$$AVE = \frac{\sum 因素负荷值^2}{\sum 因素负荷值^2 + \sum 各题项的测量误差}$$

$$C.R. = \frac{\sum 标准化因素负荷值^2}{\left(\sum 标准化因素负荷值\right)^2 + \sum 各题项的测量误差}$$

4.4.2 因子分析

因子分析是这样一种多元统计分析方法，该方法依据变量相关矩阵内部的相互依赖关系，把信息重叠、关系复杂的变量简化为少数不相关的综合因子。核心思想是：依据研究变量的相关性进行分组，同组内变量的相关性较高，不同组的变量相关性低或不相关，每组变量形成一个公共因子。因子分析程序如下：①对样本数据进行标准化处理；②对相关矩阵 R 进行计算；③对矩阵求特征根和特征向量；④根据累积贡献率确定主因子的个数；⑤计算因子载荷矩阵 A；⑥确定因子模型；⑦依据计算结果，对系统进行分析。本书主要采用了探索性因子分析和验证性因子分析。公共因子数根依据Kaiser（1966）的选取标准，选择的因子特征值大于1。因子负荷的选择，要求因子负荷旋转后其绝对值大于0.5。探索性因子分析得到的因子结构，对其采用验证性因子分析进行验证。

4.4.3 结构方程模型

结构方程模型（SEM）是综合运用多种分析方法对变量关系进行研究的一种统计分析方法，可以用来解释一对多或多对多的自变量与因变量之间的复杂关系。传统的统计分析方法严格条件限制，使得它们很难有效地处理社会科学研究领域中的测量误差。结构方程模型的优点是没有严格的假定限制条件，允许自变量和因变量存在测量误差，并且可以分析潜在变量之间的结构关系（侯杰泰等，2004）。本书选择SEM原因在于研究所涉及的变量大都属于潜变量，需要用多个指标（题项）来进行度量，这些变量具有主观性强、难以直接度量、相互关系复杂等特点，传统统计分析方法往往用指标的均值或部分作为潜变量的观测值，结果存在较大的误差，而SEM允许变量之间存在相关性，允许测量存在误差，可以对有意义的效应与测量误差进行有效的区分。侯杰泰等（2004）认为结构方程模型方法大致有四个步骤：一是建构模型，确定观测变量与潜变量的关系及各潜变量之间的相互关系；二是拟合模型，即对模型参数的估计，最常用的模型参数估计方法是最大似然法和广义最小二乘法；三是模型评价，分析检验结构方程的解是否恰当，整体拟合指数是模型的拟合程度常用衡量指标；四是修正模型，如果模型不能很好地拟合则对模型进行修正，每次修正，只允许放宽一个固定参数。

在实证分析过程中，本书运用AMOS 17.0软件，采用结构方程模型方法检验本研究中提出的光伏企业技术创新动力与阻力要素与技术创新绩效的关系，以及相关的理论假设。

4.4.4 调节效应分析

调节效应是具有因果指向的交互效应，调节变量一般不受自变量和因变量影响，但是可以影响自变量和因变量。调节变量可以是定性变量也可以是定量变量。这种有调节变量的模型可通过图 4.1 来表示。

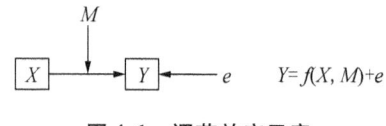

图 4.1　调节效应示意

调节效应回归方程形式为：
$$Y = aX + bM + cXM + e \Rightarrow Y = bM + (a + cM)X + e$$

相对于固定的 M，Y 与 X 的关系由回归系数 $a + cM$ 来决定，系数 c 衡量了调节效应的大小。对调节效应的分析主要是检验系数 c。如果 c 显著，说明 M 的调节效应显著。调节效应分为潜变量的调节效应和显变量的调节效应，两者采用不同的分析方法。本研究模型中的因变量、自变量和调节变量均为潜变量，需要采用潜变量的调节效应分析方法。首先对 X 和 M 的所有观测题项进行验证性因子分析，在对 X 和 M 的测量项目进行验证的基础上，再加上一个 $(X*M)$ 为测量项目的潜变量做结构方程建模。这个的测量项目是所有 X 的测量项目和与所有 M 的测量项目和的乘积。$(X*M)$ 这个潜变量只有一个测量项目，即单一指标，这个单一指标的权数是把 X 所有的测量项目的权数加起来，与 M 所有的测量项目的权数相加的乘积。

4.4.5　中介效应分析

当自变量 X 对因变量 Y 的影响较强且稳定时，如果自变量 X 通过影响变量 M 来影响因变量 Y，则称 M 为中介变量，同时认为变量 M 在自变量 X 和因变量 Y 之间具有中介效应。中介变量分为两种：①部分中介效应；②完全中介效应。中介变量的概念引入对于研究 X 通过 M 影响 Y 的机制提供了便利。图 4.2 给出了 X 与 Y 之间存在一个中介变量 M 的示意图。

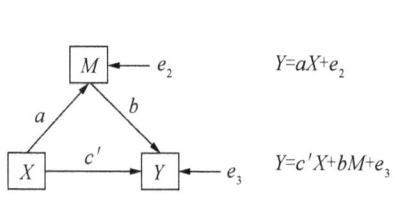

图 4.2　中介效应示意

如图 4.2 所示，假设因变量 Y 与自变量 X 之间显著相关，意味着回归系数 c 显著（$H_0: c=0$ 的假设被拒绝），在这种前提条件下可以考虑中介效应，即考虑 M 是否真正起到了中介变量的作用。通常检验中介效应的方法有多种。MacKinnon 等（2002）[220]对十多种中介检验方法进行了模拟研究，他们倾向于使用其中一个高功效的检验方法，但是该方法检验统计第一类错误率的概率远远高于要求的显著性水平。本书借鉴温忠麟等（2004）[221]提出的包含了两种检验方法的检验程序，该检验程序既有很高的检验功效，又能很好地控制了第一类错误率。

具体的检验程序如下（图 4.3）：

①首先检验回归系数 c，判断自变量 X 与因变量 Y 的相关性，显著则存在显著相关关系，否则不存在中介效应，停止分析。

②根据 Baron 和 Kenny（1986）[222]的检验方法，对系数 a 和 b 进行检验，如果都显著，意味着中介变量 M 在自变量 X 对因变量 Y 的影响中起到了中介效应，转入第③步检验部分中介效应还是完全中介效应；如果至少有一个不显著，转入第④步。

③根据 Judd 和 Kenny（1981）[223]的检验方法，在控制中介变量 M 后，检验系数 c'，显著，则为部分中介效应；不显著，意味着存在完全中介效应，检验结束。

④当系数 a 和 b 至少存在一个不显著时，则进行 Sobel 检验（Sobel，1982）[224]，显著，则中介效应显著，否则中介效应不显著，检验结束。

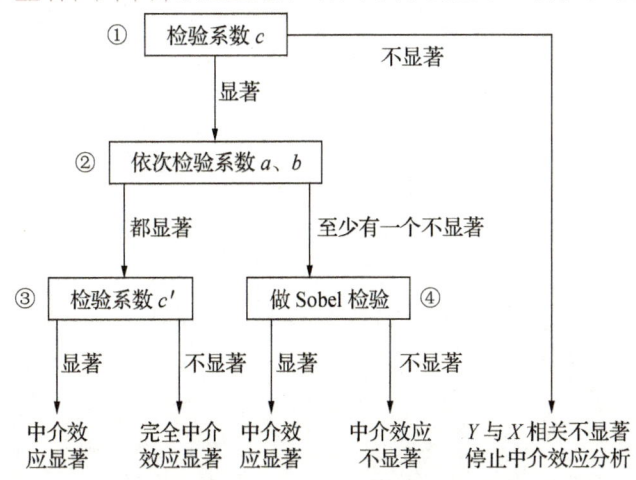

图 4.3 中介效应检验程序（温忠麟等，2004）

虽然上述检验程序，考虑的是一个自变量和一个中介变量的情况，但是对于多个中介变量和多个自变量的情况也同样适用，这种情况下完全中介的概念已经没有意义，无须进行完全中介的检验了。

4.5 本章小结

本章首先根据前述理论分析框架和相关假设，对调查问卷的设计、发放和收集过程进行了描述，在问卷发放对象方面进行了控制，并对从问卷的设计、发放和收集等方面对研究设计和研究方法进行了阐释，对样本数据特征进行了初步的描述性统计。问卷根据预测试反馈信息进行了修改，同时咨询了有关专家，根据专家观点对问卷进行了修正。其次，在已有相关研究文献成熟量表的基础上，对变量的度量题项进行了设计。最后，本章就研究所使用的研究方法进行了简要介绍，包括信度和效度检验、因子分析、结构方程建模、调节效应和中介效应分析等检验方法。

第五章　光伏企业技术创新动力机制的实证研究

光伏企业技术创新动力机制中，外部动力、内部动力和创新阻力等因素分别以不同的方式对光伏企业技术创新产生影响。其中既有直接效应，也有间接效应，同时也会产生交互效应，这些因素的影响作用、影响途径及影响程度，都需要通过实证数据进行检验。此外，外部动力是否通过内部动力来提高技术创新绩效，这种中介效应同样需要实证结果的验证；创新阻力对内部动力和技术创新绩效关系的调节效应也有待实证检验。

本章首先对变量的信度与效度及正态性进行了检验；其次验证外部动力对光伏企业技术创新绩效的影响；再次验证内部动力对光伏企业技术创新绩效的影响，并检验内部动力在外部动力与光伏企业技术创新绩效之间的中介效应；接着验证创新阻力对光伏企业技术创新绩效的影响，并验证创新阻力在内部动力和光伏企业技术创新绩效之间的调节效应；最后对本书中研究假设的验证结果进行汇总。

5.1　变量的信度效度及正态性检验

信度和效度是统计测量分析的前提条件，只有在量表的信度和效度得到保证后，变量之间的统计分析结论才有意义。本研究量表是在已有相关研究文献成熟量表的基础上，结合光伏企业技术创新的实际情况修正而成的，因此，本节在对量表的信度和效度进行探索性因子分析的基础上，为了进一步明确变量的内部结构，验证变量指标的合理性，对模型的关键变量进行验证性因子分析。

5.1.1　外部动力

（1）外部动力结构的探索性因子分析

本研究选取 80 份问卷进行探索性因子分析（Exploratory factory analysis，

EFA），根据 Kaiser（1974）[225]提出的弱下限法进行判断。根据特征值大于等于 1 的抽取原则，且抽取共同因素所解释的变异量需要达到 60% 以上。在此基础上，还需要判断是否保留某一题项，判断的依据是该题项在某一因子上的负荷超过 0.5，且不存在交叉负荷，即不在两个因素上都有超过 40% 的负荷。本研究应用探索性因子分析方法，探讨光伏企业技术创新外部动力的分类及其量表构成。首先对指标的相关性进行检验，采用斜交旋转法抽取因子，得出：样本测度 KMO 值和 Bartlett 球体检验结果，其中，KMO 值为 0.91，而 Bartlett 统计值显著系数为 0.000，小于 0.010，因此，适合进行因子分析①。研究得到 5 个特征值大于 1 的因素，各题项的因子负荷均大于 0.4，总变异解释率为 64.72%。

除了以上的标准之外，还需要对量表中的部分题项根据相应原则进行调整和删除，原则如下：首先，总负荷较小和交叉负荷较高的题项予以删除；其次，同一维度上，含义与其他题项相差较大的题项予以删除。因子分析结果表明，量表中有部分题项总负荷较小，因此对这些题项进行删除调整。同时考虑总量表的信度，对"政府贷款优惠政策"和"生产同类产品的企业数量"题项予以删除，剩余 16 个题项。

对调整后的量表继续进行探索性因子分析，结果如表 5.1 所示。其中，KMO 值为 0.83，且 Bartlett 统计值显著系数为 0.000，适合进行因子分析。

表 5.1　外部动力探索性因子分析 KMO 取值和 Bartlett 球形检验

Kaiser-Meyer-Olkin 取样适当值		0.83
Bartlett 球形检验	近似卡方分布	867.82
	自由度	105
	显著性	0.000

由探索性因子分析结果可知，光伏企业技术创新的外部动力结构由 5 个因子构成。表 5.2 表明，因子 1（F_1）的 3 个问项反映了光伏企业技术创新外部动力在市场需求方面的特征，市场现有产品和新产品的需求程度是光伏企业技术创新的重要外部动力，同时，市场产品需求潜力也是市场需求动力

---

① Kaiser（1974）指出：KMO 的值在 0.9 以上时，极为适合进行因子分析；KMO 值在 0.8～0.9 时，适合进行因子分析；KMO 值在 0.7～0.8 时，可勉强进行因子分析；KMO 值在 0.6 以下不适合进行因子分析。

的重要组成部分。这3个题项与市场需求内涵较为一致,该因子取名为市场需求拉动力。因子2(F_2)的3个问项反映了光伏企业外部科技进步支撑条件对技术创新活动的促进作用,科技成果供需状况、科技信息和资源的丰富程度及技术成果市场程度体现了技术进步内涵,可以将该因子命名为技术进步推动力。因子3(F_3)的4个问项反映了光伏企业所处外部环境中,政府政策对光伏企业技术创新活动的支持和促进作用。政府研发补贴政策、政府电价补贴政策、政府税收优惠政策及政府产业规划政策是政府政策的重要内容,因而,可以将该因子命名为政府政策促进力。因子4(F_4)的3个问项反映了光伏企业外部社会公众生态观念对技术创新活动的影响力,公众的生态观念、公众对生态产品的认可度及公众对企业生态环境的满意度一致性地反映了社会公众生态观念的内涵,可以将该因子命名为生态观念影响力。因子5(F_5)的3个问项反映了光伏企业外部行业的竞争程度对企业技术创新活动的影响,产品的市场饱和度、企业核心产品的市场占有率及市场竞争机制的公平性体现了行业竞争内容,可以将该因子命名为行业竞争推进力。

表5.2 外部动力的探索性分析结果

题项	因子				
	F_1	F_2	F_3	F_4	F_5
企业现有产品的市场需求旺盛	**0.81**	-0.38	0.18	0.02	0.19
企业开发的新产品市场需求较好	**0.75**	0.21	0.01	0.09	0.10
企业产品的潜在市场需求预期良好	**0.69**	0.11	-0.22	0.05	0.08
国家和区域的科研成果供需充分	0.02	**0.73**	0.30	-0.06	0.11
市场科技信息和资源流通顺畅	0.12	**0.65**	0.11	0.21	0.04
技术成果的市场化机制完善	0.21	**0.74**	0.08	0.20	-0.18
政府光伏研发补贴政策支持力度大	-0.26	0.01	**0.85**	0.02	0.13
政府光伏电价补贴政策执行较好	0.30	0.26	**0.75**	0.19	0.20
政府光伏发电税收优惠政策执行较好	0.12	-0.33	**0.71**	-0.20	0.09
政府光伏产业规划前景明朗	0.15	0.01	**0.70**	0.08	-0.18
公众的生态化观念较强	-0.20	0.15	0.03	**0.82**	0.15
公众对生态产品的认可程度较高	0.07	0.12	0.08	**0.71**	0.09
公众对企业生态环境的满意度较高	0.20	0.21	-0.04	**0.65**	0.10

续表

题项	因子				
	F_1	F_2	F_3	F_4	F_5
产品的市场饱和度较高	0.15	-0.24	0.09	0.13	**0.74**
企业核心产品的市场占有率较高	0.20	0.07	0.03	-0.23	**0.73**
市场竞争机制的公平性较好	-0.09	0.21	0.10	0.07	**0.61**
解释变异量	23.23%	20.09%	18.25%	14.06%	8.01%
解释总变异量	83.64%				

总体来看，光伏企业技术创新的外部动力测量结构可以由市场需求拉动力、技术进步推动力、政府政策促进力、生态观念影响力和行业竞争推进力5个维度构成。

（2）外部动力测量结构的验证研究

探索性因子分析得出的外部动力5个维度，需要经过进一步的验证性分析，才能为模型检验提供基础。测量模型的验证性研究主要包括内部一致性信度、收敛效度和区分效度检验。本节以剩余502份调查问卷为样本，采用结构方程建模技术测量模型的内部一致性信度、收敛效度和区分效度的检验，使用SPSS 17和AMOS 17软件对数据进行处理。

1）内部一致性信度检验

首先，对问卷的外部动力数据进行描述性统计；其次，对量表进行信度检验。信度检验通过计算变量的题项－总体相关系数（CITC），并计算变量的组合信度（C.R.）和Cronbach's α系数，来进行评判。分析结果如表5.3所示。

表5.3　外部动力的描述性统计和信度检验（$n=502$）

变量	题项	均值	方差	CITC	C.R.	Cronbach's α
市场需求拉动力	SC_1	4.21	1.68	0.85	0.91	0.89
	SC_2	5.02	1.71	0.93		
	SC_3	4.13	1.65	0.82		
技术进步推动力	JS_1	4.18	1.66	0.83	0.92	0.87
	JS_2	4.09	1.58	0.79		
	JS_3	4.25	1.69	0.85		

续表

变量	题项	均值	方差	CITC	C.R.	Cronbach's α
政府政策促进力	ZF_1	5.46	1.81	0.89	0.95	0.92
	ZF_2	4.38	1.70	0.81		
	ZF_3	5.21	1.78	0.90		
	ZF_4	5.03	1.80	0.87		
生态观念影响力	GN_1	4.87	1.72	0.86	0.93	0.91
	GN_2	5.36	1.83	0.92		
	GN_3	4.69	1.69	0.86		
行业竞争推进力	HY_1	4.26	1.53	0.81	0.90	0.88
	HY_2	4.82	1.61	0.88		
	HY_3	4.01	1.57	0.73		

由表 5.3 可以看出,所有变量的题项-总体相关系数(CITC)都大于 0.35,同时 4 个变量的内部一致性组合信度(C.R.)和 Cronbach's α 系数大于 0.7,因而,测量模型的信度较好。

2)收敛效度检验

效度是指量表测量变量内容的能力,收敛效度是指量表测量同一维度不同题项之间的相关性,收敛效度的评价根据测量题项相应维度上的标准化载荷系数及平均提取方差(AVE)值两个指标进行判断。标准化载荷系数大于 0.7 和 AVE 值大于 0.5,则认为量表具有较好的收敛效度。

数据分析处理结果,各个测量题项的标准化载荷系数和 AVE 值见表 5.4。各测量题项对应的标准化载荷系数介于 0.74~0.92,均在 0.01 的水平下显著,各变量的 AVE 值均在 0.5 以上,表明各维度和测量题项有较好的收敛效度。

表 5.4 外部动力的收敛效度分析结果($n=502$)

变量	题项	标准化载荷系数	T 值	AVE
市场需求拉动力	SC_1	0.83	16.72	0.71
	SC_2	0.92	19.80	
	SC_3	0.80	15.98	

续表

变量	题项	标准化载荷系数	T 值	AVE
技术进步推动力	JS_1	0.81	16.61	0.63
	JS_2	0.78	10.78	
	JS_3	0.82	17.69	
政府政策促进力	ZF_1	0.86	16.84	0.78
	ZF_2	0.79	11.70	
	ZF_3	0.92	19.83	
	ZF_4	0.88	18.76	
生态观念影响力	GN_1	0.89	18.82	0.75
	GN_2	0.91	19.05	
	GN_3	0.85	16.98	
行业竞争推进力	HY_1	0.80	13.58	0.59
	HY_2	0.85	17.19	
	HY_3	0.74	12.51	

3）区分效度检验

区分效度可以根据潜变量的 AVE 的平方根值与潜变量之间的相关系数对比来判断，如表 5.5 所示，AVE 的平方根值（对角线上的值）均大于相应行与列的相关系数，说明量表具有较好的区分效度。

表 5.5 外部动力的区分效度分析结果（$n=502$）

	SC	SJ	ZF	GN	HY
SC	**0.84**				
JS	0.75	**0.79**			
ZF	0.56	0.72	**0.88**		
GN	0.61	0.58	0.76	**0.86**	
HY	0.54	0.63	0.69	0.73	**0.77**

注：1. SC：市场需求；JS：技术进步；ZF：政府政策；GN：生态观念；HY：行业竞争。
2. 对角线上的值为 AVE 的平方根。

利用 AMOS 进一步对概念模型进行拟合优度分析，结果如表 5.6 所示，拟合优度结果表明，模型的 x^2 为 132.351，其显著水平低于 0.01，自由度为 81，x^2/f 为 1.634，小于 2，而其他拟合优度指标：GFI = 0.941、NFI = 0.923、CFI = 0.938，这 3 个指标都大于 0.9，而 RMSEA = 0.027，RMR = 0.034，均小于 0.05。以上数据表明外部动力测量模型整体拟合较好。

表 5.6 外部动力验证性因子分析拟合结果

拟合指标	x^2	f	x^2/f	GFI	NFI	CFI	RMSEA	RMR
结果	132.351	81	1.634	0.941	0.923	0.938	0.027	0.034
最优标准	—	—	<3	>0.9	>0.9	>0.9	<0.05	<0.05

5.1.2 内部动力

（1）内部动力结构的探索性因子分析

同样应用探索性因子分析方法，探讨光伏企业技术创新内部动力的分类及其量表构成。可以发现内部动力量表适合进行因子分析。研究得到 5 个特征值大于 1 的因素，各题项的因子负荷均大于 0.4，总变异解释率为 68.25%。

对量表中的部分题项根据相应原则进行调整和删除。因子分析结果表明，量表中有部分题项总负荷较小，因此对这些题项进行删除调整。同时考虑总量表的信度，对"网络知识传送能力"题项予以删除，剩余 17 个题项。

对删除题项调整后的量表继续进行探索性因子分析，结果见表 5.7，量表适合进行因子分析。

表 5.7 内部动力探索性因子分析 KMO 取值和 Bartlett 球形检验

Kaiser-Meyer-Olkin 取样适当值		0.87
Bartlett 球形检验	近似卡方分布	916.75
	自由度	126
	显著性	0.000

由探索性因子分析结果可知，光伏企业技术创新的内部动力结构由 5 个

因子构成。表 5.8 表明，因子 1（F_1）的 3 个问项（加黑项，余同）反映了光伏企业技术创新内部动力中的企业家精神特征，企业家进取创新精神、企业家持续冒险精神和企业家的敬业奉献精神是企业家精神的主要组成部分，该因子可以命名为企业家精神因子。因子 2（F_2）的 3 个问项反映了光伏企业利益目标对技术创新活动的促进作用，创新后的利润增长预期、创新后的市场份额增长预期及创新后的技术相对优势是企业技术创新的重要内部动力，体现了技术创新的利益驱动力，可以将该因子命名为利益驱动力。因子 3（F_3）的 4 个问项反映了光伏企业内部知识网络能力对光伏企业技术创新活动的支持和促进作用。企业的知识网络规划构想能力、知识网络管理能力、网络知识获取能力及网络知识创新能力是知识网络能力的重要内容，因而，可以将该因子命名为知识网络能力。因子 4 的 4 个问项反映了光伏企业内部技术能力对技术创新活动的促进力。企业的技术研发投入能力、技术获取能力、技术吸收整合能力及技术创新能力是企业技术能力的主要内容，可以将该因子命名为企业技术能力。因子 5 的 3 个问项反映了光伏企业内部创新文化对企业技术创新活动的促进作用，企业创新理念、员工知识共享管理及员工的创新冒险精神是企业创新文化的重要体现，可以将该因子命名为企业创新文化。

表 5.8　内部动力的探索性分析结果

题项	因子				
	F_1	F_2	F_3	F_4	F_5
企业家进取创新精神高昂	**0.73**	0.27	0.20	0.14	0.05
企业家持续冒险精神较强	**0.69**	0.13	-0.08	0.19	0.12
企业家具有较强的敬业奉献精神	**0.70**	0.17	0.25	0.06	0.04
企业创新后的利润增长预期较高	-0.12	**0.73**	0.15	-0.26	0.19
企业创新后的市场份额增长预期较大	0.19	**0.80**	-0.17	0.21	0.13
企业创新后的技术相对优势较大	0.02	**0.62**	0.13	0.25	-0.11
企业的知识网络规划构想能力较强	0.21	0.14	**0.88**	-0.19	0.31
企业具有较强的知识网络管理能力	0.17	-0.20	**0.76**	0.25	-0.18
企业具有较强网络知识获取能力	-0.24	0.30	**0.69**	0.02	0.13
企业的网络知识创新能力较强	0.32	0.05	**0.83**	0.19	0.28

续表

题项	因子				
	F_1	F_2	F_3	F_4	F_5
企业的技术研发投入能力较强	0.25	-0.23	0.15	**0.86**	-0.16
企业的技术获取能力水平较高	-0.12	0.25	0.17	**0.79**	0.17
企业具有较强大的技术吸收整合能力	0.02	0.11	-0.05	**0.76**	0.16
企业具有较高的技术创新能力	0.18	-0.20	0.24	**0.83**	-0.30
企业具有强烈的创新文化理念	0.17	0.03	0.09	0.13	**0.72**
企业员工的知识共享观念较为普遍	-0.24	0.10	-0.11	0.27	**0.70**
企业员工的创新冒险精神强烈	0.05	-0.31	0.19	0.12	**0.81**
解释变异量	20.31%	19.51%	16.51%	15.19%	10.13%
解释总变异量	81.65%				

综上所述，光伏企业技术创新的内部动力测量结构可以由企业家精神、利益驱动力、知识网络能力、企业技术能力和企业创新文化等 5 个维度构成。

（2）内部动力测量结构的验证研究

在探索性因子分析基础上，对光伏企业技术创新的内部动力 5 种维度做进一步的验证性分析，为模型检验提供基础。依旧采用 502 份调查问卷为样本，使用结构方程建模技术进行测量模型的内部一致性信度、收敛效度和区分效度的检验，使用 SPSS 17 和 AMOS 17 软件对数据进行处理。

1) 内部一致性检验

首先，对 502 份样本问卷中的内部动力数据进行描述性统计；其次，对内部动力数据进行信度检验。信度检验通过计算变量的题项-总体相关系数（CITC），并计算变量的组合信度（C.R.）和 Cronbach's α 系数，来进行评判。分析结果如表 5.9 所示。

表 5.9 内部动力的描述性统计和信度检验（$n = 502$）

变量	题项	均值	方差	CITC	C.R.	Cronbach's α
企业家精神	QJ_1	5.11	1.81	0.90	0.90	0.87
	QJ_2	4.82	1.72	0.83		
	QJ_3	4.38	1.63	0.81		

续表

变量	题项	均值	方差	CITC	C.R.	Cronbach's α
利益驱动力	LY_1	4.51	1.66	0.80	0.91	0.89
	LY_2	5.23	1.87	0.93		
	LY_3	4.72	1.64	0.82		
知识网络能力	ZS_1	4.59	1.53	0.79	0.96	0.93
	ZS_2	5.14	1.87	0.89		
	ZS_3	4.37	1.39	0.72		
	ZS_4	5.35	1.90	0.93		
企业技术能力	JN_1	5.09	1.84	0.88	0.92	0.90
	JN_2	4.31	1.53	0.79		
	JN_3	4.08	1.48	0.78		
	JN_4	4.73	1.65	0.83		
企业创新文化	WH_1	4.08	1.42	0.75	0.91	0.88
	WH_2	4.33	1.53	0.78		
	WH_3	4.72	1.68	0.84		

由表5.9可以看出,光伏企业技术创新的内部动力所有变量的题项-总体相关系数(CITC)都大于0.35,同时4个变量的内部一致性组合信度(C.R.)和Cronbach's α系数都大于0.7,因而,内部动力测量模型的信度较好。

2)收敛效度

对内部动力的变量数据进行分析处理,各个测量题项的标准化载荷系数和AVE值见表5.10。各测量题项对应的标准化载荷系数介于0.71~0.93,均在0.01的水平下显著,各变量的AVE值均在0.5以上,表明光伏企业技术创新的内部动力结构维度和测量题项有较好的收敛效度。

表5.10 内部动力的收敛效度分析结果 ($n=502$)

变量	题项	标准化载荷系数	T值	AVE值
企业家精神	QJ_1	0.71	11.28	0.68
	QJ_2	0.85	16.96	
	QJ_3	0.82	14.35	

续表

变量	题项	标准化载荷系数	T 值	AVE 值
利益驱动力	LY_1	0.86	17.01	0.70
	LY_2	0.73	12.61	
	LY_3	0.88	18.11	
知识网络能力	ZS_1	0.87	17.83	0.79
	ZS_2	0.78	13.55	
	ZS_3	0.93	19.26	
	ZS_4	0.89	18.17	
企业技术能力	JN_1	0.90	18.63	0.76
	JN_2	0.92	19.11	
	JN_3	0.86	17.31	
	JN_4	0.85	16.97	
企业创新文化	WH_1	0.73	12.54	0.62
	WH_2	0.84	18.05	
	WH_3	0.72	11.92	

3）区分效度

区分效度可以根据潜变量的 AVE 的平方根值与潜变量之间的相关系数对比来判断，如表 5.11 所示，AVE 的平方根值（对角线上的值）均大于相应行与列的相关系数，说明量表具有较好的区分效度。

表 5.11　内部动力的区分效度分析结果（$n=502$）

	QJ	LY	ZS	JN	WH
QJ	**0.82**				
LY	0.58	**0.84**			
ZS	0.76	0.68	**0.89**		
JN	0.72	0.62	0.71	**0.87**	
WH	0.61	0.59	0.63	0.60	**0.79**

注：1. QJ：企业家精神；LY：利益驱动力；ZS：知识网络能力；JN：企业技术能力；WH：企业创新文化。

2. 对角线上的值为 AVE 的平方根。

利用 AMOS 进一步对概念模型进行拟合优度分析，结果如表 5.12 所示，拟合优度结果表明，模型的 x^2 为 189.563，其显著水平低于 0.01，自由度为 96，x^2/f 为 1.975，小于 2，而其他拟合优度指标：GFI = 0.933、NFI = 0.918、CFI = 0.927，这 3 个指标都大于 0.900，而 RMSEA = 0.049，RMR = 0.026，均小于 0.05。以上数据表明内部动力测量模型整体拟合较好。

表 5.12　内部动力验证性因子分析拟合结果

拟合指标	x^2	f	x^2/f	GFI	NFI	CFI	RMSEA	RMR
结果	189.563	96	1.975	0.933	0.918	0.927	0.049	0.026
最优标准	—	—	<3	>0.9	>0.9	>0.9	<0.05	<0.05

5.1.3　创新阻力

（1）创新阻力结构的探索性因子分析

同样运用探索性因子分析方法，对光伏企业技术创新阻力的分类和量表的构成进行探讨。可知，创新阻力量表适合进行因子分析。研究得到 3 个特征值大于 1 的因素，各题项的因子负荷均大于 0.4，总变异解释率为 61.11%。

对量表中的部分题项根据相应原则进行调整和删除。因子分析结果表明，量表中有部分题项总负荷较小，因此对这些题项进行删除调整。同时考虑总量表的信度，对产业技术变革加速性题项予以删除，剩余 10 个题项。

对删除题项调整后的创新阻力量表继续进行探索性因子分析，KMO 值和 Bartlett 球形检验结果如表 5.13 所示，可知量表适合进行因子分析。

表 5.13　创新阻力探索性因子分析 KMO 取值和 Bartlett 球形检验

Kaiser-Meyer-Olkin 取样适当值		0.83
Bartlett 球形检验	近似卡方分布	526.31
	自由度	61
	显著性	0.000

由上述分析结果可知，光伏企业技术创新的阻力结构由 3 个因子构成。表 5.14 表明，因子 1（F_1）的 3 个问项反映了光伏企业技术创新阻力的技术不确定性特征，技术研发的不确定性、技术成果产业化的不确定性及技术变革提供机会的不确定性是技术不确定性的主要内容，该因子可以命名为技

术不确定性因子。因子 2 (F_2) 的 4 个问项反映了光伏企业技术创新过程中技术路径依赖的阻碍作用，组织结构受已有经验影响、企业组织学习能力受现有经验影响、管理层的认知惯性及企业新技术和新产品与现有技术高度相关是企业技术创新的阻力因素，是技术路径依赖的主要内容，可以将该因子命名为技术路径依赖。因子 3 (F_3) 的 3 个问项反映了光伏企业知识粘性对光伏企业技术创新活动的阻碍作用。知识提供方的知识保护意识、知识资源的隐性属性及知识接收方的能力差异从不同视角反映了知识粘性特征，因而，可以将该因子命名为知识粘性。

表 5.14 创新阻力的探索性分析结果

题项	因子		
	F_1	F_2	F_3
企业技术研发的不确定性较大	**0.65**	0.15	-0.23
企业技术成果产业化具有很大的不确定性	**0.62**	0.21	0.10
企业技术变革为企业提供机会的不确定性较大	**0.71**	-0.28	0.31
企业组织结构受已有经验影响较强	0.05	**0.75**	0.03
企业组织学习能力受现有经验影响较大	-0.22	**0.81**	-0.09
企业管理层的认知惯性较强	0.17	**0.63**	0.25
企业新技术新产品与现有技术具有高度相关性	0.04	**0.80**	0.16
合作企业作为知识提供方的知识保护意识较强	-0.31	0.21	**0.81**
企业创新所需知识资源的隐性属性较大	0.27	-0.14	**0.72**
企业作为知识接受方的能力不足	0.03	0.30	**0.65**
解释变异量	31.58%	22.03%	10.95%
解释总变异量	64.56%		

综上所述，光伏企业技术创新阻力的测量结构可以由技术不确定性、技术路径依赖和知识粘性等 3 个维度构成。

(2) 创新阻力测量结构的验证研究

基于探索性因子分析，对光伏企业技术创新阻力的 5 种维度做验证性分析，为后续模型检验提供基础。依旧采用 502 份调查问卷为样本，使用结构方程建模技术进行测量模型的内部一致性信度、收敛效度和区分效度的检验，使用 SPSS 17 和 AMOS 17 软件对数据进行处理。

1) 内部一致性检验

首先,对创新阻力数据进行描述性统计;其次,对样本数据进行信度检验,通过计算变量的题项-总体相关系数(CITC),并计算变量的组合信度(C.R.)和Cronbach's α 系数,来进行评判。分析结果如表5.15所示。

表5.15 创新阻力的描述性统计和信度检验($n=502$)

变量	题项	均值	方差	CITC	C.R.	Cronbach's α
技术不确定性	BQ_1	4.02	1.20	0.91	0.89	0.86
	BQ_2	4.36	1.56	0.85		
	BQ_3	3.96	1.03	0.83		
技术路径依赖	LJ_1	4.80	1.68	0.78	0.91	0.89
	LJ_2	5.13	1.91	0.80		
	LJ_3	4.29	1.27	0.73		
	LJ_4	4.68	1.61	0.87		
知识粘滞性	NX_1	4.72	1.65	0.93	0.93	0.92
	NX_2	5.05	1.86	0.86		
	NX_3	4.33	1.51	0.73		

由表5.15可以看出,光伏企业技术创新阻力所有变量的题项-总体相关系数(CITC)都大于0.35,同时3个变量的内部一致性组合信度(C.R.)系数和Cronbach's α 系数都大于0.7,因而,创新阻力测量模型的信度较好。

2) 收敛效度

对变量数据进行分析处理,创新阻力各个测量题项的标准化载荷系数和AVE值见表5.16。各测量题项对应的标准化载荷系数介于0.71~0.91,均在0.01的水平下显著,各变量的AVE值均在0.5以上,表明光伏企业技术创新创新阻力的结构维度和测量题项有较好的收敛效度。

表5.16 创新阻力的收敛效度分析结果($n=502$)

变量	题项	标准化载荷系数	T值	AVE值
技术不确定性	BQ_1	0.81	16.15	0.60
	BQ_2	0.76	13.91	
	BQ_3	0.71	12.52	

续表

变量	题项	标准化载荷系数	T 值	AVE 值
技术路径依赖	LJ_1	0.90	18.70	0.78
	LJ_2	0.82	17.03	
	LJ_3	0.79	15.88	
	LJ_4	0.77	15.62	
知识粘性	NX_1	0.83	17.68	0.74
	NX_2	0.91	19.03	
	NX_3	0.73	12.90	

3) 区分效度

区分效度可以根据潜变量 AVE 的平方根值与潜变量之间的相关系数对比来判断，如表 5.17 所示，AVE 的平方根值（对角线上的值）均大于相应行与列的相关系数，说明创新阻力量表具有较好的区分效度。

表 5.17 创新阻力的区分效度分析结果（$n=502$）

	BQ	LJ	NX
BQ	**0.77**		
LJ	0.75	**0.88**	
NX	0.69	0.52	**0.86**

注：1. BQ：技术不确定性；LJ：技术路径依赖；NX：知识粘性。
2. 对角线上的值为 AVE 的平方根。

利用 AMOS 进一步对创新阻力概念模型进行拟合优度分析，结果如表 5.18 所示，模型的 x^2 为 85.327，其显著水平低于 0.01，自由度为 52，x^2/f 为 1.640，小于 2，而其他拟合优度指标：GFI = 0.928、NFI = 0.910、CFI = 0.921，这 3 个指标都大于 0.9，而 RMSEA = 0.043，RMR = 0.032，均小于 0.05。以上数据表明创新阻力测量模型整体拟合较好。

表 5.18 创新阻力验证性因子分析拟合结果

拟合指标	x^2	f	x^2/f	GFI	NFI	CFI	RMSEA	RMR
结果	85.327	52	1.640	0.928	0.910	0.921	0.043	0.032
最优标准	—	—	<3	>0.9	>0.9	>0.9	<0.05	<0.05

5.1.4 技术创新绩效

技术创新绩效的测量指标是取自于已有研究的成熟量表,因而无须进行探索性因子分析。本书技术创新绩效测量模型采用一阶因子结构,因而,仅需对技术创新绩效测量模型进行信度和收敛效度检验。

采用502份调查问卷为样本,使用结构方程建模技术进行测量模型的内部一致性信度和收敛效度的检验,使用SPSS 17和AMOS 17软件对数据进行处理。

(1) 内部一致性检验

首先,对502份样本问卷中的技术创新绩效数据进行描述性统计;其次,对样本数据进行信度检验,通过计算变量的题项-总体相关系数(CITC),并计算变量的组合信度(C.R.)和Cronbach's α 系数,来进行评判。分析结果如表5.19所示。

表5.19 技术创新绩效的描述性统计和信度检验 ($n=502$)

变量	题项	均值	方差	CITC	C. R.	Cronbach's α
技术创新绩效	企业技术创新的速度快	4.75	1.56	0.73	0.92	0.90
	企业技术创新的成功率高	5.21	1.93	0.82		
	企业新产品的数量较多	5.03	1.88	0.80		
	企业新产品利润上升	5.10	1.90	0.83		
	企业专利申请量多	4.81	1.62	0.76		

由表5.19可以看出,光伏企业技术创新绩效的题项-总体相关系数(CITC)都大于0.35,内部一致性组合信度(C.R.)和Cronbach's α 系数都大于0.7,因而,技术创新绩效测量模型的信度较好。

(2) 收敛效度

对变量数据进行分析处理,技术创新绩效测量题项的标准化载荷系数和AVE值见表5.20。各测量题项对应的标准化载荷系数介于0.79~0.92,均在0.01的水平下显著,技术创新绩效的AVE在0.5以上,表明光伏企业技术创新创新阻力的结构维度和测量题项有较好的收敛效度。

表5.20 技术创新绩效的收敛效度分析结果（$n=502$）

变量	题项	标准化载荷系数	T值	AVE
技术创新绩效	企业技术创新的速度快	0.79	15.86	0.79
	企业技术创新的成功率高	0.92	18.11	
	企业新产品的数量较多	0.85	16.95	
	企业新产品利润上升	0.86	17.13	
	企业专利申请量多	0.83	16.26	

利用 AMOS 进行拟合优度分析，结果如表5.21所示，拟合优度结果表明，模型的 x^2 为9.327，其显著水平低于0.01，自由度 f 为5，x^2/f = 1.865，小于2，而其他拟合优度指标：GFI = 0.943、NFI = 0.928、CFI = 0.932，这3个指标都大于0.900，而 RMSEA = 0.041，RMR = 0.030，均小于0.050。以上数据表明技术创新绩效测量模型整体拟合较好。

表5.21 技术创新绩效验证性因子分析拟合结果

拟合指标	x^2	f	x^2/f	GFI	NFI	CFI	RMSEA	RMR
结果	9.327	5	1.865	0.943	0.928	0.932	0.041	0.030
最优标准	—	—	<3	>0.9	>0.9	>0.9	<0.05	<0.05

5.1.5 样本数据正态性检验

使用极大似然法，对结构方程模型技术和多元回归分析过程中，要求数据服从正态分布。通过样本均值（Mean）和标准差（S.D.），可以检验样本数值的集中/离散趋势及同质性水平/差异化程度，通过偏度（Skewnes S）和峰度（Kurtosi S），可以检验样本取值分布的方向、陡峭程度，以及是否符合正态分布。其中，标准差越小，数据变异程度越小，数据越整齐，分布范围越集中，反之则越离散。测量样本服从正态分布的基本条件是：偏度绝对值小于3，峰度绝对值小于10时（Kline，1998）[226]。本研究的潜变量共有17个，包括4个一级指标：外部动力、内部动力、创新阻力和技术创新绩效；13个二级指标：市场需求、技术进步、政府政策、生态观念、行业竞争、企业家精神、利益驱动力、知识网络能力、企业技术能力、企业创新文化、技术不确定性、技术路径依赖和知识粘性。使用 SPSS 17 对样本数据的偏度和峰度进行分析显示，样本数据中偏度绝对值最大为变量 QJ_1，值为 1.062，远小于 3，峰度绝对值最大为变量 JC_1，值为 1.481，远小于 10。由此说明本研究所用样本数据基本服从正态分布，符合结构方程建模和多元回归分析的要求。分析结果如表 5.22 所示。

表 5.22 样本数据正态性检验结果（$n=502$）

	最小值	最大值	均值	偏差	偏度		峰度	
					统计值	标准误差	统计值	标准误差
SC_1	1	7	4.935	1.132	-0.625	0.139	0.233	0.278
SC_2	2	7	5.356	1.024	-0.331	0.139	-0.521	0.278
SC_3	1	7	5.006	1.258	-0.610	0.139	0.842	0.278
JS_1	1	7	4.631	1.021	-0.527	0.139	-0.419	0.278
JS_2	1	7	4.947	1.157	-0.451	0.139	0.138	0.278
JS_3	2	7	5.361	1.421	-0.369	0.139	0.187	0.278
ZF_1	1	7	5.122	1.164	-0.341	0.139	0.801	0.278
ZF_2	1	7	4.732	1.234	-0.092	0.139	0.934	0.278
ZF_3	1	7	5.201	1.045	-0.366	0.139	0.415	0.278
ZF_4	1	7	4.682	1.512	-0.251	0.139	-0.621	0.278
GN_1	2	7	5.457	0.983	-0.338	0.139	-0.297	0.278
GN_2	2	7	5.032	1.355	-0.584	0.139	-0.331	0.278
GN_3	1	7	5.145	1.221	-0.475	0.139	0.235	0.278
HY_1	1	7	4.246	1.207	-0.908	0.139	0.362	0.278
HY_2	1	7	4.832	1.198	-0.583	0.139	0.615	0.278
HY_3	2	7	5.625	1.125	-0.782	0.139	-0.831	0.278
QJ_1	1	7	4.824	1.136	-1.062	0.139	0.475	0.278
QJ_2	1	7	4.553	1.012	-0.515	0.139	0.355	0.278
QJ_3	1	7	4.635	1.212	-0.659	0.139	-0.261	0.278
LY_1	2	7	5.284	1.161	-0.897	0.139	0.283	0.278
LY_2	1	7	4.891	1.197	-0.243	0.139	0.846	0.278
LY_3	1	7	4.568	1.354	-0.538	0.139	0.904	0.278

续表

	最小值	最大值	均值	偏差	偏度		峰度	
					统计值	标准误差	统计值	标准误差
ZS_1	2	7	5.623	1.218	-0.482	0.139	-0.487	0.278
ZS_2	1	7	5.009	1.418	-0.604	0.139	0.288	0.278
ZS_3	2	7	5.393	1.142	-0.254	0.139	0.361	0.278
ZS_4	1	7	4.802	1.109	-0.312	0.139	0.603	0.278
JN_1	1	7	4.617	1.032	-0.562	0.139	-0.542	0.278
JN_2	1	7	5.315	1.490	-0.491	0.139	0.804	0.278
JN_3	1	7	5.023	1.003	-0.839	0.139	-0.560	0.278
JN_4	1	7	4.640	1.259	-0.814	0.139	0.432	0.278
WH_1	2	7	5.428	1.020	-0.758	0.139	0.468	0.278
WH_2	1	7	4.836	1.501	-0.258	0.139	0.617	0.278
WH_3	1	7	4.651	0.976	-0.620	0.139	0.820	0.278
BQ_1	1	7	4.902	1.253	-0.541	0.139	-0.309	0.278
BQ_2	2	7	5.029	1.107	-0.052	0.139	0.333	0.278
BQ_3	1	7	4.283	1.068	-0.571	0.139	0.284	0.278
LJ_1	1	7	4.634	1.224	-0.318	0.139	0.119	0.278
LJ_2	2	7	5.258	1.315	-1.019	0.139	0.517	0.278
LJ_3	1	7	4.751	1.103	-0.655	0.139	0.586	0.278
LJ_4	1	7	4.362	1.085	-0.630	0.139	0.993	0.278
NX_1	1	7	4.102	1.210	-0.584	0.139	1.253	0.278
NX_2	2	7	5.149	1.145	-0.460	0.139	0.528	0.278
NX_3	1	7	4.638	1.023	-0.382	0.139	0.760	0.278
JC_1	1	7	5.134	1.208	-0.648	0.139	1.481	0.278
JC_2	2	7	5.254	1.312	-0.231	0.139	0.374	0.278
JC_3	2	7	5.048	1.126	-0.108	0.139	-0.681	0.278
JC_4	1	7	5.003	1.148	-0.824	0.139	0.159	0.278

5.2 外部动力对光伏企业技术创新绩效的影响

5.2.1 描述性统计及相关分析

此外，在对结构方程模型分析之前，还需对结构方程涉及的样本变量进行相关性分析。分析结果如表 5.23 所示，样本的均值、标准差及相关系数，表明了解释变量外部动力各维度（市场需求、技术进步、政府政策、生态观念和行业竞争）及被解释变量技术创新绩效之间存在显著的正相关关系，研究假设得到部分验证，为后续分析打下了基础。

表 5.23 描述性统计及相关性分析（$n=502$）

	1	2	3	4	5	6	7
企业规模	1						
企业年龄	0.091	1					
市场需求	-0.041	0.068	1				
技术进步	0.102	-0.134	0.389**	1			
政府政策	0.085	0.094	0.521*	0.391	1		
生态观念	-0.032	0.063	0.365*	0.630*	-0.139*	1	
行业竞争	0.125	0.078	0.231**	0.155**	0.315**	0.263**	1
技术创新绩效	0.082	-0.114	0.652*	0.528*	0.437**	0.362**	0.632*
均值	4.21	5.06	5.21	5.34	5.61	5.54	4.28
标准差	1.06	1.21	1.58	1.46	1.82	1.66	1.51

注：$^*P<0.05$，$^{**}P<0.01$。

5.2.2 结构方程初始模型构建

如上所述，本书研究的样本数据已通过信度和效度检验、相关分析、偏度和峰度检验，依据第四章所提出的概念模型构建光伏企业技术创新外部动力机制的初始结构方程模型（如图 5.1 所示）。该模型设置了 16 个外生显变量测度 5 个外生潜变量（市场需求、技术进步、政府政策、生态观念和行业竞争），通过 5 个内生显变量（技术创新的速度、技术创新的成功率、新产品的数量、新产品利润和专利申请量）来测度1个内生潜变量技术创新绩效。除了潜变量和显变量外，模型中还存在21个显变量的残差变量和1个内生潜变量的残差变量，残差变量的作用是为了保证模型的验证过程能够成立，因为从问卷得出的指标值难免会存在一定的误差，要使指标值完全地匹配于模型几乎是不可能的，为了使概念模型得到验证，必须引入残差变量。接下来，本研究将对模型中路径假设进行验证。

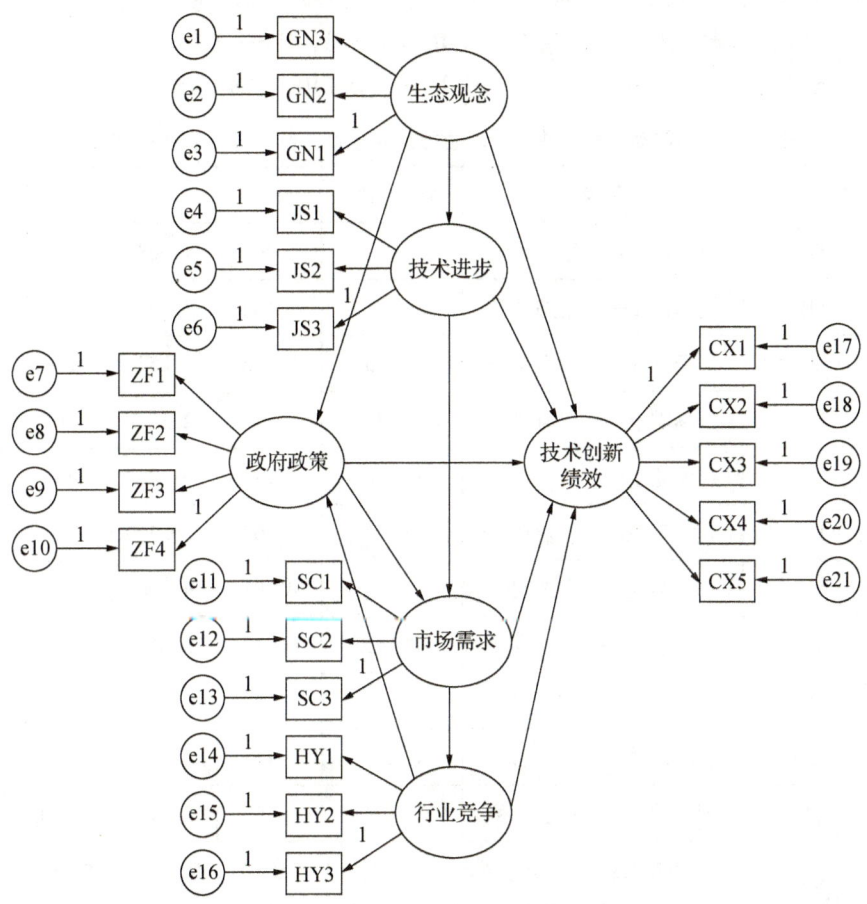

图 5.1　外部动力影响技术创新绩效初始结构方程模型

5.2.3　模型拟合

利用 AMOS 软件对光伏企业技术创新外部动力的初始结构方程模型进

行分析运算,拟合结果如表 5.24 所示。初始模型拟合的 x^2 为 575.238,其显著水平低于 0.01,自由度为 210,x^2/f 为 2.739,小于 3,而其他拟合优度指标:GFI = 0.921、NFI = 0.915、CFI = 0.918,这 3 个指标都大于 0.9,而 RMSEA = 0.082,RMR = 0.042。该初始模型的 GFI 和 CFI 的值均大于 0.9 的参考值,RMSEA = 0.082 在所建议的小于 0.1 的可接受区间内,上述拟合指数显示,初始模型拟合效果较好。但是,初始 SEM 模型中有 3 条路径的路径系数对应的 C.R. < 1.96,未通过显著性检验,分别为以下路径:

A11 政府政策←——生态观念:C.R. = 1.368,P = 0.360;

A16 政府政策←——行业竞争:C.R. = -0.210,P = 0.183。

表 5.24 外部动力影响技术创新绩效初始结构方程拟合结果(n = 502)

路径编码	路径	路径系数	S.D.	C.R.	P
A11	政府政策←——生态观念	0.052	0.205	1.368	0.360
A12	技术进步←——生态观念	0.381	0.137	3.861	***
A13	市场需求←——技术进步	0.425	0.216	4.257	***
A14	市场需求←——政府政策	0.341	0.122	2.331	0.09
A15	行业竞争←——市场需求	0.032	0.243	3.588	***
A16	政府政策←——行业竞争	-0.075	0.103	-0.210	0.183
A17	创新绩效←——生态观念	0.135	0.301	4.560	***
A18	创新绩效←——技术进步	0.541	0.079	3.251	0.002
A19	创新绩效←——政府政策	0.083	0.228	3.922	***
A20	创新绩效←——市场需求	0.607	0.112	4.083	0.001
A21	创新绩效←——行业竞争	0.399	0.103	5.210	0.003
拟合结果	x^2 = 575.238,f = 210,x^2/f = 2.739,GFI = 0.921,NFI = 0.915,CFI = 0.918,RMSEA = 0.082,RMR = 0.042				

注:***表示 P < 0.001 水平下显著,其余表格相同。

5.2.4 模型修正与确定

检验模型路径系数可知,有 A11 和 A16 等 2 条路径系数相应的 C.R. 值与显著性水平（P）未达到参照标准的要求。通过分析两条路径的 C.R. 值及显著性水平（P），先后删除了 A11 和 A16 2 条路径，分别进行模型的第 1 次和第 2 次修正，运用 AMOS 对导入数据进行拟合检验，结果如表 5.25 所示。

表 5.25　外部动力影响技术创新绩效最终模型拟合结果（$n=502$）

路径	路径系数	S.D.	C.R.	P
技术进步←生态观念	0.521	0.113	4.536	***
市场需求←技术进步	0.389	0.189	3.913	***
市场需求←政府政策	0.338	0.096	2.972	0.015
行业竞争←市场需求	0.310	0.205	3.982	***
创新绩效←生态观念	0.573	0.271	5.305	***
创新绩效←技术进步	0.502	0.062	3.127	0.010
创新绩效←政府政策	0.795	0.214	5.580	***
创新绩效←市场需求	0.211	0.102	3.216	0.021
创新绩效←行业竞争	0.364	0.791	4.839	0.009

拟合结果：$x^2=578.412$, $f=212$, $x^2/f=2.728$, GFI = 0.921, NFI = 0.915, CFI = 0.918, RMSEA = 0.082, RMR = 0.042

从表 5.25 可以看出，最后一次修正模型的拟合指数均符合参考值，表明修正模型拟合效果较好。而且所有路径 C.R. > 1.96 的参考标准，且在 $P<0.05$ 的水平上显著。通过上述分析，修正所产生的最终结构方程模型如图 5.2 所示。模型有显著性路径共 9 条：技术进步←生态观念；市场需求←技术进步；市场需求←政府政策；行业竞争←市场需求；创新绩效←生态观念；创新绩效←技术进步；创新绩效←政府政策；创新绩效←市场需求；创新绩效←行业竞争。图 5.2 中的标准化路径系数都为正值，说明这些路径所代表的变量间均有正向影响关系，假设 H1-1、H1-2、H1-3、H1-4、H1-5、H1-6、H1-8、H1-9、H1-11 均通过检验，而假设 H1-7、H1-10 未通过检验。

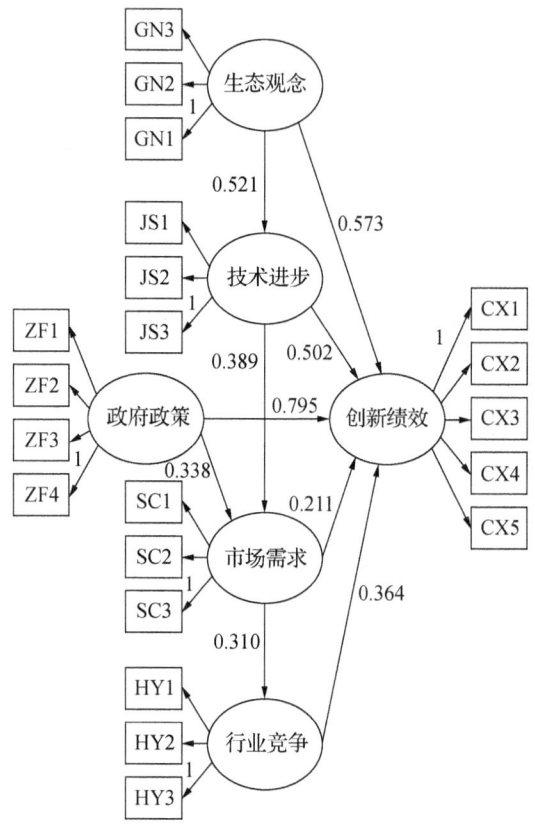

图 5.2 外部动力影响技术创新绩效的最终修正模型

5.3 内部动力对光伏企业技术创新绩效的影响

5.3.1 描述性统计及相关分析

对内部动力影响光伏企业技术创新的结构方程涉及的样本变量进行相关性分析。分析结果如表 5.26 所示,样本的均值、标准差及相关系数,表明了解释变量内部动力各维度(企业家精神、利益驱动力、知识网络能力、企业技术能力和企业创新文化)及被解释变量技术创新绩效之间存在显著的正相关关系,研究假设得到部分验证,为后续分析打下了基础。

第五章 光伏企业技术创新动力机制的实证研究

表 5.26 内部动力机制描述性统计及相关性分析（$n=502$）

	1	2	3	4	5	6	7
企业规模	1						
企业年龄	0.082	1					
企业家精神	-0.039	0.029	1				
利益驱动力	0.203	-0.151	0.260**	1			
知识网络能力	0.047	0.107	0.540*	0.325**	1		
企业技术能力	-0.022	0.038	0.423*	0.521*	-0.139*	1	
企业创新文化	0.118	0.103	0.315**	0.327**	0.315**	0.163**	1
技术创新绩效	0.076	-0.094	0.414*	0.509*	0.546**	0.467**	0.592**
均值	4.58	4.86	5.35	5.29	5.11	5.82	4.31
标准差	1.15	1.32	1.60	1.56	1.42	1.67	1.18

注：*$P<0.05$，**$P<0.01$。

5.3.2 结构方程初始模型构建

同样，本节所用的样本数据已通过信度和效度检验、相关分析、偏度和峰度检验，依据第四章所提出的概念模型构建光伏企业技术创新内部动力机制的初始结构方程模型（图5.3）。该模型设置了17个外生显变量测度5个外生潜变量（企业家精神、利益驱动力、知识网络能力、企业技术能力和企业创新文化），通过5个内生显变量（技术创新的速度、技术创新的成功率、新产品的数量、新产品利润和专利申请量）来测度1个内生潜变量技术创新绩效。除了潜变量和显变量外，模型中还存在22个显变量的残差变量和1个内生潜变量的残差变量。接下来，本研究将对模型中路径假设进行验证。

5.3.3 模型拟合

利用 AMOS 软件对光伏企业技术创新内部动力的初始结构方程模型进行分析运算，拟合结果如表5.27所示。初始模型拟合的 x^2 为775.381，其显著水平低于0.01，自由度为351，x^2/f 为2.209，小于3，而其他拟合优度指标：GFI = 0.935、NFI = 0.921、CFI = 0.928，这3个指标都大于0.9，

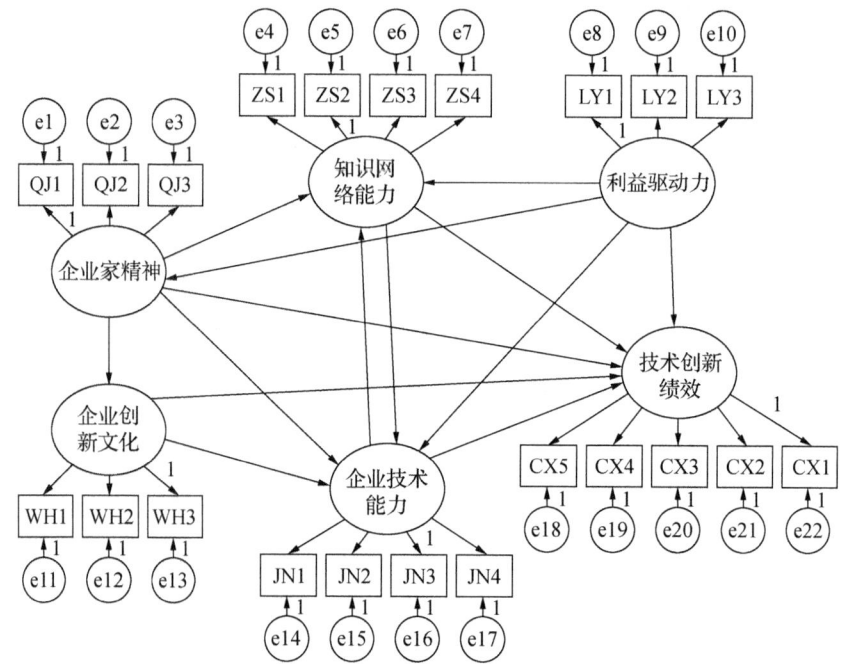

图 5.3 内部动力影响技术创新绩效初始结构方程模型

而 RMSEA = 0.039，RMR = 0.027。该初始模型的 GFI 和 CFI 的值均大于 0.9 的参考值。上述拟合指数显示，初始模型拟合效果较好。但是，初始 SEM 模型中有 4 条路径的路径系数对应的 C.R. 值小于 1.96，未通过显著性检验，分别为以下路径：

B14 企业家精神 ← 利益驱动力：C.R. = 1.257，P = 0.381；

B16 企业技术能力 ← 利益驱动力：C.R. = 1.352，P = 0.278；

B18 知识网络能力 ← 企业技术能力：C.R. = 1.012，P = 0.353；

B19 企业技术能力 ← 企业创新文化：C.R. = 0.925，P = 0.563。

表 5.27　内部动力影响技术创新绩效初始结构方程拟合结果（n = 502）

路径编码	路径	路径系数	S.D.	C.R.	P
B11	企业创新文化 ← 企业家精神	0.512	0.261	6.327	***
B12	企业技术能力 ← 企业家精神	0.239	0.197	2.848	0.005
B13	知识网络能力 ← 企业家精神	0.354	0.216	3.128	0.026

续表

路径编码	路径	路径系数	S.D.	C.R.	P
B14	企业家精神←利益驱动力	0.118	0.303	1.257	0.381
B15	知识网络能力←利益驱动力	0.103	0.096	2.208	0.009
B16	企业技术能力←利益驱动力	0.078	0.210	1.352	0.278
B17	企业技术能力←知识网络能力	0.332	0.225	5.293	***
B18	知识网络能力←企业技术能力	0.086	0.077	1.012	0.353
B19	企业技术能力←企业创新文化	0.231	0.092	0.925	0.563
B20	创新绩效←企业家精神	0.355	0.402	5.509	***
B21	创新绩效←利益驱动力	0.519	0.279	6.218	***
B22	创新绩效←知识网络能力	0.483	0.328	3.922	***
B23	创新绩效←企业技术能力	0.623	0.516	5.027	***
B24	创新绩效←创企业新文化	0.292	0.201	2.210	0.003
拟合结果	$x^2 = 775.381$, $f = 351$, $x^2/f = 2.209$, GFI = 0.935, NFI = 0.921, CFI = 0.928, RMSEA = 0.039, RMR = 0.027				

5.3.4 模型修正与确定

检验模型路径系数可知，有 B14、B16、B18、B19 等 4 条路径系数相应的 C.R. 值与显著性水平未达到参照标准的要求。通过分析 4 条路径的 C.R. 值及显著性水平，先后删除了 B19、B14、B18、B16 路径，分别进行模型的第 1 次、第 2 次、第 3 次和第 4 次修正，并导入数据进行 AMOS 拟合检验，得到的最终修正模型运算结果如表 5.28 所示。

表 5.28 内部动力影响技术创新绩效最终模型拟合结果（$n = 502$）

路径	路径系数	S.D.	C.R.	P
企业创新文化←企业家精神	0.483	0.231	5.253	***
企业技术能力←企业家精神	0.368	0.216	2.570	0.013
知识网络能力←企业家精神	0.415	0.241	3.791	0.028
知识网络能力←利益驱动力	0.203	0.083	2.506	0.011

续表

路径	路径系数	S.D.	C.R.	P
企业技术能力←—知识网络能力	0.311	0.345	4.264	***
创新绩效←—企业家精神	0.328	0.266	3.115	***
创新绩效←—利益驱动力	0.503	0.461	5.253	***
创新绩效←—知识网络能力	0.522	0.602	6.205	***
创新绩效←—企业技术能力	0.614	0.731	7.593	***
创新绩效←—创企业新文化	0.329	0.203	2.667	0.008

拟合结果：$x^2 = 775.381$，$f = 351$，$x^2/f = 2.209$，GFI = 0.935，NFI = 0.921，CFI = 0.928，RMSEA = 0.039，RMR = 0.027

从表 5.28 可以看出，最后一次修正模型的拟合指数均符合参考值，表明修正模型拟合效果较好。而且所有路径 C.R. 值大于 1.96 的参考标准，且在 $P<0.05$ 的水平上显著。通过上述分析，修正所产生的最终结构方程模型如图 5.4 所示。模型有显著性路径共 10 条：企业创新文化←—企业家精神；企业技术能力←—企业家精神；知识网络能力←—企业家精神；知识网络能力←—利益驱动力；企业技术能力←—知识网络能力；创新绩效←—企业家精神；创新绩效←—利益驱动力；创新绩效←—知识网络能力；创新

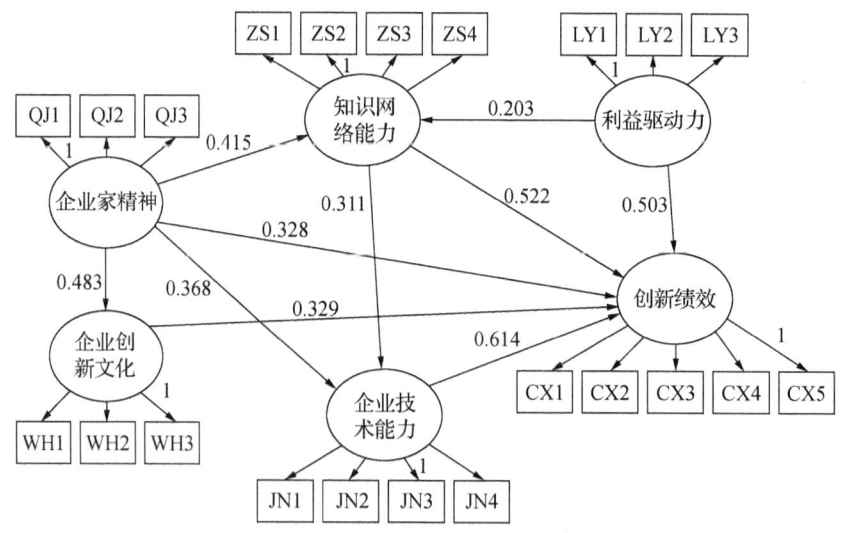

图 5.4 内部动力影响技术创新绩效的最终修正模型

第五章 光伏企业技术创新动力机制的实证研究

绩效←——企业技术能力；创新绩效←——创企业新文化。图中的标准化路径系数都为正值，说明这些路径所代表的变量间均有正向影响关系，假设 H2-1、H2-2、H2-3、H2-4、H2-6、H2-8、H2-9、H2-10、H2-12、H2-14 均通过检验，而假设 H2-5、H2-7、H1-11、H2-13 未通过检验。

5.4 内部动力各维度的中介效应

本节检验光伏企业技术创新内部动力各维度（企业家精神、利益驱动力、知识网络能力、企业技术能力和企业创新文化）在外部动力各维度和光伏企业技术创新绩效之间关系的中介效应。根据前述中介效应的检验方法，中介效应需要满足①因变量对自变量的回归系数达到了显著水平；②因变量对中介变量回归系数也达到了显著水平；③中介变量对自变量的回归系数是否达到显著水平；④因变量对自变量和中介变量同时进行回归时，回归系数的变化 4 个条件。前述研究已经检验了条件①、②，本节只需检验条件③、④。

5.4.1 描述性统计及相关分析

对光伏企业技术创新外部动力影响内部动力所涉及的样本变量进行相关性分析。分析结果如表 5.29 所示，样本的均值、标准差及相关系数，表明了解释变量外部动力各维度（市场需求、技术进步、政府政策、生态观念和行业竞争）、内部动力各维度（企业家精神、利益驱动力、知识网络能力、企业技术能力和企业创新文化）及被解释变量技术创新绩效之间存在显著的正相关关系，为后续分析奠定了基础。

5.4.2 外部动力各维度对内部动力各维度的影响

外部动力各维度对内部动力各维度的影响效果如图 5.5 和表 5.30 所示。从表 5.30 可以看出，模型拟合的 x^2/f 为 2.127，小于 3，而其他拟合优度指标：GFI = 0.945、NFI = 0.923、CFI = 0.938，这 3 个指标都大于 0.9，而 RMSEA = 0.050，RMR = 0.031。不仅小于 0.10，且小于更严格的标准 0.05。上述拟合指标表明，外部动力各维度对内部动力各维度的模型拟合效果较好。但是，初始 SEM 模型中有 9 条路径系数对应的 CR 值小于 1.96，且未通过显著性检验，分别为以下路径：

C15 企业创新文化←——市场需求：C.R. = 1.328，$P = 0.638$；

表 5.29　内外部动力关系描述性统计及相关性分析（$n=502$）

	1	2	3	4	5	6	7	8	9	10
市场需求	1									
技术进步	0.132**	1								
政府政策	0.286**		1							
生态观念	0.345**	0.423**	0.261**	1						
行业竞争	0.563**	0.315**	0.416**	0.334**	1					
企业家精神	0.259**	0.319**	0.334**	0.512**	0.286**	1				
利益驱动力	0.213**	0.153**	0.225**	0.476**	0.455**	0.381**	1			
知识网络能力	0.147**	0.127**	0.520**	0.315**	0.321**	0.264**	0.486**	1		
企业技术能力	0.322**	0.338**	0.433**	0.361**	0.229**	0.249**	0.630**	0.351**	1	
企业创新文化	0.138**	0.553**	0.335**	0.327**	0.315**	0.363**	0.193**	0.355**	0.759*	1
技术创新绩效	0.376**	0.494**	0.414**	0.509**	0.546**	0.467**	0.592**	0.560**	0.462**	0.436*
均值	4.58	4.86	5.35	5.29	5.11	5.82	4.31	5.33	4.69	5.17
标准差	1.15	1.32	1.60	1.56	1.42	1.67	1.18	1.20	1.31	1.42

注：$^*P<0.05$，$^{**}P<0.01$。

C16 企业家精神←——技术进步：C.R. =1.534，P =0.162；
C17 利益驱动力←——技术进步：C.R. =0.218，P =0.291；
C20 企业创新文化←——技术进步：C.R. =1.293，P =0.125；
C21 企业家精神←——政府政策：C.R. =1.065，P =0.334；
C25 企业创新文化←——政府政策：C.R. =1.341，P =0.202；
C27 利益驱动力←——生态观念：C.R. =1.512，P =0.311；
C30 企业创新文化←——生态观念：C.R. =1.835，P =0.243；
C35 企业创新文化←——行业竞争：C.R. =1.234，P =0.562。

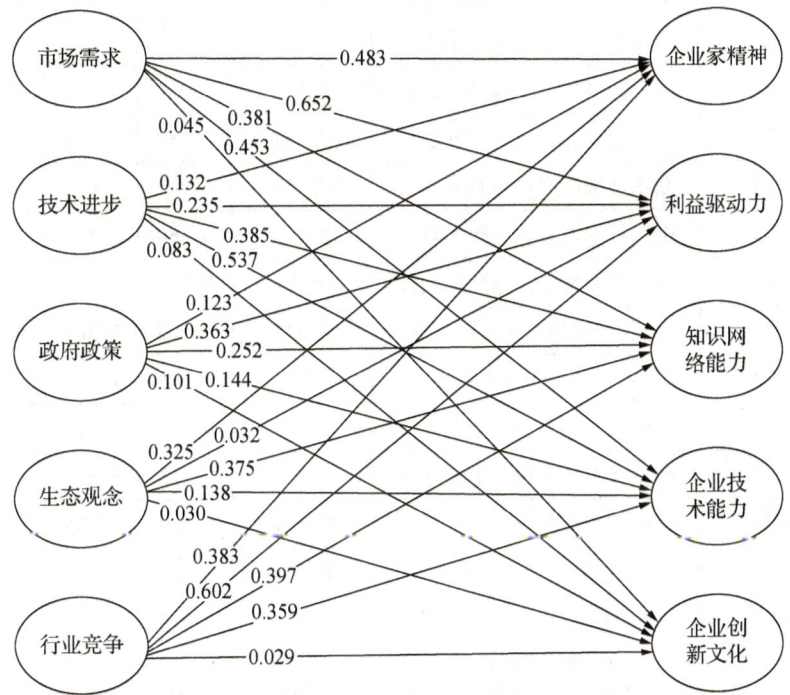

图 5.5 外部动力影响内部动力的结构方程模型

表 5.30 外部动力影响内部动力的模型拟合结果（n =502）

路径编码	路径	路径系数	S.D.	C.R.	P
C11	企业家精神←——市场需求	0.483	0.135	5.236	***
C12	利益驱动力←——市场需求	0.652	0.274	1.968	***
C13	知识网络能力←——市场需求	0.381	0.133	3.852	***

续表

路径编码	路径	路径系数	S.D.	C.R.	P
C14	企业技术能力←市场需求	0.453	0.224	4.231	***
C15	企业创新文化←市场需求	0.045	0.116	1.328	0.638
C16	企业家精神←技术进步	0.132	0.225	1.534	0.162
C17	利益驱动力←技术进步	0.235	0.136	0.218	0.291
C18	知识网络能力←技术进步	0.385	0.023	4.309	***
C19	企业技术能力←技术进步	0.537	0.179	3.234	***
C20	企业创新文化←技术进步	0.083	0.238	1.293	0.125
C21	企业家精神←政府政策	0.123	0.052	1.065	0.334
C22	利益驱动力←政府政策	0.363	0.189	5.236	***
C23	知识网络能力←政府政策	0.252	0.155	1.925	***
C24	企业技术能力←政府政策	0.144	0.136	2.852	***
C25	企业创新文化←政府政策	0.101	0.154	1.341	0.202
C26	企业家精神←生态观念	0.325	0.223	2.365	***
C27	利益驱动力←生态观念	0.032	0.224	1.512	0.311
C28	知识网络能力←生态观念	0.375	0.134	0.236	***
C29	企业技术能力←生态观念	0.138	0.335	3.525	***
C30	企业创新文化←生态观念	0.030	0.129	1.835	0.243
C31	企业家精神←行业竞争	0.383	0.253	3.958	***
C32	利益驱动力←行业竞争	0.602	0.156	4.531	***
C33	知识网络能力←行业竞争	0.397	0.136	5.251	***
C34	企业技术能力←行业竞争	0.359	0.203	2.156	***
C35	企业创新文化←行业竞争	0.029	0.221	1.234	0.562
拟合结果	$x^2/f = 2.127$,GFI $= 0.945$,NFI $= 0.923$,CFI $= 0.938$,RMSEA $= 0.050$,RMR $= 0.031$				

这说明，除上述 9 条路径不显著外，其他的路径系数都是显著的，因此，内部动力中介效应的条件③大部分得到了验证，为模型中介变量的进一步检验打下了基础。

5.4.3 中介效应模型修正及确定

在判定内部动力各维度是否在外部动力各维度与技术创新绩效关系中起到中介效应的条件①、②、③得到验证后,进一步对条件④进行检验,以检验内部动力各维度的中介效应。

对中介效应模型进行拟合分析,结果如图 5.6 和表 5.31 所示。从表 5.31 可以看出,模型拟合的 x^2/f 值为 2.123,小于 3,而其他拟合优度指标:GFI = 0.948、NFI = 0.925、CFI = 0.941,这 3 个指标都大于 0.9,而 RMSEA = 0.048, RMR = 0.029,不仅小于 0.10,且小于更严格的标准 0.05。上述拟合指标表明,中介效应模型拟合基本符合要求。

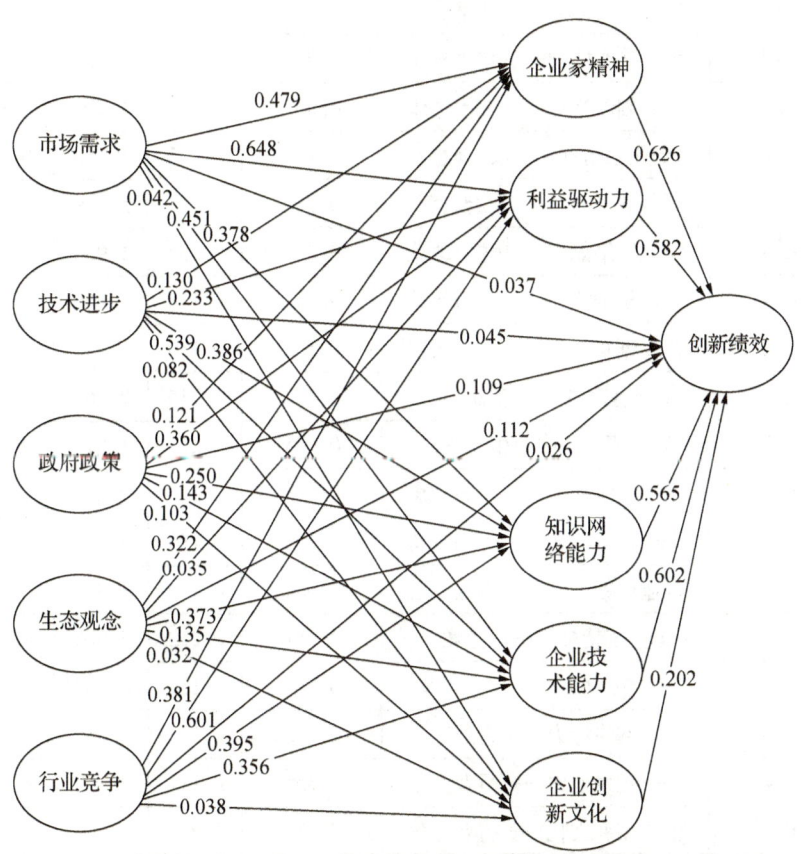

图 5.6 内部动力中介效应初始结构方程模型

表 5.31 中介效应模型初始拟合结果（$n=502$）

路径编码	路径	路径系数	S.D.	C.R.	P
C11	企业家精神←市场需求	0.479	0.336	5.242	***
C12	利益驱动力←市场需求	0.648	0.274	1.973	***
C13	知识网络能力←市场需求	0.378	0.134	3.858	***
C14	企业技术能力←市场需求	0.451	0.225	4.236	***
C15	企业创新文化←市场需求	0.042	0.116	1.328	0.640
C16	企业家精神←技术进步	0.130	0.225	1.534	0.164
C17	利益驱动力←技术进步	0.233	0.137	0.216	0.293
C18	知识网络能力←技术进步	0.386	0.323	4.311	***
C19	企业技术能力←技术进步	0.539	0.181	3.236	***
C20	企业创新文化←技术进步	0.082	0.239	1.293	0.127
C21	企业家精神←政府政策	0.121	0.152	1.063	0.336
C22	利益驱动力←政府政策	0.360	0.191	5.239	***
C23	知识网络能力←政府政策	0.250	0.157	1.932	***
C24	企业技术能力←政府政策	0.143	0.136	2.860	***
C25	企业创新文化←政府政策	0.103	0.154	1.340	0.206
C26	企业家精神←生态观念	0.322	0.215	2.367	***
C27	利益驱动力←生态观念	0.035	0.224	1.511	0.316
C28	知识网络能力←生态观念	0.373	0.132	2.240	***
C29	企业技术能力←生态观念	0.135	0.135	3.531	***
C30	企业创新文化←生态观念	0.032	0.129	1.835	0.246
C31	企业家精神←行业竞争	0.381	0.253	3.960	***
C32	利益驱动力←行业竞争	0.601	0.155	4.533	***
C33	知识网络能力←行业竞争	0.395	0.134	5.255	***
C34	企业技术能力←行业竞争	0.356	0.111	2.158	***
C35	企业创新文化←行业竞争	0.038	0.221	1.232	0.565
C36	创新绩效←市场需求	0.037	0.162	1.062	0.219
C37	创新绩效←技术进步	0.045	0.241	1.631	0.261

第五章 光伏企业技术创新动力机制的实证研究

续表

路径编码	路径	路径系数	S.D.	C.R.	P
C38	创新绩效←政府政策	0.109	0.312	0.981	0.183
C39	创新绩效←生态观念	0.112	0.243	1.303	0.452
C40	创新绩效←行业竞争	0.026	0.322	1.418	0.327
C41	创新绩效←企业家精神	0.626	0.363	6.295	***
C42	创新绩效←利益驱动力	0.582	0.213	4.264	***
C43	创新绩效←知识网络能力	0.565	0.222	5.293	***
C44	创新绩效←企业技术能力	0.602	0.218	4.335	***
C45	创新绩效←企业创新文化	0.202	0.257	1.252	0.164
拟合结果	$x^2/f=2.123$,GFI=0.948,NFI=0.925,CFI=0.941,RMSEA=0.048,RMR=0.029				

从自变量（外部动力）对中介变量（内部动力）的影响效果来看，有9条路径系数没有达到显著性水平，其中C15标准化路径系数为0.042（$P=0.640$）、C16标准化路径系数为0.130（$P=0.164$），C17标准化路径系数为0.233（$P=0.293$），C20标准化路径系数为0.082（$P=0.127$），C21标准化路径系数为0.121（$P=0.336$），C25标准化路径系数为0.103（$P=0.206$），C27标准化路径系数为0.035（$P=0.316$），C30标准化路径系数为0.032（$P=0.246$），C35标准化路径系数为0.038（$P=0.565$）。其余的16条路径系数都达到显著性水平。

从中介变量（内部动力）对因变量（技术创新绩效）的影响效果来看，企业创新文化C45对技术创新绩效的路径系数为0.202（$P=0.164$）未达到显著性水平外，其他4条路径系数均达到显著性水平。具体而言，企业家精神对技术创新绩效影响C41的标准化路径系数为0.626（$P<0.001$）；利益驱动力对技术创新绩效影响C42的标准化路径系数为0.582（$P<0.01$）；知识网络能力影响技术创新绩效C43的标准化路径系数为0.565（$P<0.001$）；企业技术能力对技术创新绩效影响C44的标准化路径系数为0.602（$P<0.01$）。

从自变量对因变量影响的检验结果来看，所有路径系数均不显著。具体表现，市场需求对技术创新绩效影响（C36）的标准化路径系数为0.037

($P = 0.219$);技术进步对技术创新绩效影响（C37）的标准化路径系数为 0.045（$P = 0.261$）；政府政策对技术创新影响（C38）的标准化路径系数为 0.109（$P = 0.183$）；生态观念对技术创新绩效影响（C39）的标准化路径系数为 0.112（$P = 0.452$）；行业竞争对技术创新绩效影响（C40）的路径系数为 0.026（$P = 0.327$）。在引入内部动力各维度中介变量后，自变量（外部动力各维度）影响因变量（技术创新绩效）的路径系数均未达到显著性水平，根据中介作用的判定条件可知，内部动力在外部动力与技术创新绩效之间起到了完全中介的作用。

由于中介效应的初步拟合模型存在不显著路径系数，需要对模型进行修正。一般来讲，结构方程模型修正有多种方法，依据本研究模型修正指数的实际情况，本研究主要通过减少内生变量和调整变量之间的路径联系来对模型进行修正。上述中介效应模型分析可知，企业创新文化在对所有自变量的路径系数不显著（路径编号分别为 C15、C20、C25、C30、C35），企业创新文化对技术创新绩效的路径系数也没有通过显著性检验（路径编号为 C45）同时，其他自变量对中介变量的 4 条路径系数也没有通过显著性检验（路

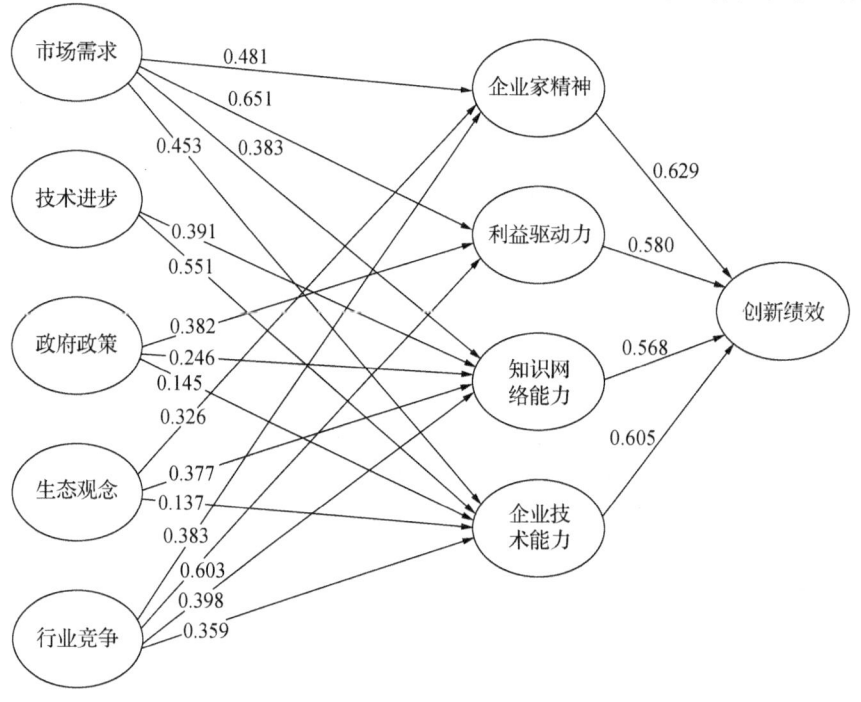

图 5.7 内部动力中介效应最终修正模型

径编号分别为 C16、C17、C21、C27)。通过分析未通过显著性检验路径的 CR 值及显著性水平,先后删除了 C15、C35、C21、C27、C17、C30、C25、C45、C20、C16 路径,对模型进行 10 次修正,并导入数据进行 AMOS 拟合检验,得到的最终修正模型运算结果如表 5.32 所示。模型拟合的 x^2/f 为 1.968,小于 2,而其他拟合优度指标:GFI = 0.951、NFI = 0.932、CFI = 0.946,这 3 个指标都大于 0.9,而 RMSEA = 0.036,RMR = 0.025。不仅小于 0.10,且小于更严格的标准 0.05。上述拟合指标表明,内部动力的完全中介效应模型拟合效果较好。因而,假设 H3、H3-1、H3-2 部分通过检验,假设 H3-3、H3-4 通过检验,而假设 H3-5 未通过检验。

通过上述分析,修正产生的最终结构式方程模型如图 5.7 所示。

表 5.32 中介效应模型最终修正拟合结果 (n = 502)

路径	路径系数	S. D.	C. R.	P
企业家精神←—市场需求	0.481	0.337	5.563	***
利益驱动力←—市场需求	0.651	0.272	2.201	***
知识网络能力←—市场需求	0.383	0.136	4.126	***
企业技术能力←—市场需求	0.453	0.227	4.538	***
知识网络能力←—技术进步	0.391	0.328	4.682	***
企业技术能力←—技术进步	0.551	0.193	3.832	***
利益驱动力←—政府政策	0.382	0.231	5.358	***
知识网络能力←—政府政策	0.246	0.155	2.210	***
企业技术能力←—政府政策	0.145	0.133	2.983	***
企业家精神←—生态观念	0.326	0.217	2.572	***
知识网络能力←—生态观念	0.377	0.134	2.528	***
企业技术能力←—生态观念	0.137	0.141	3.643	***
企业家精神←—行业竞争	0.383	0.256	4.158	***
利益驱动力←—行业竞争	0.603	0.156	4.625	***
知识网络能力←—行业竞争	0.398	0.136	5.429	***
企业技术能力←—行业竞争	0.359	0.113	2.528	***
创新绩效←—企业家精神	0.629	0.361	6.453	***

续表

路径	路径系数	S.D.	C.R.	P
创新绩效←利益驱动力	0.580	0.215	4.391	***
创新绩效←知识网络能力	0.568	0.225	5.633	***
创新绩效←企业技术能力	0.605	0.220	4.628	***

$x^2/f = 1.968$，GFI $= 0.951$，NFI $= 0.932$，CFI $= 0.946$，RMSEA $= 0.036$，RMR $= 0.025$

5.5 创新阻力对光伏企业技术创新绩效的影响

5.5.1 描述性统计及相关分析

对创新阻力影响光伏企业技术创新的结构方程涉及的样本变量进行相关性分析。分析结果如表 5.33 所示，样本的均值、标准差及相关系数，表明了解释变量创新阻力各维度（技术不确定性、技术路径依赖性和知识粘滞性）及被解释变量技术创新绩效之间存在显著的正相关关系，研究假设得到部分验证，为后续分析打下基础。

表 5.33 创新阻力影响技术创新绩效的描述性统计及相关性分析（$n = 502$）

	1	2	3	4	5
企业规模	1				
企业年龄	0.036	1			
技术不确定性	-0.068	-0.087	1		
技术路径依赖性	0.203	0.322	0.134**	1	
知识粘滞性	0.147	0.120	0.621*	0.525**	1
技术创新绩效	0.035	0.094	-0.123*	-0.338*	-0.462**
均值	4.21	4.62	5.43	5.29	5.67
标准差	1.26	1.31	1.58	1.60	1.53

注：*$P < 0.05$，**$P < 0.01$。

5.5.2 结构方程初始模型构建

同样，本节所用的样本数据已通过信度和效度检验、相关分析、偏度和峰度检验，依据第四章所提出的概念模型构建光伏企业技术创新创新阻力机制的初始结构方程模型（图 5.8）。该模型设置了 10 个外生显变量测度 3 个外生潜变量（技术不确定性、技术路径依赖性和知识粘滞性），通过 5 个内生显变量（技术创新的速度、技术创新的成功率、新产品的数量、新产品利润和专利申请量）来测度 1 个内生潜变量技术创新绩效。除了潜变量和显变量外，模型中还存在 10 个显变量的残差变量和 1 个内生潜变量的残差变量。接下来，本研究将对模型中路径假设进行验证。

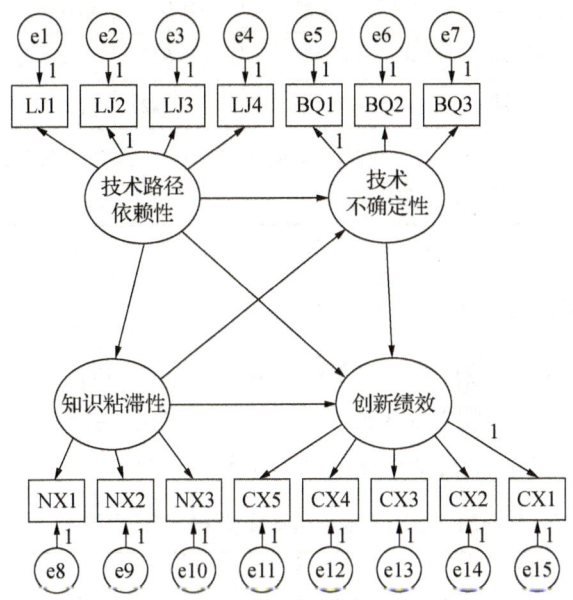

图 5.8 创新阻力影响技术创新绩效初始结构方程模型

5.5.3 模型拟合

利用 AMOS 软件对光伏企业技术创新阻力的初始结构方程模型进行分析运算，拟合结果如表 5.34 所示。初始模型拟合的 x^2 为 91.246，其显著水平低于 0.01，自由度为 45，x^2/f 为 2.028，小于 3，而其他拟合优度指标：GFI = 0.932、NFI = 0.920、CFI = 0.927，这 3 个指标都大于 0.9，而 RMSEA = 0.049，RMR = 0.038。该初始模型的 GFI 和 CFI 的值均大于 0.9 的参考值。上述拟合指数显示，初始模型拟合效果较好。但是，初始 SEM 模型中有 1 条路径的路径系数对应的 C.R. 值小于 1.96，未通过显著性检验，为以下路径：D13 技术不确定性←——知识粘滞性：C. R. =1.612，P=0.428。

表 5.34　创新阻力影响技术创新绩效初始结构方程拟合结果 （$n=502$）

路径编码	路径	路径系数	S. D.	C. R.	P
D11	技术不确定性←——技术路径依赖性	-0.523	0.433	-5.321	* * *
D12	知识粘滞性←——技术路径依赖性	0.642	0.511	5.816	* * *
D13	技术不确定性←——知识粘滞性	0.071	0.095	1.612	0.428
D14	创新绩效←——技术不确定性	-0.036	0.082	-1.932	0.089
D15	创新绩效←——技术路径依赖性	-0.623	0.516	-5.027	* * *
D16	创新绩效←——知识粘滞性	-0.292	0.201	-2.210	0.003
拟合结果	$x^2=91.246$，$f=45$，$x^2/f=2.028$，GFI=0.932，NFI=0.920，CFI=0.927，RMSEA=0.049，RMR=0.038				

5.5.4　模型修正与确定

检验模型路径系数可知，D13 路径系数相应的 CR 值与显著性水平未达到参照标准的要求。删除 D13 路径，进行模型修正，并导入数据进行 AMOS 拟合检验，得到的修正模型运算结果如表 5.35 所示。

表 5.35　创新阻力影响技术创新绩效最终模型拟合结果 （$n=502$）

路径	路径系数	S. D.	C. R.	P
技术不确定性←——技术路径依赖性	-0.485	0.506	-4.936	* * *
知识粘滞性←——技术路径依赖性	0.581	0.620	6.203	* * *
创新绩效←——技术不确定性	-0.025	0.090	-1.929	0.096
创新绩效←——技术路径依赖性	-0.614	0.533	-5.134	* * *
创新绩效←——知识粘滞性	-0.268	0.178	-2.309	0.011
拟合结果：$x^2=92.027$，$f=46$，$x^2/f=2.001$，GFI=0.932，NFI=0.920，CFI=0.927，RMSEA=0.049，RMR=0.038				

从表 5.35 可以看出，修正模型的拟合指数均符合参考值，表明修正模型拟合效果较好。而且所有路径 C. R. 值大于 1.96 的参考标准，其中 3 条路径在 $P<0.05$ 的水平上显著，1 条路径：创新绩效←——技术不确定性，在

$P=0.096$ 水平上显著。通过上述分析,修正所产生的最终结构方程模型如图 5.9 所示。模型有显著性路径共 5 条:技术不确定性←——技术路径依赖性,知识粘滞性←——技术路径依赖性,创新绩效←——技术不确定性,创新绩效←——技术路径依赖性,创新绩效←——知识粘滞性。图中的标准化路径系数为正值,说明这些路径所代表的变量间均有正向影响关系;标准化路径系数为负值,表示路径所代表的变量之间有负向影响关系。假设 H4-2、H4-3、H4-4、H4-6 通过检验,假设 H4-1 弱通过检验,假设 H4-5 未通过检验。

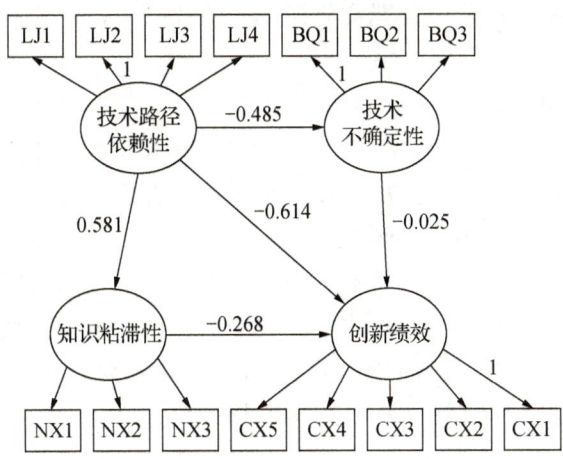

图 5.9 创新阻力影响技术创新绩效的最终修正模型

5.6 创新阻力各维度的调节效应

在前述分析的基础上,本节利用 SPSS 17.0 统计分析软件回归分析企业技术创新阻力对内部动力影响技术创新绩效关系的调节效应。

5.6.1 模型构建

已有考察企业动力影响技术创新绩效的研究,主要依据企业技术创新动力大小对企业技术创新绩效的影响程度进行判断,而对于阻力因素的交互效应进行深入研究的较少。因此,本节在前述研究的基础上,进一步考察创新阻力因素对内部动力影响技术创新绩效的调节效应。为此,本研究设计如下回归模型:

$$JX = f(ND, Control) + \varepsilon \qquad (模型 1)$$

$$JX = f(ND, ZL, ND \times ZL, Control) + \varepsilon \qquad (模型2)$$

在两个模型中，JX 表示技术创新绩效；ND 为企业技术创新的内部动力；ZL 为企业技术创新阻力；ε 为模型误差项；模型1用于考察企业技术创新内部动力对企业创新绩效的影响，模型2用于考察创新阻力对内部动力影响技术创新绩效的调节效应。

5.6.2 多层次回归分析

研究利用相关软件对模型及数据进行统计分析，得到回归检验结果如表5.36所示。

本研究应用多层线性回归来检验技术创新阻力的调节效应。如表5.36所示，模型 M1 显示的是光伏企业内部动力各维度协同影响技术创新绩效的回归结果。结果显示内部动力与光伏企业技术创新绩效显著正相关，回归系数为0.573，在 $P < 0.01$ 显著性水平下通过了检验。由表5.36可知，在模型主效应模型基础上增加创新阻力3个维度（技术不确定性、技术路径依赖性和知识粘滞性）与内部动力的交互项后，模型解释力增强，ΔR^2 值分别为0.062（$P < 0.01$）、0.025（$P < 0.01$）和0.052（$P < 0.01$），表明创新阻力3个维度的调节效应显著，详细讨论如下。

模型 M2-1 和 M2-2 分别是光伏企业技术创新内部动力与技术不确定性的主效应模型和调节效应模型。从模型 M2-2 中可以看出，技术不确定性与内部动力的交叉项系数为正（$\beta = 0.115$），并且通过了0.05水平下的显著性检验，意味着技术不确定性不但没有降低光伏企业内部动力的技术创新绩效水平，反而增强了光伏企业内部动力的绩效水平，这一结论与研究假设 H5-1 相反。导致这一结果的原因可能是由于技术研发、应用的不确定性及技术变革带来的不确定性。这些不确定性反而会增强企业加大研发力度，激发企业技术创新的动力，从而使企业获得高水平的技术创新绩效。光伏企业技术创新和研发的实践也佐证了这一现象，在光伏产业高度国际化的情况下，技术发展呈现多样化和加速化的趋势，技术发展的不确定性显著增强，光伏企业为了适应快速发展的产业现状，纷纷加大研发投入力度，建立跨国技术联盟，充分利用内外部资源，提升企业技术创新水平。近几年，光伏企业技术专利申请量显著增加，光伏电池实验室转换效率屡创新高，光伏新产品研发数量持续增长，一定程度上表明了技术不确定性对于提高光伏企业技术创新内部动力绩效水平的影响作用。

第五章 光伏企业技术创新动力机制的实证研究

表 5.36 创新阻力调节效应检验

变量	M1	技术不确定性调节效应		技术路径依赖性调节效应		知识粘滞性调节效应	
		M2-1	M2-2	M2-3	M2-4	M2-5	M2-6
企业年龄	-0.137	-0.113	-0.102	-0.161	-0.190	-0.120	-0.135
企业规模	-0.013	0.006	0.007	0.037	0.059	0.061	0.008
内部动力	0.573**	0.458**	0.515**	0.658**	0.521**	0.486**	0.431**
技术不确定性		-0.016*	-0.003*				
技术路径依赖性				-0.075**	-0.076**		
知识粘滞性						-0.068*	-0.092*
内部动力 * 技术不确定性			0.115*				
内部动力 * 技术路径依赖性					-0.165**		
内部动力 * 知识粘滞性							-0.395**
R^2	0.413	0.452	0.510	0.478	0.503	0.446	0.498
ΔR^2		0.039*	0.062**	0.065*	0.025**	0.033**	0.052**
F	13.023**	12.327*	11.661**	10.325*	11.386**	10.652**	11.237**
VIF	1.241	1.288	1.310	1.235	1.268	1.301	1.301

注:* $P<0.05$,** $P<0.01$。

模型 M2-3 和模型 M2-4 分别是技术路径依赖性和光伏企业技术创新内部动力的主效应模型和调节效应模型。模型 M2-4 中内部动力与技术路径依赖性交叉项的回归系数为 -0.165，并且通过了 0.01 水平的显著性检验，验证了本研究的假设 H5-2，即技术路径依赖性对光伏企业内部动力和技术创新绩效之间的关系具有负向调节作用，技术路径依赖性越强，光伏企业技术创新的内部动力越低，创新绩效也低。表明企业认知惯性对光伏企业的技术有锁定效应，同时与现有产品高度相关的技术路径增加了光伏企业技术转换和创新的成本，从而降低了光伏企业技术创新的内在动力，相应地降低了企业技术创新产品的数量和水平。这一研究结论与已有研究文献的结论一致，进一步证明了技术路径依赖性对技术的锁定效应降低了企业创新水平。

模型 M2-5 和模型 M2-6 分别是知识粘滞性和光伏企业技术创新内部动力的主效应模型和调节效应模型。模型 M2-6 显示知识粘滞性与内部动力的交叉项回归系数为 -0.395，并且通过了 0.01 水平下的显著性检验，这说明作为技术创新源泉的知识资源为企业技术创新活动提供了基础和前提条件，但是由于知识提供方的知识保护意识、知识接受方的能力差距及知识属性的内隐性等产生的知识粘滞性降低了光伏企业技术创新的积极性，阻碍了光伏企业技术创新速度和水平，因而，知识粘滞性在光伏企业技术创新内部动力和技术创新绩效之间起到负向调节作用，验证了本研究的假设 H5-3。

5.7 实证结果分析

5.7.1 光伏企业技术创新外部动力的作用机制

由上述实证检验结果可知，外部动力各维度对光伏企业技术创新绩效的正向促进作用的假设得到了检验，但是各个维度影响力的大小是具有差异的（表 5.25）。政府政策促进力是所有外部动力中影响最大的，标准化路径系数（β）达到 0.795，并通过了 0.01 显著性水平下的检验，其次，生态观念影响力（$\beta = 0.573$，$P < 0.01$）和技术进步推动（$\beta = 0.502$，$P < 0.01$）的影响力也较为明显。这与当前光伏产业发展阶段特征是分不开的。此外，外部动力各个维度之间关系的假设检验得到了部分验证。具体内容分析讨论如下。

假设 H1-1 的实证结果表明，光伏产品的市场需求正向影响光伏行业的

第五章 光伏企业技术创新动力机制的实证研究

竞争程度，产品市场需求越大，参与竞争的光伏企业越多，市场竞争就越激烈。假设 H1-2 的实证结果表明，光伏企业产品的市场需求对其技术创新绩效有正向促进作用，当光伏产品市场需求强烈时，参与竞争的光伏企业之间产品差异性决定了企业的市场份额和利润水平，因而随着竞争的加剧，光伏企业为了寻求产品差异化，会加大产品研发投入力度，采取差异化竞争策略。这一结果从技术创新的视角佐证了波特的竞争性理论。假设 H1-3 的实证结果表明，光伏技术的进步对市场需求有正向影响，技术进步越大，产品市场需求越强烈。这一结论与光伏产业的发展历史是相符的。随着光伏技术的进步，光伏发电成本持续下降，达到了社会可以承受的范围，出现了市场需求，随着各国政府对光伏产业扶持力度的加大，国际光伏市场迅速膨胀，目前的市场需求达到历史的新高度。这一现象从根本上说是光伏技术进步的结果。假设 1-4 的实证研究结果表明，技术进步对光伏企业技术创新绩效有正向影响。随着光伏技术的不断进步，光伏企业的技术创新绩效水平显著提高。中国光伏企业的发展现状很好地佐证了这一结论。中国光伏企业最近技术创新水平的迅速提高，在某些领域达到了世界先进水平，这与世界光伏技术进步是分不开的，光伏技术创新的国际化特征，意味着人才资源国际范围内的流动，这对于促进企业技术创新水平的提高极为重要的作用。假设 H1-5 和 H1-6 的实证结果表明，政府政策是影响光伏市场需求和光伏企业技术创新绩效的重要力量。政府扶持力度大产品市场需求旺盛，企业投入技术创新的积极性就高，尤其是政府的研发补贴直接撬动了光伏企业的技术创新投入，具有明显的杠杆效应。在当前光伏发电成本还没有能力与传统能源抗衡的情况下，政府的扶持是影响光伏产业发展的关键因素。从实证检验结果可以看出，政府政策影响技术创新绩效的路径系数最高，达到了 0.795，显著性水平在 0.01。光伏产业作为有可能取代常规能源的新兴产业，各国政府都制定了宏伟的光伏产业发展规划，在支持国内光伏企业技术研发和创新上做了很大的努力。

假设 H1-8 和 H1-9 的实证研究结果表明，社会公众的生态观念是影响光伏企业技术能力和创新绩效的重要推动力量。随着传统能源的枯竭、环境污染的加剧，公众环保生态观念诉求成为了普遍现象，光伏企业为了顺应社会消费理念，持续加大技术创新和研发力度，开发出适合社会需求的产品。某种程度上来看，光伏产业的发展是社会公众生态意识增强的结果。假设 H1-11 的实证研究结果表明，行业竞争正向影响光伏企业技术创新绩效。随着光伏行业竞争的加剧，行业利润水平的下降，光伏企业不得不采取技术创新策略，开发差异化的新产品，谋求细分市场的高额利润。

假设 H1-7 未通过实证检验，也就是说生态观念对政府政策的正向影响不显著，可能的原因是政府支持光伏企业技术创新的动力主要源于国家的宏观战略。假设 H1-10 未通过实证检验，行业竞争对政府政策的负向影响不显著。从产业发展规律来看，随着参与行业竞争的企业数量的增加，竞争程度的加剧，政府会减少市场干预。但是从目前中国光伏产业的发展来看，随着竞争的加剧，政府政策支持力度没有减弱的迹象，反而有所增强。这与中国光伏产业发展的特有规律有密切关系，我国光伏产业经历了 2000—2010 年高速发展的十年，尤其是 2006 年之后的光伏产业盲目扩张，直接导致了光伏产业的产能严重过剩，市场的恶性竞争。对光伏产业的健康发展带来了严重伤害。因而，政府加大扶优汰劣政策的力度，不是产业发展良性循环的结果，恰恰是对产业恶性竞争的矫正。

综上所述，光伏企业技术创新外部动力的各个维度对光伏企业技术创新的正向动力假设都通过了显著性假设检验，但是外部动力各维度之间的交互影响关系具有复杂性，对处于国际国内经济形势复杂多变背景下的光伏企业，如何正确看待和利用外部动力加强企业技术创新能力是企业适应国际国内竞争的前提。

5.7.2 光伏企业技术创新内部动力的作用机制

光伏企业内部动力是光伏企业技术创新的直接动力源泉，光伏企业内部动力各个维度正向影响光伏企业技术创新绩效的假设都通过了显著性验证，但是内部动力各个维度的影响效用大小也存在差异（表 5.28）。光伏企业的技术能力是内部动力各个维度中作用最大的直接动力，其标准化路径系数（β）达到 0.614，并通过了 0.01 显著性水平下的检验，其次，知识网络能力（$\beta = 0.522$，$P < 0.01$）和利益驱动力（$\beta = 0.503$，$P < 0.01$）影响力紧随其后。这些研究结论符合我们的假设预期，是当前光伏企业技术发展的真实反映，企业技术能力的直接推动力是与技术创新能力联系最为密切的动力，而在开放式创新环境中，企业利用外部知识资源促进技术创新绩效的知识网络能力成为影响技术创新水平的重要因素。此外，内部动力各个维度之间关系的假设检验得到了部分验证。具体内容讨论如下。

假设 H2-1 的实证结果表明，企业家精神正向影响光伏企业创新文化，国内光伏企业创新文化的构建过程中，尤其是民营企业，企业文化实质就是企业家精神意志的反映，标准化路径系数达 0.483，通过了 0.01 显著性水平检验，揭示了中国特有文化背景下的企业创新文化特征。假设 H2-2 的实证结果表明，企业家精神对光伏企业技术能力有直接正向影响，企业家的创新和冒险精神往往是促进企业技术能力提升的关键因素，企业家的意志品质和包容失败的创新精神也是鼓励企业员工提升技术创新水平的重要催化剂。假设 H2-3 的实证研究结果表明，企业家精神正向影响光伏企业知识网络能力，在技术更新换代加速、技术复杂化的背景下，尤其是具有国际化特征的光伏产业，光伏企业利用外部知识资源的知识网络能力决定了企业在国内外市场上的技术领先程度，而企业家思想开放度、合作精神和开拓意识是决定企业知识网络能力的关键因素。假设 H2-4 的实证结果表明，企业家精神对光伏企业技术创新绩效有正向直接的影响，是光伏企业技术创新的直接推动力，在国内企业文化背景下，企业家的精神意志往往决定着企业的生存和发展能力，因而，企业家精神对光伏企业技术创新的影响是直接而深远的。假设 H2-6 的实证结果表明，利益驱动力正向影响光伏企业知识网络能力的假设得到了验证，企业的本质具有逐利性，高度国际化的光伏技术发展特征，使得知识网络能力成为光伏企业生存和发展的重要能力，而企业的利益驱动力必然促进企业知识网络能力的提升。假设 H2-7 的实证结果也同样反映了光伏企业逐利性促使企业技术能力提高的本质特征。假设 H2-8 的实证结果表明，利益驱动力正向影响光伏企业技术创新绩效，是光伏企业技术创新最根本的动力源泉，技术创新水平决定了企业产品的差异化程度，进而决定了企业的市场份额和利润水平。假设 H2-9 的实证结果表明，知识网络能力正向影响光伏企业技术能力的假设通过了 0.01 水平下的显著性检验，意味着在开放式创新国际环境中，光伏企业的知识网络能力对企业技术能力的影响具有关键作用。假设 H2-10 的实证结果表明，光伏企业的知识网络能力对其技术创新绩效的直接促进力，仅次于企业技术能力，达到了 0.522（$P<0.01$），因而在未来的国际竞争中，知识网络能力是决定光伏企业技术领先优势的关键因素。假设 H2-12 的实证结果表明，技术能力正向影响光伏企业技术创新绩效水平，并且企业技术能力的标准化路径系数在内部动力各个维度中最大，达到了 0.614（$P<0.01$），进一步验证了企业技术能力与技术创新水平最直接和最重要的关系。假设 H2-14 的实证结果表明，企业创新文化是光伏企业技术创新的直接动力之一，企业创新文化形成的鼓励创新和包容

创新文化氛围可以有效地调动员工创新的积极性。

假设 H2-5、H2-11 和 H2-13 未通过显著性检验。假设 H2-5 的实证结果表明，利益驱动力并不一定正向影响企业家精神，企业家精神的形成受到多种因素的影响，比如成就意识、责任意识，尤其是具有创新冒险精神的企业家，开拓创新的动机在于证明自身的价值和意义，越来越多的企业家对公益慈善事业的贡献更多体现的是一种自我价值的实现。假设 H2-11 的实证结果表明，企业技术能力往往体现的是一种专业技能水平，而知识网络能力的形成不仅仅体现在技术能力上，更反映了企业与合作伙伴之间的社会交往能力。假设 H2-13 的实证结果表明，企业创新文化正向影响企业技术能力未通过显著性检验，可能是企业创新文化对企业技术能力的影响更多表现为间接的影响，这是值得我们后续深入研究的问题之一。

综述所述，内部动力各个维度对光伏企业技术创新的正向影响通过了显著性检验，而内部动力各维度之间的交互影响关系假设得到了部分验证。光伏企业外部动力为企业提供了技术创新的环境条件，而内部动力是光伏企业将环境优势转化为技术创新实力的关键因素。

5.7.3 内部动力的中介效应作用机制

上述实证结果表明，在外部动力和技术创新绩效主效应模型基础上，加入内部动力各维度中介变量后，外部动力对光伏企业技术创新绩效的影响消失，说明内部动力在两者之间具有完全的中介作用，但是，内部动力各维度的中介效应具有显著差异。假设 H3、H3-1、H3-2 部分通过检验，假设 H3-3 和 H3-4 通过了显著性检验，假设 H3-5 未通过显著性检验。

企业家精神在外部动力各维度和技术创新绩效之间的中介作用（H3-1）得到了部分检验，具体体现为企业家精神在外部动力维度（市场需求、生态观念和行业竞争）与技术创新绩效之间起到了完全中介作用，而在技术进步、政府政策与技术创新绩效之间的中介作用不显著。利益驱动力在外部动力各维度和技术创新绩效之间的中介作用（H3-2）也得到了部分检验，具体体现为利益驱动力在外部动力维度市场需求、政府政策和行业竞争与技术创新绩效之间起到了完全中介作用，而在技术进步、生态观念与技术创新绩效之间的中介作用不显著。知识网络能力在外部动力各维度和技术创新绩效之间的中介作用（H3-3）得到了显著性检验，具体体现为知识网络能力在外部动力各维度与技术创新绩效之间起到了完全中介作用。同样，企业技术能力在外部动力各维度和技术创新绩效之间的中介作用（H3-4）也得到了显著性检验，具体体现为企业技术能力在外部动力各维度与技术创新绩效之间起到了完全中介作用。而企业创新文化在外部动力各维度和技术创新绩效之间的中介作用（H3-5）未通过显著性检验，企业创新文化在外部动力各维度与技术创新绩效之间不具有中介作用。

上述结论表明，光伏企业知识网络能力和技术能力不仅是企业技术创新的直接动力，而且在外部动力各维度与企业技术创新绩效之间起到完全中介作用的角色，因而培育企业的知识网络能力和技术能力是综合利用企业内外资源提升企业技术创新绩效的最直接、最有效的途径。企业家精神的部分中介作用表明：企业家更多关注的是市场需求、生态观念、行业竞争等与市场活动直接相关的因素，而这些因素是激励企业家创新，促进组织技术创新绩效提升的重要外部动力因素。利益驱动力的部分中介作用表明，市场需求、政府政策和行业竞争等因素直接关系到光伏企业的经济利益，市场需求导向的变化、政府补贴政策的变更、行业竞争程度直接影响着企业的战略决策，出于经济利益和市场需要的考虑，企业会调整技术研发策略，以谋求最优资源配置，获取最优的经济收益。企业创新文化中介效应的不显著表明：企业创新文化作为影响光伏企业技术创新绩效的环境要素和动力，并不能直接将外部动力形成的环境资源优势转化为企业技术创新绩效，但是创新文化的持久性影响是内部动力其他维度发挥作用的基础。

综上所述，外部动力各维度影响光伏企业技术创新绩效的机制，在于通过内部动力各维度的中介作用完成。而内部动力各维度的中介作用存在差异性。其中，企业知识网络能力和技术能力维度的中介作用更为显著，培育和提升光伏企业知识网络能力和技术能力是提高其技术创新绩效水平的最有效、最直接的途径。

5.7.4 光伏企业技术创新阻力的作用机制

光伏企业技术创新阻力因素各维度（技术不确定性、技术路径依赖性和知识粘滞性）对光伏企业技术创新绩效的负向影响假设都通过了假设检验，其中技术不确定性的负向影响检验是弱通过（$\beta = -0.025$，$P = 0.096$），技术路径依赖性的负向影响通过显著性检验（$\beta = -0.614$，$P < 0.010$），知识粘滞性的负向影响也通过了显著性检验（$\beta = -0.268$，$P = 0.011$）。由上述研究可知，在技术创新阻力因素中，技术路径依赖性影响

最大，而技术不确定性的影响较弱。此外，创新阻力各维度之间也存在相互影响。具体分析如下。

假设 H4-1 的实证结果表明：技术不确定性对企业技术创新绩效的影响具有复杂性具体体现在，一方面，技术不确定性会增加企业技术创新的风险，从而降低企业技术创新的积极性；另一方面，技术不确定性也会为具有较强创新和冒险精神的企业家提供更多机会，从而提高企业技术创新绩效水平。假设 H4-2 的实证结果表明：技术路径依赖性降低了光伏企业技术不确定性，技术路径依赖性越强，技术不确定性越低，负向影响技术不确定性。技术路径依赖性常常导致企业技术的锁定效应，锁定效应使得企业技术转换的成本较高，技术创新的动力不足，依赖于原有技术获取市场利润，降低了企业技术创新的不确定性。假设 H4-3 的实证结果表明，技术路径依赖性增加了知识粘滞性，技术路径依赖性越强，知识粘滞性越大，技术路径依赖性正向影响知识粘滞性。隐性知识是形成技术优势的主要原因，技术路径依赖导致企业更多依赖于原有技术维持企业的竞争优势，而原有技术的知识产权保护是企业维持垄断地位的手段，同时，导致了技术合作企业间知识转移过程中知识粘滞性的加大。假设 H4-4 的实证结果表明，技术路径依赖性是光伏企业技术创新的阻力因素，负向影响光伏企业技术创新绩效。由于技术创新的不确定性、风险性和高成本性，会降低企业技术创新的积极性，导致企业依赖于原有技术产生锁定效应，而锁定效应进一步形成技术路径的依赖性，阻碍了企业技术创新。假设 H4-5 的实证结果表明，知识粘滞性对技术不确定性的负向影响不显著，研究原假设没有通过检验。可能的原因是：一方面，知识粘滞性降低了企业技术创新的积极性，减少了企业技术创新活动，从而降低了技术创新的不确定性；另一方面，由于知识粘滞性的存在，企业为了在市场竞争中取得优势，会尽力提高企业知识网络能力，降低知识粘滞性，从而加大技术创新和研发投入，减少了技术创新的不确定性，这意味着知识粘滞性和技术不确定性之间的关系具有复杂性。

综上所述，创新阻力降低了光伏企业技术创新的积极性，减少了光伏企业技术创新的投入水平，对于企业长远发展具有不利影响。如何有效地降低创新阻力，提高企业技术创新的水平，是光伏企业参与国际化竞争的重要课题。

5.7.5 光伏企业技术创新阻力的调节效应

本研究应用多层线性回归来检验技术创新阻力的调节效应，如表 5.36

所示。模型 M1 列示的是光伏企业内部动力各维度协同影响技术创新绩效的回归结果，结果显示内部动力与光伏企业技术创新绩效显著正相关，回归系数为 0.573，在 $P<0.01$ 显著性水平下通过了检验。由表 5.36 可知，在模型主效应模型基础上增加 3 个创新阻力维度（技术不确定性、技术路径依赖性和知识粘滞性）与内部动力的交互项后，模型解释力增强，ΔR^2 值分别为 0.062（$P<0.01$）、0.025（$P<0.01$）和 0.052（$P<0.01$），表明创新阻力 3 个维度的调节效应显著，详细讨论如下。

模型 M2-1 和 M2-2 分别是光伏企业技术创新内部动力与技术不确定性的主效应模型和调节效应模型。从模型 M2-2 中可以看出，技术不确定性与内部动力的交叉项系数为正（$\beta=0.115$），并且通过了 0.05 水平下的显著性检验，意味着技术不确定性不但没有降低光伏企业内部动力的技术创新绩效水平，反而增强了光伏企业内部动力的绩效水平，这一结论与研究假设 H5-1 相反。导致这一结果的原因可能是由于技术研发和应用的不确定性，以及技术变革带来的不确定性反而会增强企业研发力度，激发企业技术创新的动力，从而使企业获得高水平的技术创新绩效。光伏企业技术创新和研发的实践也佐证了这一现象，在光伏产业高度国际化的情况下，技术发展呈现多样化和加速化的趋势，技术发展的不确定性显著增强，光伏企业为了适应快速发展的产业现状，纷纷加大研发投入力度，建立跨国技术联盟，充分利用内外部资源，提升企业技术创新水平。近几年，光伏企业技术专利申请量显著增加，光伏电池实验室转换效率屡创新高，光伏新产品研发数量持续增长，一定程度上表明了技术不确定性对于提高光伏企业技术创新内部动力绩效水平的影响作用。

模型 M2-3 和模型 M2-4 分别是技术路径依赖性和光伏企业技术创新内部动力的主效应模型和调节效应模型。模型 M2-4 中内部动力与技术路径依赖性交叉项的回归系数为 -0.165，并且通过了 0.01 水平的显著性检验，验证了本研究的假设 H5-2，即技术路径依赖性对光伏企业内部动力和技术创新绩效之间的关系具有负向调节作用，技术路径依赖性越强，光伏企业技术创新的内部动力越低，创新绩效也低。表明企业认知惯性对光伏企业技术具有锁定效应，同时与现有产品高度相关的技术路径增加了光伏企业技术转换和创新的成本，从而降低了光伏企业技术创新的内在动力，相应地降低了企业技术创新产品的数量和水平。这一研究结论与大多研究文献的结论一致，进一步证明了技术路径依赖性对技术的锁定效应，降低了企业创新水平。

模型 M2-5 和模型 M2-6 分别是知识粘滞性和光伏企业技术创新内部动力的主效应模型和调节效应模型。模型 M2-6 显示知识粘滞性与内部动力的交叉项回归系数为 -0.395，并且通过了 0.01 水平下的显著性检验，这说明作为技术创新源泉的知识资源为企业技术创新活动提供了基础和前提条件，但是由于知识提供方的知识保护意识、知识接受方的能力差距以及知识内隐性等产生的知识粘滞性，降低了光伏企业技术创新的积极性，阻碍了光伏企业技术创新速度和水平，因而，知识粘滞性在光伏企业技术创新内部动力和技术创新绩效之间起到负向调节作用，验证了本研究的假设 H5-3。

5.8 本章小结

本章首先对相关变量的信度和效度及样本的正态性进行了检验。其次，对光伏企业技术创新动力机制结构模型的相关假设进行了检验。结果表明，外部动力各维度对光伏企业技术创新绩效的正向影响通过了显著性检验，但是，各维度的影响程度具有差异性，其中，政府政策促进力的正向作用最大，其次是生态观念的影响力较大。内部动力各维度正向影响假设通过了显著性检验，其中，企业技术能力的作用力最大，其次是知识网络能力。内部动力各维度在外部动力和技术创新绩效之间的中介作用得到了部分验证，企业技术能力和知识网络能力具有完全中介效应，企业家精神和利益驱动力在外部动力部分维度与技术创新绩效之间具有完全中介效应，而企业创新文化的中介效应没有通过显著性检验。创新阻力各维度对技术创新绩效的负向影响假设通过了检验；创新阻力各维度的调节效应验证结果表明，技术不确定性的负向调节效应得到相反的结论，技术路径依赖性和知识粘滞性的负向调节效应通过了显著性检验。最后，对假设检验结果进行了讨论分析，得出了一些具有启发意义的研究结论（表 5.37）。

表 5.37 本研究的假设检验结果汇总

编号	内容	结果
H1-1	市场需求正向影响行业竞争程度，市场需求越大，参与竞争企业越多，竞争越激烈	通过
H1-2	市场需求正向影响光伏企业技术创新绩效，市场需求越强烈，光伏企业技术创新绩效水平越高	通过

续表

编号	内容	结果
H1-3	技术进步正向影响光伏产品市场需求，技术进步越大，市场需求越大	通过
H1-4	技术进步正向影响光伏企业技术创新绩效，技术进步越快，光伏企业技术创新绩效越高	通过
H1-5	政府政策正向影响光伏产品市场需求，政府政策扶持力度越大市场需求越旺盛	通过
H1-6	政府政策正向影响光伏企业技术创新绩效，政府政策支持力度越大企业技术创新绩效越高	通过
H1-7	生态观念正向影响政府政策，公众生态需求观念越强烈，政府支持光伏企业的政策力度越大	未通过
H1-8	生态观念正向影响光伏企业技术能力，公众生态需求观念越强烈，光伏企业技术能力越强	通过
H1-9	生态观念正向影响光伏企业技术创新绩效，公众生态需求观念越强烈，光伏企业技术创新绩效水平越高	通过
H1-10	行业竞争负向影响政府光伏政策，行业竞争越激烈，政府支持光伏企业政策力度越弱	未通过
H1-11	行业竞争正向影响光伏企业技术创新绩效，行业竞争越激烈，光伏企业技术创新绩效水平越高	通过
H2-1	企业家精神正向影响光伏企业创新文化	通过
H2-2	企业家精神正向影响光伏企业技术能力	通过
H2-3	企业家精神正向影响光伏企业知识网络能力	通过
H2-4	企业家精神是光伏企业技术创新的直接动力，正向影响光伏企业技术创新	通过
H2-5	利益驱动力正向影响企业家精神	未通过
H2-6	利益驱动力正向影响知识网络能力	通过
H2-7	利益驱动力正向影响企业技术能力	通过
H2-8	利益驱动力是光伏企业技术创新的直接动力，正向影响光伏企业技术创新，企业追求利益动机越强，技术创新绩效水平越高	通过

续表

编号	内容	结果
H2-9	知识网络能力正向影响光伏企业技术能力	通过
H2-10	知识网络能力是光伏企业技术创新的直接动力,正向影响光伏企业技术创新,企业知识网络能力越强,技术创新绩效水平越高	通过
H2-11	企业技术能力正向影响企业知识网络能力	未通过
H2-12	企业技术能力是光伏企业技术创新的直接动力,正向影响光伏企业技术创新,企业技术能力越强,技术创新绩效水平越高	通过
H2-13	企业创新文化正向影响企业技术能力	未通过
H2-14	企业创新文化是光伏企业技术创新的直接动力,正向影响光伏企业技术创新,企业创新文化氛围越浓,企业技术创新绩效水平越高	通过
H3	光伏企业内部动力在外部动力和技术创新绩效之间具有中介作用	部分通过
H3-1	企业家精神在外部动力各维度和技术创新绩效之间具有中介作用	部分通过
H3-2	利益驱动力在外部动力各维度和技术创新绩效之间具有中介作用	部分通过
H3-3	知识网络能力在外部动力各维度和技术创新绩效之间具有中介作用	通过
H3-4	企业技术能力在外部动力各维度和技术创新绩效之间具有中介作用	通过
H3-5	企业创新文化在外部动力各维度和技术创新绩效之间具有中介作用	未通过
H4-1	技术不确定性是影响光伏企业技术创新的阻力因素,因而负向影响光伏企业技术创新绩效	未通过
H4-2	技术路径依赖性降低了光伏企业技术不确定性,技术路径依赖性越强,技术不确定性越低,负向影响技术不确定性	通过
H4-3	技术路径依赖性增加了知识粘滞性,技术路径依赖性越强,知识粘滞性越大,正向影响知识粘滞性	通过
H4-4	技术路径依赖性是影响光伏企业技术创新的阻力因素,负向影响光伏企业技术创新绩效	通过

续表

编号	内容	结果
H4-5	知识粘滞性负向影响技术不确定性,知识粘滞性越强,技术不确定性越低	未通过
H4-6	知识粘滞性是影响光伏企业技术创新的阻力因素,因而负向影响光伏企业技术创新绩效	通过
H5	创新阻力负向调节光伏企业内部动力与技术创新绩效之间的关系	部分通过
H5-1	技术不确定性对光伏企业内部动力与技术创新的关系有负向调节作用,技术不确定性越强,内部动力越小,技术创新绩效降低	相反
H5-2	技术路径依赖对光伏企业内部动力与技术创新的关系有负向调节作用,技术路径依赖越强,内部动力越小,技术创新绩效降低	通过
H5-3	知识粘滞性对光伏企业内部动力与技术创新的关系有负向调节作用,知识粘滞性越强,内部动力越小,技术创新绩效降低	通过

第六章 光伏企业技术创新动力机制的案例分析

为了验证本书提出的 D（动力因素）—M（作用机制）—R（结果）逻辑框架的合理性，本书选取无锡尚德太阳能电力有限公司（以下简称"无锡尚德"）进行案例研究，从实践的角度回答本书的两个基本问题：光伏企业技术创新动力机制的影响因素有哪些？这些因素如何作用于光伏企业技术创新绩效？这两个基本问题为本书的研究结论提供实践支持。

无锡尚德曾经是中国光伏企业的标杆，见证了中国光伏产业的快速发展历程。2013年3月20日，随着无锡市中级人民法院宣布无锡尚德破产重整，中国光伏企业的发展模式引发了各界的深思。本章通过对无锡尚德技术创新动力机制的案例研究，对光伏企业技术创新动力机制的前述研究结论进行验证性分析，探讨其存在的问题，提出完善光伏企业技术创新动力机制的对策建议。

6.1 无锡尚德破产重整案例概况

无锡尚德于2001年1月由施正荣博士建立，是一家集研发、生产、销售为一体的外商独资高新技术光伏企业，是晶体硅电池生产、销售和服务的世界知名企业。2005年12月成为第1个在纽约股票交易市场成功上市的中国民营企业，并先后通过TUV、IEC、CE和UL等国际权威认证的光伏企业。创始人施正荣博士，曾留学澳洲，并获得太阳能薄膜电池专业博士学位，拥有十多项专利发明。成立初期的无锡尚德高度重视技术创新，使其在中国太阳能光伏行业的竞争中处于领先地位。2005年7月，无锡尚德在美国《Red Herring》杂志"亚洲高科技领域最具前瞻性的100强企业排行榜"上，无锡尚德以其独特的创新能力、发展潜力、产业前景和科研实力强势入榜亚洲百强。

在欧美光伏市场和国家支持新能源发展的宏观产业政策支持之下，各地成立了很多光伏企业，地方政府给予各种政策支持，如财政补贴、补地等。在这样的背景下，2006年，尚德电力上市后，无锡尚德也制订了宏伟的产能扩张计划，战略重心开始转向了重视规模和产能扩张的道路。在产业快速扩张时，所有人都在关注规模的扩张，而不关注企业的核心竞争力。而当这个产业的产能过剩时，缺乏核心竞争力的企业就会被市场竞争所淘汰。据中国太阳能协会统计，2012年我国光伏组件产能已经达到450万kW，是2009年的700%，呈爆炸式发展。作为行业老大，无锡尚德对规模的追求更加强烈。2011年9月，无锡尚德成立十周年庆典时宣称，产能现在已扩大到2400 MW，成为全球最大的光伏产品制造企业和全球最大太阳能面板制造商。随着规模和产能的扩张，无锡尚德资金需求迅速膨胀，对外负债比例高启，2012年，无锡尚德的负债总额已达到35.82亿美元，资产负债率已高达81.8%。截至2013年2月底，包括工商银行、农业银行、中国银行等在内的9家债权银行对无锡尚德的本外币授信余额折合人民币已达到71亿元。

2013年3月18日，无锡尚德的债权银行联合向无锡市中级人民法院递交无锡尚德破产重整申请。经法院审查，鉴于债务方无锡尚德无法归还到期债务，无锡市中级人民法院依据《破产法》相关规定，于2013年3月20日正式裁定对无锡尚德实施破产重整。从起步阶段重视技术创新和研发的发展战略，到后来重视规模和产能扩展的战略，以致最后的破产重整，无锡尚德走了一条不同寻常的发展道路。将无锡尚德逼入绝境的，不仅仅是近年来光伏产业的不景气，公司盲目地快速扩张也加速了其破产重整的悲剧结局，而技术创新动力不足和缺乏真正的核心技术，在做大的同时没有做强，这是导致尚德陷入破产重整的根本原因。

6.2 无锡尚德技术创新动力机制的验证性分析

无锡尚德技术创新动力机制的验证性分析，从外部动力、内部动力、创新阻力以及三者的综合影响展开探讨，以系统地把握无锡尚德技术创新动力机制的影响因素及其作用结果。

6.2.1 外部动力的影响分析

由前述外部动力的验证性分析可知，光伏企业技术创新动力机制的外部动力是影响光伏企业技术创新的间接动力，包括市场需求拉动力、技术进步推动力、政府政策促进力、行业竞争推进力和生态观念影响力。

无锡尚德成立之初，外部环境对其技术创新发展有着极为重要的影响。光伏技术的进步，为光伏发电的市场应用提供了可能性；欧盟国家针对太阳能光伏发电的政策支持，使得光伏发电的市场应用迅速开启；欧美光伏市场的迅猛增长，吸引了风险资本的蜂拥而入，无锡尚德也是在这样的大背景下诞生的；随着光伏行业在世界范围内超常规的发展，进入光伏行业的企业也成倍增长，行业竞争的压力日益增大，技术创新成为光伏企业实现差异化经营和成本降低的根本手段；加之光伏发电政策的支持和应用市场的开启，均是社会公众生态观念日益增强的结果，为了迎合公众生态观念的诉求，赢得较大的市场份额，加大技术创新的力度，是光伏企业提供高技术含量的生态化产品和服务的必然选择。

作为技术出身的无锡尚德创始人施正荣博士，正是看到了光伏发电技术市场应用的前景，才毅然放弃澳洲优越的科研生活，回到国内创业。在无锡尚德成立、发展和陷入生存危机的整个过程中，无锡市政府的政策和行为，始终对其具有重要影响。欧洲市场是无锡尚德走向世界的重要支撑，正是在德国的第 1 笔订单使得无锡尚德获得了加大发展力度的动力和能力。在竞争日益激烈的光伏行业，无锡尚德确立了技术研发和创新持续发展战略，使得无锡尚德的产品质量在国内和国际市场获得广泛的认可。作为无锡尚德发展重要的影响因素，无锡市政府的行为对无锡尚德的技术创新和研发提供了退税、融资、补贴等方面的政策支持，使得无锡尚德获得了技术研发和创新的充足资金。在光伏行业竞争加剧的情况下，无锡尚德的技术研发和创新战略，采取了内部研发和创新合作的多样化策略。无锡尚德在国内的上海、无锡，以及美国、日本和欧洲等发达国家和地区设立了全球性研发中心，充分利用全球的优势资源加大创新力度。在对外技术研发和创新合作方面，无锡尚德合作伙伴具有多样性，不仅包括国内外技术领先的高校和科研院所，也包括国内外的互补性企业和竞争性企业。在社会公众生态环境诉求日趋强烈的背景下，无锡尚德采取了以技术创新为支撑，提供生态化、人性化和柔性化的高技术产品和服务，为赢得市场青睐奠定了基础。通过技术研发和创新战略的综合运用，使得其光伏产品在市场上赢得了较好的质量口碑，同样产品的市场价格，无锡尚德的光伏产品比同行要高出 5% 以上。

6.2.2 内部动力的影响分析

内部动力的验证性分析。光伏企业技术创新机制的内部动力,是光伏企业技术创新绩效的直接动力;同时,也是光伏企业技术创新外部动力和技术创新绩效的中介变量。内部动力包括企业家精神、利益驱动力、企业技术能力、企业创新文化和知识网络能力。

作为无锡尚德的创始人,施正荣博士在回国创业之初,凭借冒险、创新的企业家精神,毅然放弃国外的优越科研环境和生活条件,回到国内,在无锡实现创业的梦想。无锡尚德企业家精神体现的不仅仅是一个人的作用,而是无锡尚德经营团队的集体力量。大批优秀的经营管理和技术人才的加盟使得无锡尚德在成立之初,获得高起点的发展平台。无锡尚德后续技术研发和创新战略的实施,也是企业家精神的重要反映。利益驱动力是无锡尚德开展技术研发和创新的根本驱动力,无论是成立之初的技术研发和创新战略,还是后来走产能无序扩张的规模化战略,都是利益驱动力的结果。无锡尚德成立初期,由于市场需求和竞争的需要,社会公众生态观念的诉求,以及政府的理性支持行为,使得无锡尚德处于良性竞争的环境当中,能够采取长远发展的技术创新战略;随着国外市场的持续膨胀,国内企业无须竞争的加剧,政府政绩指导下的规模扩张要求,无锡尚德无论是个人还是团队的企业家精神,变为纯粹的机会主义冒险家行为,也使得无锡尚德走上了无序扩张、注重产能GDP、利益输送和不良融资的高负债轨迹,最终导致破产重整的结局也在所难免。无锡尚德借以快速发展的技术能力,从成立之初就带有极强的外部依赖性,其依靠的核心专利技术,大多以专利许可的形式获取,而后续技术研发和创新战略的持续性缺乏,导致其失去了长远健康发展的机会。作为快速成长起来的光伏企业,无锡尚德的创新文化缺乏积淀的历史性,其创新文化是以企业高层经营团队的经营理念和发展战略为转移的,当无锡尚德企业家精神逝去的时刻,其所谓的创新文化也随之变异为一种装点门面的口号。而无锡尚德技术创新所需要的知识网络能力,在其被政府、银行和市场宠坏的时候,加之无锡尚德高层经营人员的个人原因,使得无锡尚德在其发展过程中,与政府、银行、合作伙伴及市场的关系,出现了诸多不和谐的现象,反映了其知识网络能力的缺乏,这在企业处于上升阶段时尚无明显的影响,而当企业处于危机当中时,却成为压垮企业的重要原因。

光伏企业技术创新内部动力不仅仅直接作用于企业技术创新绩效,同时也起到中介变量的作用。当外部动力能够为企业发展提供良好外部环境时，正向的内部动力可以加倍放大企业技术创新绩效；当外部动力对企业技术创新产生负向影响时，正向的内部动力可以降低这种负向作用的影响；而如果企业内部动力处于不良状态时，企业外部环境的不良影响也会被加倍放大，加重其危机程度。无锡尚德技术创新的内部动力中介作用体现较为明显，当企业面临欧美市场需求减少，"双反"等负面生存环境之时，由于无锡尚德的不良内部动力，使得企业迅速走向了破产重整的境地。

6.2.3 创新阻力的作用探讨

创新阻力的验证性分析。创新阻力是光伏企业技术创新的负向影响因素，同时也是内部动力影响企业技术创新的调节变量，创新阻力变量包括技术不确定性、技术路径依赖性和知识粘滞性。

无锡尚德是以多晶硅技术为主的晶硅电池生产商和服务商，而作为拥有多项薄膜电池技术专利的施正荣博士，对于薄膜电池技术始终难以割舍，在其后来投资数亿美元进行薄膜电池生产线的扩张时，由于技术发展的不确定性影响，使得其薄膜电池技术始终未能达到世界先进水平，最后不得不放弃薄膜电池生产线，数亿美元的投资也灰飞烟灭。这对无锡尚德的技术研发资金造成不良影响，同时也大幅打击了无锡尚德进行技术创新和研发的积极性，技术不确定性对于技术创新的阻力作用极为明显。此外，由于对多晶硅电池生产和技术研发的持续投入，使得无锡尚德面临技术选择的转换成本和机会成本，这种技术的路径依赖性，降低了无锡尚德进行多元化技术创新的积极性，减少了其研发资金的投入，对无锡尚德的技术创新产生了负面影响。无锡尚德在对外的技术合作当中，由于技术领先企业和研究机构的核心技术和知识产权保护意识较强，知识粘滞性增强，无锡尚德并没有真正掌握领先的核心技术，无锡尚德生产依赖的大多数核心技术是以专利许可的形式获得的。这种知识的粘滞性放大了其对技术创新绩效的负向影响，技术能力的发展具有积淀性特征，当技术能力积淀越多，其技术创新能力越强，技术领先的优势就越大，因而，知识粘滞性的存在，降低了无锡尚德技术积淀的速度，加速了技术领先企业和后进企业的技术差距。

创新阻力的调节效应分析。本书的实证研究结果表明，技术不确定性正向调节内部动力对技术创新绩效的影响。正是由于光伏技术发展路径的多元化特征，以及技术发展结果和市场应用的不确定性，使得众多光伏企业为了保持未来发展中的技术领先地位，实施技术创新的多元化战略，加大了研发投入的力度，取得了高水平的技术创新绩效，有效地验证了技术不确定性的正向调节效应。尽管无锡尚德在技术创新的多元化道路上遇到了挫折，并且放弃了后续对薄膜电池的生产研发，但是这种放弃是由于其企业家精神的变异等内部动力因素的缺乏而造成的，并非是技术不确定性的正向调节效应而引起的改变，相反从另一个侧面验证了技术不确定性的正向调节效应。技术路径依赖性对内部动力影响光伏企业技术创新绩效具有负向调节效应。无锡尚德以多晶硅电池技术为主，当前面临技术路径多元化的困境时，由于面临技术转换的固定投入成本和机会成本，降低了其技术创新的动力，尤其是当无锡尚德薄膜电池生产研发遭遇挫折以后，其对技术多元化发展的资金投入和信心上受到了不同程度的负面影响，因而，技术的路径依赖性特征对内部动力影响技术创新绩效的负向调节效应得到了验证。由上述分析可知，知识粘滞性对于技术能力的积累具有负向放大效应，因而，知识粘滞性不仅对无锡尚德技术创新具有直接的负向影响，也对内部动力影响其技术创新具有负向调节作用。

6.2.4 动力机制的综合作用解析

依据技术创新的"动力场"理论分析可知，"动力场"对光伏企业技术创新的作用可以分为3种场动力：光伏企业技术创新系统的外部资源和环境动力、光伏企业技术创新的内部资源和能力动力、光伏企业技术创新系统的阻力。外部资源和环境动力既可以产生正向力，也可以产生负向力；内部资源和能力动力与环境因素的契合程度，即场强，对于技术创新绩效产生不同的影响。光伏企业技术创新的嵌入度并不是越大越好，而是取决于技术创新的场强 E 和创新阻力风险 V 的相对大小。一般来说，在技术创新逐渐趋于成熟的时候，技术创新的嵌入度会不断增大，技术创新的场强在不断增大，同时技术创新的阻力风险也会相对增加，如果技术创新的阻力风险大于场强，则可能导致光伏企业技术创新的动力不足，造成光伏企业技术创新的成功率低下。若要想增加光伏企业技术创新的动力 F，就必须增加光伏企业技术创新所需的资源和能力，即 Q_A，使 F 和 μ 呈正相关关系。无锡尚德面临的外部资源和环境动力前期是正向力、后期是负向力，而其内部资源和能力与外部资源和环境动力的契合度，决定了其对技术创新绩效水平的影响方向。正是由于无锡尚德内部动力的错位，导致其在外部环境动力发生改变时，放大了其危机程度。创新阻力的负向调节效应，使得无锡尚德技术创新的内部动力受到了限制，在光伏行业生存环境恶化的背景下，无法适应环境变化的企业发展战略，使得无锡尚德走到了破产重整的地步。如果说无锡尚德前期的快速健康发展，得益于外部环境和内部动力的协同作用，那么后期的无锡尚德，由于外部机遇的丧失，尤其是内部动力的缺失和异化，使得无锡尚德在外部环境恶化和创新阻力加大的情况下，迅速走向了破产重整的境地。施正荣家族也因为涉嫌利益输送而被美国债权人提起诉讼，从根本上来讲，最初创新、冒险的真正企业家精神已经被个人利益驱动的自私欲望所异化，使得无锡尚德这个首光伏巨舰在短暂的辉煌后，陷入了生存和发展的危机当中，这一结果与无锡尚德企业家精神的缺失、技术能力的累积性不足和知识网络能力的缺乏具有直接关系。

6.3 无锡尚德技术创新动力机制存在问题探析

随着外部环境的变化，无锡尚德发展战略从品牌、技术导向战略向产能快速扩张战略的转变是其走向破产重整的重要原因，在做大的同时没有做强，没有自身的核心竞争力，加上外部行业环境的恶化和战略决策的失误，使得无锡尚德最终走向了破产重整的境遇。本节根据前述理论和实证分析，结合无锡尚德面临的现状，对其技术创新动力机制存在的问题进行探析，为后续策略的提出奠定基础。

6.3.1 无锡尚德技术创新外部动力问题

（1）国内市场有待启动

从上述分析可以看出，市场需求是光伏企业技术创新的重要动力之一，但是我们需要清楚的是，中国光伏企业的市场需求90%依赖于国外市场，国外市场需求有力地拉动了无锡尚德的技术创新。为了打入国外市场，无锡尚德致力于技术研发，凭借其优秀的产品质量和技术，迅速打开了国外市场，并取得了良好的经济效益。而过度依赖国外市场，为国内光伏企业的发展带来了难以控制的风险，在欧美"双反"的政策打压下，产品大量积压，出货量无法保证，最终无锡尚德的超高产能并没有带来高额利润，而是占据大量资源，拖垮了自己。国内外市场的平衡发展是国内光伏企业持续技术创新的重要基础。国内光伏市场的启动是我国光伏企业技术创新和健康发展的

第六章 光伏企业技术创新动力机制的案例分析

保障，自2009年开始，我国开始实施太阳能光电建筑应用示范项目和金太阳示范工程，随着政策支持力度的加大，加之光伏产业技术进步使得终端环节成本迅速下降，国内光伏市场开始启动，市场规模逐步扩大。相对于国内光伏产业快速增长的产能和产量来说，我国光伏市场需求还不足以支撑起产能的快速扩张。虽然光伏产业"十二五"规划把光伏装机目标定位在40GW以上，但是国内市场的启动还存在很多问题需要解决。

1) 国内光伏应用市场缺乏长期规划

中国光伏产业的发展有两个特殊性：一是高度依赖国外市场，尤其是欧洲市场，光伏出口比重在90%以上；二是国内知名光伏企业大多为民营企业。由于上述光伏产业的特殊性，我国政府一段时期内，对光伏应用市场的规划引导力度相当不够。在光伏制造业井喷式增长的同时，地方政府更多出于政绩考虑而支持产能的扩张，而缺少有效的市场培育政策。相比较，同样是新能源的风能产业，扶持政策就不仅针对风能装备，也针对风能电站，国内风电站的发展与风电装备制造业发展同步，装机容量已经超过美国成为世界第一。政府对光伏应用市场的规划引导力度不足，仅仅是在产能扩张上推波助澜，导致了国内光伏市场供需严重失衡。

2) 光伏发电缺乏市场竞争力

光伏发电能否获得市场青睐的一个重要影响因素是其经济性。目前，与传统能源发电比较，生物质能发电成本还非常高，风能发电成本已经很接近，核能发电的成本则有很大优势，太阳能光伏发电成本介于风能和生物质能之间，相当于传统能源发电成本的2~4倍，风力发电的1.5倍。并且，火力发电的年运行时间可达5000 h，风力发电为2000 h，而光伏发电在中国平均只有1300 h，光伏电价在日照比较好的地区（年满发1500 h）也在1 元/(kW·h) 左右，远高于火力发电和风力发电的上网电价，这成为阻碍集中式光伏电站发展的主要因素。小型分布式（屋顶）电站一般就地发电就地使用，上网电价高的问题不是很突出，但面临初期投入过高的问题。以光照三类地区为例（每天有效光照时间在3~4 h），安装一个2 kW 的光伏电站在补贴后的费用为1万元左右，每天发电（6~8）kW·h，按照现行居民用电价格计算，需要7年时间才能收回成本。光伏系统的寿命一般在20年以上，理论上家庭安装光伏电站是划算的。但是，1万元的初期投入对于大多数家庭来说仍然是一笔不小的开支。并且，居民用电高峰在夜间，而光伏发电是在白天，在不能并网的情况下，用户要么还需要购买储电设备，要么只能浪费掉大部分电量。此外，电站是否能够安全有效运行20年，期间会不会产生其他费用，消费者仍存在很大的顾虑。因而，成本经济性成为影响集中式光伏发电市场的主要因素，而小型分布式光伏发电虽然上网电价问题不突出，但是初期投入较高和远期成本收回的不确定性成为其市场形成的重要阻碍因素。

3）光伏发电市场利益相关者协调难

分布式小规模的光伏发电依托于建筑屋顶，多余电力的消耗需要电网系统的输送，因而，分布式电站的主要利益相关者是屋顶所有者及电网公司。光伏电站前期安装的主要障碍来自屋顶所有者。虽然屋顶资源在大多数情况下是浪费的，但安装光伏电站的阻力还非常大，即使是突破前期障碍，建成屋顶光伏电站，电站的运营管理由谁负责，收益如何支配，产权如何划定依然是难题。目前国内一些建成屋顶电站由光伏企业持有并负责管理，这种模式占用制造企业大量资金和资源。比较理想的做法是屋顶电站在建成后由建筑物业主收购，并享有发电收益权，但这需要得到屋顶所有者（建筑物业主）和管理者（物业公司）的支持。目前，出于成本、安全、美观等方面考虑，业主和物业公司都不太愿意安装太阳能光伏电站，让屋顶业主主动安装和管理屋顶光伏电站的时机还不成熟。电网公司是分布式光伏发电的另一个利益相关方。分布式光伏发电量少，影响小，对于电网公司来讲，光伏发电并网对电网系统的影响不大，电网公司没有积极性的回应。尽管政府部门出台了相关规定，要求电网公司为光伏电站上网提供便利备，但是，电网公司并无行动的动力，一些地方采取"侧并网"方式——电网并网但发电不上网，无法达到发电上网的预期目标。

4）市场扶持政策缺乏实施细则

国内的"金太阳工程"和对分布式电站的补贴，是光伏应用市场的扶持政策，但是这些政策缺乏实施细则，不能达到预期效果，具体体现在：一是扶持以经济补助为主，补贴比重达到50%，但并没有设计出一个有效的协调机制，光伏制造企业、渠道企业、施工单位、电网公司、物业、建筑物业主间的关系和权责不清，大多数情况下只有光伏制造企业单方面在努力；二是"金太阳"工程的补贴比较明确，但地方政府一般只是承诺给予配套补贴，而补贴的范围和比例不明确，用户在安装光伏电站前难以核算成本，无法预期收益和收回成本期限，用户采购光伏电站的积极性受到影响；三是扶持政策基本上是短期行为，在光伏电站安装时给予一次性补贴，而电站建设完成之后的验收、测试、并网缺少政策指导。一些在2008年、2009年就安装完成的光伏电站至今也没有通过验收,实现并网更是遥遥无期。因而,这些政策实施细则的缺乏降低了国内市场的积极性,阻碍了国内光伏发电市场的启动。

(2) 政府政策作用发挥有限

作为新兴产业,政府的扶持是光伏产业健康发展的重要保障,但是各地政府为了追求政绩和利益而不顾产业规律和市场实际情况,"大干快上"扶持光伏企业,结果导致了产能过剩和低水平重复建设;浪费了大量资源;企业之间追求规模和产能扩张的低价恶性竞争。此外,政府对没有核心技术和竞争能力的光伏企业过度保护和支持。在政府作用发挥中,政府政策措施的落实和长远发展规划等不足。因而,我国政府既存在错位越位的问题,也存在作用发挥有限的问题。政府是无锡尚德当前破产重组结果的重要影响因素。

1) 光伏企业公平竞争和淘汰的市场机制缺乏

无锡尚德破产重整,公认的一个重要原因是政府与企业走得太近。政府看到光伏产业市场巨大,就通过种种手段,鼓励尚德扩大产能。2010年,无锡尚德做出将产能从1800 MW提高到2400 MW的决策,至此,无锡尚德的产能、出货量均为全球第一,而支持这一产能的,是大家都掌握的非核心技术。而对于政府重点扶持的企业,一出现风吹草动,政府支持、风投基金、银行贷款就相继而来,但资金的使用效率却很低。在政府的大力扶持下,无锡尚德逐渐发展壮大,也成长为无锡市的一张城市名片。每次无锡尚德出现危机时,政府总会挺身而出。在2012年无锡尚德出现债务危机时,政府决定的方案是让具有国资背景的国联集团和无锡市产业集团各出1亿元为无锡尚德向银行贷款进行担保。2012年下半年,当地政府为了维持尚德现金流,要求银行在一定时期内,将贷款额重新回到2012年6月末的水平,以防止部分银行抽贷。不尊重市场规律和产业发展规律,政府催生的庞大光伏产能,在美欧"双反"的压力下,没有核心技术和竞争能力的中国光伏企业根本没有生存的能力。一些地方政府出于政绩考虑,动用公共资源帮助没有竞争能力的光伏企业,使得这些企业苟延残喘,阻碍了光伏产业的优胜劣汰。类似的政府行为负向影响了市场机制对光伏企业的激励和淘汰作用,剥夺了光伏企业健康成长的机会。

2) 光伏技术扶持政策的执行落实问题

光伏电站的补贴是光伏企业主要的预期盈利来源,但是在国内光伏企业电站建成超过半年,甚至一年以上,无法拿到光伏电站的补贴资金,严重影响了光伏企业的正常经营,也使得光伏企业在后续技术创新和研发投入上资金不足,同时也降低了企业技术创新的积极性。

3) 光伏基础技术研发方面缺乏政策支持

在当前光伏企业利润空间缩小的状况下,单靠企业的自主研发,很难与欧美光伏巨头抗衡。知识产权保护政策实施不到位,导致企业不愿意进行研发投入,这种风气必然导致技术同质化、市场同质化。

4) 光伏研发人才队伍建设方面缺乏长远的规划

目前国内光伏企业和科研院所的光伏科研领军人才多是有国外技术背景的人员,国内研发人才缺乏,限制光伏技术研发的持续发展,国家中长期光伏人才的规划配套政策是解决企业技术创新动力不足的根本措施。

5) 国内光伏产品质量标准和认证体系不健全

光伏产业链的每个节点都与质量检测和认证相关联,质量是产业健康发展的保障,是产品研发的基础和产品成本控制的关键。建立完善的质量监控体系是产业健康发展的基础。相比国外而言,中国在认证方面就是空白。目前已制订的相关标准,几乎全为推荐标准,执行效果无法保证。此外,国家、行业、地方三级标准体系还远未形成,仅有河北、陕西等少数省市制订了部分地方标准。国外的认证体系相当完善。国际通用的光伏检验标准主要有美国的 UL 标准及欧盟的 IEC 标准。中国产品进入欧美市场,需要分别进行两套标准体系的认证。而国外光伏产品进入我国市场,没有国内要求的检验标准,无须进行任何监测,严重制约了我国光伏产品的国际竞争力。同时,国际质量标准体系的认证也是进行行业保护的,而形成的一种技术壁垒。建立国内多层次的质量标准认证体系,制定完善的检测标准,是增强光伏产业竞争优势,维护国内光伏企业健康发展必要措施。

我国光伏产品质量标准和认证体系的不健全导致行业门槛较低,产品质量低下,市场低水平无序竞争,严重影响了光伏企业技术创新的积极性。如何用统一的标准来规范光伏产业,降低过度竞争、质量低下等问题。因而,政府主导建立国内光伏产业标准认证体系是提升企业技术水平的关键措施。

(3) 生态观念亟须增强

分布式发电是国内市场的重要组成部分,公众对生态产品的认可和消费是光伏发电产品分布式发电市场启动的重要影响因素。尽管随着光伏产业的迅猛发展，公众生态观念和环保意识得到全面提高，光伏发电产品作为低碳绿色能源受到了人们的看好，但是由于初期投入的成本较高，而回收预期的长远性和不确定性，使得普通民众与使用光伏发电产品还有很大距离，这一方面在于政府的补贴政策支持力度，另一方面在于社会公众生态观念和环保意识的不足。按照现有居民电价计算，安装一个 2 kW 的分布式屋顶电站，补贴后的投入费用为 1 万元左右，7 年可以收回成本，光伏系统寿命设计在 20 年以上，理论上家庭分布式电站还是划算的。因而，国内光伏市场的启动，政府的扶持政策是关键因素，而公众生态消费观念的培育和普及是启动国内分布式电站市场的基本因素。

（4）行业恶性竞争抑制创新

2006 年，无锡尚德发展光伏产业带来的"财富效应"与国外巨大的市场需求，吸引了各路资本投入光伏产业，国内企业"一哄而上"，形成了光伏产能无序暴涨的局面。光伏产业过去十年都在按照 50% 的增幅膨胀。目前，国内还在兴建光伏产业园的地方就超过了 100 家，大约还有 300 多个城市处于规划中。2011 年，全球光伏装机需求量约为 27 GM，光伏产能却超过了 50 GM。其中，中国就已拥有 30 GM 以上的产能。2006 年，江苏全省的光伏相关企业只有不到 100 家，而 2011 年年底，这个数字激增到了 1100 家。这导致了光伏产业的产能过剩，加剧了光伏企业之间的恶性竞争，为国外提出反倾销、反补贴调查提供了借口。同时，这种低价恶性竞争压缩了光伏企业的利润空间，使得光伏企业没有资金进行技术创新和研发投入，中国光伏产业的可持续发展受到了严重威胁。这也是导致无锡尚德扩张产能，无暇顾及创新的重要外部影响因素，最终走向了破产重整的境遇。

6.3.2 无锡尚德技术创新内部动力问题

（1）企业家精神缺乏

企业家的创新、责任和奉献精神是企业技术创新的重要内部动力。在无锡尚德创业初期，施正荣博士坚持走技术创新和研发的道路，以产品品质赢得市场，为无锡尚德的发展壮大奠定了基础。2006 年，随着尚德电力在美国上市，一度成为中国首富的施正荣博士，把主要精力放在了产能扩张和家族企业的培育上，技术创新投入精力有限，一直宣扬的冥王星电池技术仅仅停留在实验室的阶段，无法实现量产。在产业快速发展过程中，更多关注规模的扩张，而忽视了企业技术创新和核心竞争力提升。当产业的产能过剩时，缺乏核心竞争力的企业只有被市场竞争所淘汰。此外，由于无锡尚德与施正荣家族企业之间存在利益输送和转移资产的行为，美国投资人已经对此提起诉讼，法院予以立案；而由于利益问题爆出的无锡尚德"诈捐门"事件，也从侧面反映了企业家社会责任的缺乏。无锡尚德走向破产重整与企业领导人创新、责任和奉献精神的缺失具有密切和重大的关系。

(2) 企业知识网络能力不足

在对外合作创新中合作伙伴的选择、合作风险的控制、合作关系的治理，是光伏企业面临的主要问题。企业对外合作的根本动机在于获取互补性资源、分散技术创新风险和成本，共享创新研发的收益。尽管合作创新重要性日益凸显，但是合作创新的失败率也是居高不下，创新合作伙伴选择不当是失败最为重要的原因[227]。光伏企业作为高技术企业，知识特性是技术创新合作的重要属性，而合作伙伴的知识互补性和相似性决定了企业技术创新合作中知识的创新效率。对于国际合作经验缺乏的中国光伏企业，以信任为基础的知识网络能力是在持续的合作交往过程中积累起来的能力。从前文分析，可以看出无锡尚德在引进人才的基础上，多以自主研发和创新为主，这是企业掌控核心技术、获得竞争优势的重要途径，但是，在技术创新加速化和复杂化的光伏领域，知识网络能力是加快自主创新速度的前提和基础。以信任为基础的知识网络能力是对外合作创新的基础，尤其对于需要电价补贴、政府多种形式补助的光伏产业，相比一般产业更需要社会信用。社会的信任、社会的支持是光伏企业重要的资本来源之一，更是市场低迷时不可或缺的资本。无锡尚德既是无锡市政府大力推动新经济的成功名片，更一度是中国光伏产业成功的代表，在当前中国偏爱"社会形象"的投资环境中，社会各界自然要倾力支持。比如，国开行的"六大六小"的扶持政策就包括无锡尚德在内，扶持尚德也是无锡市政府的重要工作之一，但终因无锡尚德自身越来越缺少社会的信任，导致外部合作伙伴失去信心而失去多方资源配合。尚德的诞生和上市，无锡市政府给予了大量决定性的支持，可无锡尚德却未能处理好多种关系问题，众多关心尚德发展的银行工作人员、政府官员，屡次在无锡尚德遭遇冷落，折射着企业知识网络能力的匮乏和道义的缺失。无锡尚德控股的环球太阳能基金"欺诈案"爆发，事情的真实面目至今模糊不清，但其中折射着严重的信用问题。无锡尚德利用公司的公信和资源，对私人企业进行了大量利益输送，使得公众公司投资者在美国起诉无锡尚德高管团队"掏空尚德电力、对关联公司亚洲硅业进行利益输送，以及挪用16.8亿美元公司投资"。其中，最关键的问题在于，这一行为已经涉及法律问题，道义、尊重、信用和是否违法等诸多问题，足以彻底毁掉一个企业的社会诚信度，意味着一个企业生存的社会基础崩溃。"破产重整"不是一般意义上的关门大吉，是在债权人同意、社会信任支持下的企业再造。国家光伏重点实验室分别落户英利能源和天合光能，而无锡尚德作为行业龙头却未能争取到，进一步凸现了其知识网络能力的缺乏。

(3) 企业技术能力缺乏持续性

国家发改委能源研究所副所长李俊峰指出，国内所有的光伏企业都没有核心技术。核心技术是要在市场上经受考验的，只有市场才是试金石。无锡尚德并不是国内技术最领先的光伏企业，英利、天合、南京中电都有类似的研究，但实验室研究数据仅仅是起步阶段，还要进行产业化应用，其技术的成本、成品率、稳定性等优势需要很长的过程。无锡尚德尽管拥有一定数量的专利，但专利质量不高、核心技术受制于人，是无锡尚德目前境遇的根源之一。无锡尚德提交专利申请，表现出如下特点：一是实用新型及外观设计专利达80%，无高质量的发明专利和基础专利；二是近70%的专利为最近3年提出的申请，近期无法产生明显效益；三是发明专利较少，专利结构不合理，企业技术能力和竞争力的提升受到制约。无锡尚德依托的核心技术专利大多源于国外的专利许可，至今未能在核心技术研发上取得有效进展。作为新兴产业的光伏产业，其市场竞争，已经从专利数量的竞争变为专利质量的竞争。近年来，我国的很多光伏企业在缺乏核心专利支撑的情况下突击上马，企业专利质量不高，创新能力缺乏，国内光伏企业都不同程度存在类似问题，无锡尚德破产重整只不过是这些问题的一次集中反映而已。我国光伏企业中，拥有发明专利百件以上的企业几乎没有，而美国通用电气公司光伏技术发明专利占比97.6%；日本佳能公司光伏技术发明专利占比为94.76%。无锡尚德技术或产品容易被国内企业跟风，反映了其核心竞争力不强。技术研发方面，无锡尚德在碲化镉薄膜电池项目上投入数亿研发经费，但在转化率方面却一直未能有显著突破，到2011年底其转换率仅有6%左右，远低于美国领先太阳能光伏企业FirstSolar的11%~12%，基本没有市场价值。在多晶硅电池方面，无锡尚德大力投入研发的冥王星电池技术，一直处于实验室阶段，无法量产，这从另一个侧面说明了其技术创新能力的不足，加之后续对形势的误判，加大了规模扩张力度，导致对技术创新和研发的无暇顾及，技术能力缺乏持续性。

6.3.3 无锡尚德技术创新阻力

技术不确定性的影响，光伏电池转换效率和组件额定功率是光伏行业的关键指标，光伏电池转换效率的提高，意味着制造工艺流程和原材料的改变，理想情况下，引领这些改变的各种技术构成了技术路线图，光伏行业主流技术路线图具有不确定性。长远来看，光伏电池技术主流会是多种技术的竞争结果，具有不确定性。而单就晶硅电池来说，不同晶硅电池的概念，决定了不同的衬底类型、硅片厚度等不同的技术要求。一线厂商生产了至少15种不同类型的电池，即使最常提到的选择性发射极技术，根据生产线前段和后段的不同选择也分为多种不同的技术类型。尽管无锡尚德技术创新研发投入达到20亿元之多，申请专利达到360多项，但是技术创新专利的实际应用情况还是具有很大的不确定性，这无疑增加了光伏企业的技术创新和研发成本，形成了光伏企业技术创新的阻力因素。

技术路径依赖性的影响。无锡尚德主要光伏电池产品为晶硅电池，从长远来看，光伏薄膜电池技术和聚光电池技术具有很大的市场潜力。而这3类技术是完全不同的技术类型，其技术原理、材料类型和技术寿命等关键指标具有很大的不同。由于技术路径的依赖性，企业要想改变电池技术的类型和方向，需要巨大的研发投入，同时还要承担原有技术的沉没成本，因而，技术路径依赖性使得光伏企业增加了技术转换和创新的成本和风险，降低了光伏企业的积极性，因而路径依赖性对光伏企业技术创新具有阻碍作用。

知识粘滞性的影响。无锡尚德在对外技术创新合作中，存在知识粘滞性问题。知识粘滞性是光伏企业技术创新阻力的主要影响因素。知识粘滞性形成的原因主要有几方面：知识授体的知识转移意愿和能力，知识本身属性，知识接收方的接受能力和接受成本影响。无锡尚德在合作创新过程中，国外技术领先光伏企业的知识转移意愿较弱，担心核心知识的转移导致竞争优势丧失，或者核心知识转移后利益补偿不足。此外，无锡尚德作为知识接收方的能力和成本考虑也是影响核心知识转移的重要因素。高技术、高成本和高风险的特性使得光伏企业投资动辄上亿元，因而对于战略掌控能力和技术能力不足的无锡尚德来说，克服知识粘滞性是技术合作创新面临的重要课题。在开放式创新的时代，外部合作研发和创新是企业应对技术更新换代加速的必然选择。无锡尚德在对外加强技术联合研发的同时，提出了自主创新的主导技术创新思路。无锡尚德在对外技术创新合作过程中，合作创新企业提供的多为辅助性技术知识，而对于核心技术知识则采取保护策略，存在知识共享的粘滞性，相当于国外技术领先企业，后发的无锡尚德利用外部创新知识网络中的知识进行技术创新的可能性降低，增加了企业自主技术创新的研发成本和风险，是影响企业技术创新的重要阻力因素。

6.4 完善光伏企业技术创新动力机制的对策建议

6.4.1 完善光伏企业技术创新外部动力的共性建议

（1）国内市场启动的对策建议

针对前述国内市场启动存在的问题，提出以下对策建议。

1）国家层面的统一规划

中国光伏产业最致命的过错就是缺乏国家层面的统一规划，国内光伏产业出现今天的结果，已经成为地方政府拉动 GDP 而重视短期产业规模化密切相关。反而等到行业危机显现之时，国家有关部门和地方政府开始"有所作为"，这是政府部门的严重失职。

地方政府发展光伏产业无论其如何鼓吹，最根本的目的是拉动 GDP，因此其对规模化非常看重，反而对企业的长远发展没有过多的在意，而缺乏长远规划正是现代中国光伏企业的通病，地方政府在这一过程中起到了推波助澜的作用。当然，大部分企业也被高利润的光伏行业冲昏了头脑，没有理性看待自己的发展。但作为国家职能部门，未能察觉到这一点却不可原谅。因为政府本就扮演着宏观调控的角色，全盘把关是其分内之事，遗憾的是，国家层面未能做出统一规划，及时制止地方政府的过热现象。在启动下游市场之时，中国光伏产业亟须吸取这些教训，建议国家设立统一的、级别更高的新能源管理机构来统一管辖现有的新能源产业。确保产能处于合理阶段，既能产生竞争，又能保持企业的合理运营，在此基础上引导企业自主创新。

2）科学合理的光伏发电补贴

目前，由于光伏发电成本远高于传统能源发电，成本经济性成为影响光伏产业发展的主导因素。就光伏产业的发展阶段来看，依旧属于"政策驱动型"，制定科学合理的光伏发电补贴，是启动国内市场，保持光伏产业健康发展的重要措施。2011 年 7 月 24 日发改委发布《关于完善太阳能光伏发电上网电价政策的通知》；2012年8月6日，能源局发布《可再生能源发展"十二五"规划》；2013年2月国家电网公司发布《关于做好分布式电源并网服务工作的意见》，极大地调动了光伏企业进行光伏电站的积极性。这些政策措施的出台，有力地支持了光伏发电市场的启动，但由于各利益攸关方协调困难，光伏发电补贴发放不及时，此外由于补贴下调，使得光伏企业的融资出现困难，面临生存和发展危机不能及时发放。因此，国家政府部门应尽快出台光伏支持政策的实施细则，为光伏发电市场启动提供更好的政策和法律环境。

3）协调利益相关者

光伏发电天生就适用于分布式发电，欧美日等地区和国家的分布式光伏发电及并网占据绝对主流地位，而中国的情况正相反，集中式占绝大部分。就分布式电站建设而言，出于成本、安全、美观等方面考虑，业主和物业公司都不太愿意安装太阳能光伏电站。对此，光伏企业应该加大技术创新力度降低光伏发电成本、提高外观设计水平，使得业主和物业公司能够接受光伏发电；此外，政府可以制定合理的激励机制，鼓励外部资金部分垫付用户的初始安装成本，减轻用户的一次性安装负担。而分布式发电的另外一个利益攸关方——电网公司，由于分布式光伏电站并网的利益激励不足、政策压力较小，使得电网公司缺乏支持光伏并网的积极性。针对电网公司的积极性不高，制定相应的考核制度和监督机制，促使电网公司提升并网服务的积极性和主动性。

4）市场扶持政策实施的配套细则

国内对光伏应用市场的扶持政策基本上没有实施细则，无法达到预期效果，降低了国内市场主体的积极性，阻碍了国内光伏发电市场的启动。国家相关部门应召集政策研究机构、光伏企业代表、市场用户代表研究制定切合实际、具有激励效应的光伏发电补贴配套细则，为光伏发电国内市场的健康发展提供制度保障。

（2）政府行为作用发挥的策略建议

光伏企业技术创新外部动力机制中，政府行为的作用没有得到有效的发挥。一是减少政府的越位行为。企业是市场竞争的主体，政府是为企业创造良好公平的竞争环境，而不是参与企业竞争。光伏产业兴盛的时期，全国光伏产业园遍地开花，政府过度支持，导致企业盲目投资，低水平重复建设，导致了企业一开始就没有摆正市场主体的位置，导致了企业根本不具备参与市场竞争的实力和能力。二是该做的没有做到位。政府行为干预光伏企业技术创新的理论依据，不仅在于技术创新的溢出效应和正外部性，也是光伏产业技术创新复杂化和国际竞争不断加剧的结果。光伏企业的技术创新存在的客观问题，需要政府发挥企业应有的独特作用，通过政府行为的影响，矫正技术创新的市场失灵问题、降低国际竞争加剧带来的不确定性风险，为企业创造良好的创新环境，充分调动光伏企业技术创新的积极性。但是企业作为主要创新主体的地位无法取代，政府对企业创新主体只能是一种补充及促进作用。政府应该遵循"有所为、有所不为"的原则，在企业技术创新过程中更多地担当公共服务者和支持者的角色，适当地参与市场，为技术创新提供良好的环境和制度支撑。

为了克服我国政府存在的错位越位问题，最大限度发挥政府制度和服务作用，本节提出以下策略建议。

1) 完善光伏企业公平竞争的市场机制

无锡尚德破产重整，公认的一个重要原因是政府与企业走得太近。不尊重市场规律和产业发展规律，政府催生的庞大光伏产能，在美欧双反的压力下，没有核心技术和竞争能力的中国光伏企业根本没有生存的能力。由于地方政府动用公共资源为光伏企业提供支持导致那些本应自动出局的企业得以苟延残喘，阻碍了光伏产业的"优胜劣汰"。没有哪个产业是完全靠政府扶持壮大起来的。由工信部起草的《太阳能光伏行业准入条件》对企业进入光伏行业的研发能力、专利水平、生产规模等方面做出明确规定，有利于提升国内光伏产业的整体技术水平和竞争能力。也反映了中央政府促进光伏行业健康发展的思路和方向，有利于具有技术优势的光伏企业，实施行业整合。尽管，政产学研各界都认识到了政府在光伏产业发展中的问题，但是由于固有思路、利益关系、政绩考虑等因素的影响，政府作用的发挥还存在着巨大的阻力。因而，在扶持光伏企业成为市场主体的过程中，首先，中央政府可以制定相应的激励、监督和问责机制，促使地方政府能够提高服务积极性，减少对企业的行政干预；其次，地方政府部门应该从长远利益考虑，而非出于当前 GDP 的考虑，破除杀鸡取卵式的自杀行为；最后，作为市场主体的光伏企业，在发展过程中，要立足市场和自身发展的实际状况，制定合理的发展战略。

总之，政府需要制定和完善光伏企业参与市场竞争的公平制度和机制，为光伏产业的健康发展提供服务和制定保障，要通过市场的调节作用，用市场而非政府的力量，来调配对光伏产业的政策指导能力，要在产业的上下游，如设备产能、电网规划、建筑规范等方面加强市场自身协调，让光伏企业发挥其作为市场主体的主观能动性。政府应该转变发展产业的固有思路，从支持光伏产品的出口，转向支持国内产业的技术研发。目前国内的光伏设备、材料大都依赖进口，中国的光伏企业完全是来料加工，利用国内的廉价劳动力和国内外同行拼价格战。此种粗放式的产品生产模式，不但技术水平低下而且行业竞争激烈，容易产生大量的产能过剩。而此前，国内对光伏产品的补贴，大都存在对技术研发补助偏少，对产品本身补贴很高的问题。如能改变补贴制度将可鼓励和提高国内自主创新能力，并利于市场竞争促进优胜劣汰。

2）强化光伏技术扶持政策的执行落实

光伏电站的补贴是光伏企业主要的预期盈利来源，但是在国内光伏企业电站建成超过半年，甚至一年以上，无法拿到光伏电站的补贴资金，严重影响了光伏企业的正常经营，也使得光伏企业在后续技术创新和研发上投入的资金不足，同时也降低了企业技术创新的积极性。强化光伏技术扶持政策的落实力度，首先，需要细化政策落实的配套细则，使得政策的落实具有可操作性；其次，减少政府政策落实的中间环节，避免扶持资金的拖欠和克扣，提高政策落实的效率；最后，保证政府扶持的资金及时到位，要实行专款专用，防止资金的拖欠和挪用。

3）加大光伏技术基础研发的引导和扶持力度

我国光伏企业核心技术远远落后于国外领先企业，单靠企业的自主研发，很难与欧美光伏巨头抗衡。由于研发投入回收期较长，而设备制造收益较快，因而，政府对研发投入关注不够，热心设备制造是可以理解的。但是产业的长远健康发展，更多依赖于基础研发的支撑，而基础研发的特性，决定了政府进行引导和扶持的必要性。政府对于不符合准入条件的光伏企业或光伏项目，要在土地审批、环评实施、银行贷款等方面进行严控。同时，政府要出台政策引导光伏行业进行技术升级；在政策研发扶持资金有限的条件下，鼓励具有技术优势的光伏企业率先突围。工信部草拟的《太阳能光伏行业准入条件》明确规定了企业进入光伏行业的基本要求，主要涉及3个方面：研发实力、生产规模和环保水平。其中，在研发方面，将严格执行高新技术企业研发投入比例的规定，促进光伏企业加大技术研发的投入；对于准入企业的生产规模也提出了明确限定指标；对于新投入光伏项目的环保标准，明确了电耗、"三废"排放上限。此外，由于知识产权保护政策实施不到位，导致企业不愿意进行研发投入，导致技术同质化、市场同质化。因而，政府需要完善知识产权保护制度，落实知识产权保护政策，加大光伏技术研发的知识产权保护力度，鼓励企业进行技术研发的积极性。

4）制定光伏研发人才队伍建设的长远规划

目前，国内研发人才缺乏，限制了光伏技术研发的持续发展，国家中长期光伏人才的规划和配套政策是解决企业技术创新动力不足的根本措施。首先，人才引进和人才培养的结合，由于我国光伏技术基础研发时间短、人才少、实力弱等原因，引进人才是构建领先人才队伍的前提，而自我人才培养是形成自主创新型人才队伍的根本；其次，完善人才培养、管理、使用和激励机制；最后，引导企业加大人才队伍建设的投入，发挥企业市场主体的人才培养优势，形成多层次、全方位的光伏研发人才队伍建设培养体系。

5）完善国内光伏产品质量标准和认证体系

我国光伏产品质量标准和认证体系的不健全导致行业门槛较低，产品质量低下，市场低水平无序竞争，严重影响了光伏企业技术创新的积极性。因而，政府主导的国内光伏产业标准认证体系是提升企业技术水平的关键措施。首先，就我国光伏产业标准认证体系的缺失和不足进行讨论，组织开展相关技术攻关，形成独有的光伏产业标准认证体系；其次，梳理光伏产品国家标准和行业标准之间的关系，做好国家标准和行业标准的衔接和分工，形成标准认证管理的体系和层次；再次，做好光伏产品国内认证标准与国际标准的对接，及时修订国家标准；最后，组织人员积极参与国际标准化组织的各项活动，争取标准话语权，加强我国在国际标准化组织中的地位。

(3) 生态观念培育的策略建议

社会生态观念的培育是企业技术创新的外部动力和土壤。而社会公众生态观念的形成是一个由自发发生和社会推动相结合的过程。生态观念是光伏企业创新和发展的舆论环境和社会氛围，有助于激励企业开展低碳绿色技术创新活动。社会公众生态观念的培育是促进光伏企业技术创新水平提升的有效途径。社会公众的生态观念包括社会公众的生态化意识；公众对生态产品的认可程度；公众对企业生态环境的满意度。社会公众的生态化意识是社会环境影响、媒介组织和政府宣传影响的结果。社会公众生态化意识的培育，首先，需要社会公众认识到资源枯竭和环境恶化问题的紧迫性，树立节能、低碳、环保的消费理念；其次，媒体组织，包括网络、电视、报纸等，需要发挥正面的宣传和报道能量；再次，政府需要发挥制度规范、政策引导和思想宣传的综合作用，以政府公信力为依托，有效提升社会公众的生态化意识。社会公众对生态产品的认可程度是社会公众生态观念的具体反映，培养公众的生态产品消费意识，可以有效地提升公众对生态产品的认可度；最后，建立生态产品的标准评判体系是指导公众接受和使用生态产品的重要手段。公众对企业生态环境的满意度将直接促进光伏企业的技术创新投入。

6.4.2 提升无锡尚德技术创新内部动力的对策分析

无锡尚德破产重整意味着还有6个月的时间去赢得生存的机会。技术创新和研发是无锡尚德走出困境的根本出路，而提升无锡尚德的技术创新内部动力是技术创新和研发的前提。本节提出的无锡尚德技术创新内部动力提升的对策建议，对处于类似困境中的光伏企业具有借鉴和参考价值。

（1）完善企业家管理和激励机制

企业家的创新、责任和奉献精神是企业技术创新的重要内部动力。无锡尚德后期的产能扩张和对技术创新的忽视，以及利益输送和"诈捐门"等事件，反映了无锡尚德的经营管理者缺乏企业家的创新、责任和奉献精神。这些事件的产生，同时也暴露了企业和政府对企业家的激励约束等管理上的漏洞。这些事件的发生对与无锡尚德类似情况的企业具有警示意义。解决这些问题的根本措施在于从制度和管理层面，加大对企业家的引导、监督和激励约束方面的管理，培育和激励企业家的责任、奉献和创新精神，为企业的持续发展奠定基础。首先，企业内部要形成决策民主化的约束机制，防止个人决策错误的风险；其次，加强企业内部的监督机制，有效地防范企业家由于自利行为而产生的利益输送和资产转移等法律和道德风险；最后，企业和政府对企业家创新的激励机制。内部和外部的激励是企业家形成持续创新动力的源泉。企业内部的监督管理使得企业家可以实现规范化经营，而内部的创新激励使得企业家可以引导企业加大创新力度，同样，由于无锡尚德与当地政府利益有关，当地政府对企业家创新的外部激励是企业家获得社会认可，加大责任和创新意识的重要影响因素。因而，完善的企业家管理和激励机制是企业走创新型企业的可持续发展道路的重要保障，值得无锡尚德等类似的新能源企业借鉴。

（2）提升企业知识网络能力

以信任为基础的知识网络能力是在持续的合作交往过程中积累起来的能

力。对于需要电价补贴、政府多种形式补助的光伏产业，相比一般产业更需要社会信用，无锡尚德自身信用危机，导致外部合作伙伴失去信心而失去多方资源配合，折射着企业知识网络能力的匮乏。提升自身知识网络能力是无锡尚德有效获取外部资源，增强企业技术创新能力的必然途径。首先，依据企业自身的发展战略和创新目标，设定企业知识网络构建愿景。无锡尚德根据自身发展的不同阶段和战略目标，设定知识网络愿景是知识网络能力的提升前提。在技术创新的不同阶段，企业与政府、合作伙伴、大学、科研机构和中介组织等机构之间，针对不同组织资源情况和话语权等特点确定有效的合作方式和激励约束机制。处于合作国际化程度较高的光伏产业，无锡尚德需要具备长远的知识网络愿景规划能力，把握行业发展动态和最新知识前沿，在对外合作网络中占据主动，获得合作的话语权。其次，利用信息技术，构建企业内外部知识共享平台，实现创新知识资源在组织内部和组织之间的涌现，提升企业的知识解构和重构能力。最后，构建以信任为基础的合作关系，完善以契约为依据的合作机制。信任是知识网络关系构建的前提和基础。目前，由于光伏发电高于常规电力，光伏企业的发展是需要依赖政府扶持。在构建外部知识网络过程中，光伏企业首先应该向政府和合作伙伴传达诚信、合作的信号，以诚恳双赢的态度获取合作伙伴的信任，进而建立以多方信任为特征的知识网络关系，有效提升光伏企业知识网络能力。

（3）增强企业技术能力的持续性

与国内其他光伏企业一样，无锡尚德并没有真正掌握光伏生产的核心技术。而对企业生产规模的扩张，导致其对技术创新和研发的无暇顾及，企业技术能力缺乏持续性。光伏企业技术能力增强的措施，既要遵循企业技术能力提升的一般规律，也要符合光伏企业技术能力增强的特有现状。基于光伏企业的特殊情况，本书认为提高光伏企业技术能力需要从以下几方面入手。首先，制定人才引进和自主培养的长远人才战略。由于光伏产业的高度国际化特征，以及我国光伏技术人才的缺乏，在光伏企业发展的初期阶段，应该采取以人才引进为主，以人才自我培养为辅的战略，引进人才是自主培养人才的前提和基础，自主培养人才是形成核心技术能力的根本。在光伏企业进入发展的成熟阶段时，应采取以人才培养为主和人才引进为辅的战略，这一阶段，企业已经具备了人才自主培养的基础和实力，加大人才储备和梯队建设，形成可持续发展的技术能力是企业发展的长远战略。而这一阶段外部人才的引进可以为企业人才培养注入新鲜血液，使得企业人才水平始终处于行业的领先地位。其次，实施人才和技术的多样化策略。由于光伏产业技术路径多元化和不确定性特征，未来光伏产业发展的主导技术具有不确定性。而要始终保持竞争优势，企业需要在提升现有主导技术能力的同时，必须对具有发展潜力的光伏技术进行人才储备和培养，以便在未来的技术变革中占得先机，避免由于技术的路径依赖性特征，而使得企业在行业竞争中处于劣势地位。最后，建立技术研发资金持续投入的保障机制。由于我国光伏产业的迅猛发展，光伏企业出于政府激励和市场份额扩大的需要，极度扩大产能和生产规模，对于技术研发资金的投入具有随意性。而无锡尚德在陷入经营难以为继的情况下，其技术研发资金的投入更是难以保障，使得企业技术能力提升的可持续性不能得到保证。作为战略性新兴产业，光伏企业在保证自身研发投入资金的前提下，在经营困难时期，可以争取利用风险投资、银行贷款和政府研发资金等多源化资金，以保证技术研发资金的持续投入，使得企业技术能力的提升具有可持续性。

6.4.3 克服光伏企业技术创新阻力的对策分析

从上述分析可知，光伏企业技术创新的主要阻力来源是企业内部和外部知识共享过程中的知识粘滞性。而知识粘滞性产生的原因大致有3个方面：一是合作创新方的知识产权保护意识；二是光伏企业自身知识吸收能力的差距；三是知识本身的隐性程度。为了有效降低光伏企业技术创新的阻力，可以采取以下几个方面策略：

（1）加强合作过程中的关系治理

对外合作创新既需要正式契约治理，更需要关系治理。关系治理的基础是信任程度。合作双方的企业文化一致性、合作次数、交往频繁程度、企业品牌形象和技术能力等是企业获得合作信任的必要条件。因而，在对外技术创新合作中，选择有相同或相近文化理念的企业、增进交往的频率是技术创新合作顺利开展的前提；其次，在合作过程中需要有效地维护企业的良好品牌和形象，赢得合作方的信任和尊重；最后，企业技术实力是合作双方互相吸引和选择的最终目的。

（2）构建知识共享的激励和补偿机制

光伏企业技术创新过程不仅有外部知识网络的知识共享，同样，企业内部员工之间知识共享过程中也存在知识粘滞性问题。内部员工之间知识粘滞性问题的存在同样对技术创新形成阻力，而克服内部知识粘滞性的问题，除了企业创新文化氛围的影响之外，建立知识共享的激励和补偿机制是更为长效的措施和方法。员工拥有的独特和隐性知识是其核心竞争力和优势的体现，当员工相互传授知识的过程，实际是收益的博弈过程，如果员工认为自己传授自身知识获得收益大于损失，员工就会形成乐意共享知识的氛围，从而有利于克服知识粘滞性，增进知识共享。

（3）建立知识吸收能力积累的长效机制

知识吸收能力的大小更多取决于企业和员工已有知识的存量，因而，建立知识积累和学习长效机制，是提高企业和员工知识吸收能力的根本措施。知识积累和学习长效机制的建立，首先，构建知识学习和共享的信息平台，信息平台不仅包括学习的流程方法，更是知识储存的重要形式，知识服务信息平台的构建有助于员工实现高效灵活的学习目标；其次，建立学习型组织，学习型组织不仅为企业员工提供了一种学习的正式机制，更为重要的是为员工学习行为和理念的形成提供了一种氛围；最后，建立学习成效的激励和考核机制，学习的持续动力来源于激励和考核，激励和考核机制有利于形成员工之间比学赶超的竞争氛围，有利于形成适度的学习压力，形成竞争性学习的良好氛围。

（4）建立隐性知识传播的促进机制

隐性知识是人们经验、技巧、灵感等内在思想的反应，具有不可编码的特征。而隐性知识是企业技术创新的重要来源，因而，构建有利于隐性知识传播的促进机制，是降低知识粘滞性的有效措施。隐性知识的传播更多依赖于面对面的交流，而非正式组织的形成是隐性知识传播的有效途径。因而，建立隐性知识传播的促进机制，首先，促进非正式组织发展。非正式组织是人际交往的重要形式，非正式组织的发展有赖于和谐的人际交往氛围，企业内部的和谐人际关系形成需要企业文化的引导和渗透；其次，建立师徒制的传帮带机制，隐性知识的传播效率与权威性有密切关系，师傅的权威和责任有利于增进隐性知识的高效传播。

6.5 本章小结

本章选取无锡尚德破产重整的案例进行分析，首先，对无锡尚德破产重整的案例概况进行了介绍；其次，对无锡尚德技术创新动力机制进行了验证性分析；再次，探讨了无锡尚德技术创新动力机制中存在的问题；最后，基于先前光伏企业技术创新特征和问题的分析及实证结果讨论，并针对无锡尚德案例分析，提出了完善光伏企业技术创新动力机制的策略建议。针对光伏企业技术创新共性影响因素——外部动力，提出了国内市场启动的策略建议、政府行为作用发挥的策略建议及公众生态观念培育的共性策略建议。针对无锡尚德个性问题——内部动力方面，提出了完善企业家管理和激励机制、提升企业知识网络能力和增强企业技术能力的可持续性等 3 方面的针对性策略建议。针对克服光伏企业技术创新的阻力问题，提出了加强合作过程中的关系治理、构建知识共享的激励和补偿机制、建立知识吸收能力积累的长效机制和建立隐性知识传播的促进机制的策略建议。

第七章 总结与展望

随着传统能源的日益枯竭和环境污染日渐加重，社会公众的生态诉求日益强烈，各国把新能源战略作为占领未来竞争优势的重要举措，加大对清洁可再生能源研发投入和政策支持力度。太阳能光伏产业作为有可能解决未来能源问题的新兴产业，随着光伏技术的进步和成本的下降，加之各国政府的金融、税收、研发补贴等支持，光伏产业取得长足的进步。然而，随着国外贸易保护主义的抬头，欧美印对中国光伏企业发起了反倾销和反补贴调查，使得技术设备和产品市场两头在外的中国光伏企业，受到了毁灭性的打击。中国光伏企业面临的困境，表面上看似源于国外的贸易保护主义制造的不公平竞争造成的，而深层次的原因在于国内光伏企业在国际竞争中缺乏核心技术控制权，没有标准话语权而受制于人。中国光伏产业的健康发展和光伏企业竞争优势的确立，唯一出路在于技术创新。因而，探讨影响光伏企业技术创新的动力和阻力因素，对于解决我国光伏企业技术创新困境，引导产业健康发展具有一定的理论和实践意义。

7.1 研究总结

本书在综合运用系统论、动态能力理论和新制度经济学等理论和方法的基础上，构建了以D（动力因素）—M（作用机制）—R（结果）为逻辑主线的理论分析框架，通过文献查阅的理论分析及对光伏企业技术创新特征的系统分析，探析了光伏企业技术创新系统的"动力场"机制，构建了光伏企业技术创新动力机制模型，通过运用探索性因子分析和验证性因子分析等实证研究方法，对光伏企业技术创新动力机制的内在作用机制进行了研究，并对实证分析结果进行了讨论，最后结合无锡尚德案例分析和问题探讨，提出了相应的策略建议，获得了一些研究认知和结论成果，主要收获有以下几个方面。

（1）光伏企业技术创新特征研究和总结

本书在对光伏企业技术创新相关概念界定的基础上，通过分析光伏企业技术创新现状和发展阶段，提炼出了光伏企业技术创新的典型特征，光伏企业技术创新的特征包括政府支持特征、高度国际化特征、技术路径多元化特征、技术垄断化特征和知识网络化特征。政府支持的特征是作为战略性新兴产业的光伏产业最根本的阶段性特征，在现阶段光伏企业技术创新的竞争中，政府支持的方式和力度对于光伏企业的技术创新具有极大影响。技术路径多元化和技术垄断化特征是光伏企业技术创新的本质特征。知识网络化特征是光伏企业技术创新的时代特征。这些分析为后续研究奠定了基础。

(2) 中国光伏企业技术创新存在问题探析

中国光伏企业在取得迅速发展的情况下，在技术创新方面存在一些亟须解决的问题。首先，光伏企业技术创新动力缺乏。在光伏产业迅猛发展的同时，光伏企业数量急剧膨胀，盲目扩大企业规模、低水平重复建设，忽视技术研发的投入；地方政府政策的政绩导向，使得光伏企业存在急功近利的行为，缺乏持续技术创新的动力激励；而国内市场供需失衡也是光伏企业技术创新动力不足的重要原因。其次，光伏企业技术创新能力不足。中国光伏企业的技术创新能力和研发速度上存在不足；研发投入较少；研发人才缺乏。再次，政府作用发挥有限。我国政府对光伏产业的补贴计划落实不够，很多示范安装项目，很难按照补贴政策拿到资金；光伏产业发展规划落实不够；光伏产业政策的配套措施和系统性缺乏；我国光伏系统尚无统一的技术标准，在国际市场上没有标准的话语权。最后，创新环境基础薄弱。相对于国外的科研院所，中国光伏技术研发的科研院所无论是在研发历史，还是在研发水平上都存在差距。

(3) 本书研究理论框架的提出

以系统理论、动态能力理论和新制度经济学为指导，探讨研究的理论框架。光伏企业技术创新动力机制是一项复杂的系统工程，是企业内外环境中多种资源要素和企业能力参与协同的结果，其良性循环需要政府行为的支持，因而系统理论、动态能力理论和新制度经济学是本书研究的理论基础。根据系统理论的观点，光伏企业技术创新动力系统是由外源性动力要素子系统、内源性动力要素子系统和创新阻力要素子系统构成的有机整体。光伏企业是技术创新动力系统的主体，光伏企业竞争优势的获得，取决于光伏企业技术创新过程中企业所拥有的异质性资源，以及企业利用内外部资源的能力。光伏企业技术创新的内外动力和创新阻力是影响其创新绩效的重要因素，本书以"D（动力因素）—M（作用机制）—R（结果）"为逻辑主线，构建了光伏企技术创新动力机制的理论分析框架。

(4) 光伏企业技术创新动力机制概念模型的构建

运用"动力场"理论对光伏企业技术创新动力系统进行定量分析；运用动态能力理论和新制度经济学等理论探讨了光伏企业技术创新外部动力、内部动力和创新阻力的作用机制；在理论阐述与推导的基础上，构建了光伏企业技术创新动力机制的概念模型并提出了研究假设。本书构建的机制结构模型，在外部动力维度中增加了生态观念影响力，在内部动力维度中增加了知识网络能力；预设了内部动力的中介效应；此外，在研究模型中引入了创新阻力因素的影响，预设了创新阻力的调节效应。

(5) 动力机制的实证研究及中介效应和调节效应检验

首先，运用因子分析、回归分析和结构方程建模技术等对光伏企业技术创新外部动力、内部动力和创新阻力等三维动力机制的内在作用机制进行了实证研究，结果表明：在外部动力各维度中政府行为的影响力最大，而生态观念的影响力位居第二；内部动力各维度中企业技术能力和知识网络能力对光伏企业技术创新的促进作用较大；创新阻力维度中，技术路径的依赖性和知识粘滞性是阻碍光伏企业技术创新的主要因素。并对内部动力各维度的中介效应进行了检验，结果表明：内部动力的企业知识网络能力和技术能力维度在外部动力和技术创新绩效之间具有完全中介作用，企业家精神和利益驱动力仅在外部动力的部分维度和技术创新绩效之间具有完全中介作用，而企业创新文化在外部动力和技术创新绩效之间的中介效应不显著。对创新阻力的调节效应进行了检验，结果表明：技术不确定性负向调节假设的检验得到了相反的结论；而技术路径依赖性和知识粘滞性的负向调节效应通过显著性检验。

(6) 光伏企业技术创新动力机制的案例分析

在对无锡尚德技术创新动力机制的外部动力、内部动力和创新阻力进行验证性分析的基础上，从外部动力的国内市场启动、政府行为和生态观念，内部动力的企业家精神、知识网络能力、企业技术能力，创新阻力的知识粘滞性等方面提出了完善光伏企业技术创新动力机制的对策建议。

7.2 研究局限和展望

虽然进行了艰苦的探索和不懈努力，并克服了理论与实践调研中的诸多障碍，在研究视角、研究内容和研究结论等方面有独特、新颖和创新之处，但是囿于主客观条件的限制，本书尚存在着一些研究不足。本书就光伏企业技术创新动力机制的研究视角、问题和特征分析、假设提出和实证检验等方面做了创新性尝试研究，并获得了一些研究成果。但是，由于光伏企业技术创新影响因素的复杂性，以及相关研究资料的缺失性，本书还存在以下不足之处，有待于深入研究。

（1）样本范围的局限性

本书的样本取自江苏、河北、河南、四川4个光伏产业大省，具有一定的代表性，但是，并不能完全地反映全国样本的情况，这在一定程度上影响了研究结论的普遍性意义。进一步的研究方向是扩大样本的选取范围，并进行国内外研究样本的对比分析和实证研究，使得研究结论更具普遍性和科学性。

（2）动力机制维度的局限性

研究在理论分析和实践考虑的基础上，选择了外部动力的5个维度、内部动力的5个维度和创新阻力的3个维度构建了光伏企业技术创新的动力机制结构模型，这些维度能够在一定程度上反映动力机制的真实情况，但是由于技术创新动力影响因素的复杂性，使得动力维度的选择存在局限性，后续加强对动力维度选择的科学性研究，使得研究能更全面地反映技术创新动力影响因素的真实状况。

（3）策略研究的不足

同样由于研究视角和研究样本的局限性，光伏企业技术创新动力机制的完善策略是在研究结论的基础上提出的，而动力机制影响因素的复杂性，决定了策略建议存在片面和不足之处，更为全面的多视角策略建议有待深入研究。

附录　光伏企业技术创新动力调查问卷

尊敬的先生/女士：

您好！本问卷是本人学术研究课题：基于 SEM 的光伏企业技术创新动力机制研究调研的一部分。需要贵企业的实践数据进行实证分析，本问卷纯属学术调研，请尽可能客观地填写问卷。我们承诺对您提供的任何信息保密，所有数据不会用于商业目的。感谢您完成这份问卷，您的帮助将为本研究提供非常重要的价值！

一、基本信息

1. 企业名称：_____；2. 企业注册地址：_____省_____市（县）；
3. 企业成立年限：_____年；4. 企业技术研发人员数量：_____人；
5. 企业主营业务：□晶硅硅片，□电池生产，□组件封装，□系统集成，□一体化；
6. 企业员工总数：_____人；7. 企业性质：□国有，□民营，□集体，□外资，□合资；
8. 您的职位：_____；9. 您的工作年限：_____年；
10. 您的性别：□男，□女；11. 您的年龄：_____岁；
12. 您的学历：□高中以下，□专科，□本科，□硕士，□博士。

二、光伏企业技术创新外部动力维度情况

请根据您个人真实想法，对企业外部因素影响企业技术创新大小进行判断选择，并在相应数字上做出标记，数字 1~7 代表：1 极为不重要；2 很不重要；3 有点不重要；4 不确定；5 有点重要；6 很重要；7 极为重要。

	市场需求拉动力维度	极为不重要 → 极为重要						
SC1	企业现有产品的市场需求情况	1	2	3	4	5	6	7
SC2	企业开发的新产品市场需求状况	1	2	3	4	5	6	7
SC3	企业产品的潜在市场需求预期	1	2	3	4	5	6	7
	技术进步推动力维度							
JS1	国家和区域的科研成果供需水平	1	2	3	4	5	6	7
JS2	市场科技信息和资源流通状况	1	2	3	4	5	6	7
JS3	技术成果的市场化机制	1	2	3	4	5	6	7
	政府政策促进力维度							
ZF1	政府光伏研发补贴政策支持力度	1	2	3	4	5	6	7
ZF2	政府光伏电价补贴政策执行情况	1	2	3	4	5	6	7
ZF3	政府光伏发电税收优惠政策执行情况	1	2	3	4	5	6	7
ZF4	政府光伏产业规划前景	1	2	3	4	5	6	7
	生态观念影响力维度							
GN1	公众的生态化观念状况	1	2	3	4	5	6	7
GN2	公众对生态产品的认可程度	1	2	3	4	5	6	7
GN3	公众对企业生态环境的满意度	1	2	3	4	5	6	7
	行业竞争推进力维度							
HY1	产品的市场饱和度	1	2	3	4	5	6	7
HY2	企业核心产品的市场占有率	1	2	3	4	5	6	7
HY3	市场竞争机制的公平性	1	2	3	4	5	6	7

三、光伏企业技术创新内部动力维度情况

请您对企业内部因素影响企业技术创新大小进行判断选择，并做出标记。

	企业家精神维度	极为不重要 → 极为重要						
QJ1	企业家的进取创新精神	1	2	3	4	5	6	7
QJ2	企业家的持续冒险精神	1	2	3	4	5	6	7

续表

	企业家精神维度	极为不重要 → 极为重要						
QJ3	企业家的敬业奉献精神	1	2	3	4	5	6	7
	利益驱动力维度							
LY1	企业创新后的利润增长预期	1	2	3	4	5	6	7
LY2	企业创新后的市场份额增长预期	1	2	3	4	5	6	7
LY3	企业创新后的技术相对优势预期	1	2	3	4	5	6	7
	知识网络能力维度							
ZS1	企业的知识网络规划构想能力	1	2	3	4	5	6	7
ZS2	企业的知识网络管理能力	1	2	3	4	5	6	7
ZS3	企业的网络知识获取能力	1	2	3	4	5	6	7
ZS4	企业的网络知识创新能力	1	2	3	4	5	6	7
	企业技术能力维度							
JN1	企业的技术研发投入能力	1	2	3	4	5	6	7
JN2	企业的技术获取能力水平	1	2	3	4	5	6	7
JN3	企业的技术吸收整合能力	1	2	3	4	5	6	7
JN4	企业的技术创新能力	1	2	3	4	5	6	7
	企业创新文化维度							
WH1	企业的创新文化理念	1	2	3	4	5	6	7
WH2	企业员工的知识共享观念	1	2	3	4	5	6	7
WH3	企业员工的创新冒险精神	1	2	3	4	5	6	7

四、光伏企业技术创新阻力维度情况

请您判断以下因素对企业技术创新阻力的大小进行选择,并做出标记。

	技术不确定性维度	极为不重要 → 极为重要						
BQ1	企业技术研发成功率的不确定性	1	2	3	4	5	6	7
BQ2	企业技术成果产业化的不确定性	1	2	3	4	5	6	7

续表

	技术不确定性维度	极为不重要 → 极为重要						
BQ3	企业技术变革为企业提供机会的不确定性	1	2	3	4	5	6	7
	技术路径依赖性维度							
LJ1	企业组织结构受已有经验的影响	1	2	3	4	5	6	7
LJ2	企业组织学习能力受现有经验的影响	1	2	3	4	5	6	7
LJ3	企业管理层的认知惯性	1	2	3	4	5	6	7
LJ4	企业新技术新产品与现有技术相关性	1	2	3	4	5	6	7
	知识粘滞性维度							
NX1	合作企业作为知识提供方的知识保护意识	1	2	3	4	5	6	7
NX2	企业创新所需知识资源的隐性属性	1	2	3	4	5	6	7
NX3	企业作为知识接受方的技术能力	1	2	3	4	5	6	7

五、光伏企业技术创新绩效情况

请根据您个人真实想法，判断以下因素对企业技术创新绩效影响大小进行选择，并在相应数字上做出标记。

	技术创新绩效	极为不重要 → 极为重要						
JX1	企业技术创新的速度	1	2	3	4	5	6	7
JX2	企业技术创新的成功率	1	2	3	4	5	6	7
JX3	企业新产品的数量	1	2	3	4	5	6	7
JX4	企业新产品的利润	1	2	3	4	5	6	7
JX5	企业专利申请量	1	2	3	4	5	6	7

本问卷至此结束，请确认有无遗漏之处，再次感谢您的热情支持！
请保存后发至：genghejiang@163.com。

参 考 文 献

[1] 京都协议书[EB/OL]. http://news.xinhuanet.com/ziliao/2002-09/03/content_548525.htm. [2010-1-1].

[2] 温家宝总理在哥本哈根气候变化会议上的讲话 [EB/OL]. http://news.xinhuanet.com/world/2009-12/18/content_12668033_1.htm. [2010-10-30].

[3] 中华人民共和国国民经济和社会发展第十二个五年规划纲要 [EB/OL]. http://news.xinhuanet.com/politics/2011-03/16/c_121193916.htm. [2010-1-1].

[4] 孙冰. 企业技术创新动力研究 [D]. 哈尔滨：哈尔滨工程大学，2003.

[5] 孙启萌. 我国家电企业技术创新动力机制研究 [D]. 北京：北京交通大学，2010.

[6] Lesourd J B. Solar photovoltaic systems: the economics of a renewable energy resource [J]. Environmental Modelling&Software 2001, 16 (2): 147-156.

[7] Wenham S R, Honsberg C B, Cotter J E, et al. Australian educational and research opportunities arising through rapid growth in the photovoltaic industry [J]. Solar Energy Material & Solar Cells, 2001, 67 (1-4): 647-656.

[8] Hoffmann W. P V solar electricity industry: Market growth and perspective [J]. Solar Energy Materials & Solar Cells, 2006, 90 (18-19): 3285-3311.

[9] Lawrence L, Kazmerski. Solar photovoltaic R&D at the tipping point: A 2005 technology overview [J]. Journal of Electton Spectroscopy and Realted Phenomena, 2006, 150 (2-3): 105-135.

[10] Kobos P H, Erickson J D, Drennen T E. Technological learning and renewable energy costs: implications for US renewable energy policy [J]. Energy Policy, 2006, 34 (13): 1645-1658.

[11] Neuhoff K, Jan Lossen J, Nemet G, et al. The role of the supply chain for innovation: the example of Photovoltaic Solar Cells [R], EPRG Working Paper, 2007.

[12] Keller A, Ploss T. Solar at the crossroads [J]. ICIS Chemical Business, 2009 (4): 32-33.

[13] Stijn T A, Jeroen C J M. Multilevel assessment of diversity, innovation and selection in the solar photovoltaic industry [J]. Structural Change & Economic Dynamics, 2009, 20 (1): 50-60.

[14] Colatat P, Vidican G, Lester R K. Innovation systems in the solar photovoltaic industry: the role of public research institutions [R]. Working Paper in MIT, MIT-IPC-09-007, 2009.

[15] Buitenhuis A J, Pearce J M. Open-source development of solar photovoltaic technology [J]. Energy for Sustainable Development, 2012, 16 (3): 379 – 388.

[16] 戴建军. 以技术创新推动光伏产业发展 [J]. 发展研究, 2008 (7): 41 – 44.

[17] 肖庆文. 以需求鼓励政策促进我国太阳能光伏产业的自主创新 [J]. 重庆工学院学报: 社会科学, 2009, 23 (1): 7 – 9.

[18] 霍沫霖, 张希良, 王仲颖. 光伏市场拉动研发创新的国际研究 [J]. 中国人口·资源与环境, 2011, 21 (9): 138 – 144.

[19] Watanabe C, Wakabayashi K, Miyazawa T. Industrial dynamism and the creation of a "Virtuous Cycle" between R&D, market growth and price reduction: The case of photovoltaic power generation (PV) development in Japan [J]. Technovation, 2000 (20): 299 – 312.

[20] Jacobsson S, Sanden B A, Bangens L. Tranforming the Energy System-the Evolution of the German of the German Technological System for Solar Cells [J]. Technology Analysis & Strategic Management, 2004, 16 (1): 3 – 30.

[21] Foxon T J, Gross R, Chase A, et al. UK Innovation Systems for New and Renewable Energy Technooogies: Drivers, Barriers and Systems Failures [J]. Energy Policy, 2005 (33): 2123 – 2137.

[22] Nagamatsua A, Watanabeb C, Shum K L. Diffusion trajectory of self-propagating innovations interacting with institutions-incorporation of multi-factors learning function to model PV diffusion in Japan [J]. Energy Policy, 2006, 34 (4): 411 – 421.

[23] Pablo P D, Gregory U. Overcoming the lock-out of renewable energy technologies in Spain: the cases of wind and solar electricity [J]. Renewable and Sustainable Energy Reviews, 2007 (11): 1498 – 1513.

[24] Marigo N, Foxon T J, Pearson P J. Comparing innovation systems for solar photovoltaics in the United Kingdom and in China [J]. Conference Lecture, 2008.

[25] Taylor M. Beyond technology-push and demand-pull: lessons from california's solar policy [J]. Energy Economics, 2008, 30 (6): 2829 – 2854.

[26] Grau T, Huo M L, Neuhoff K. Survey of photovoltaic industry and policy in Germany and China [R]. Berlin: Climate Policy Initiative, 2011.

[27] Tour A D L, Glachant M, Ménière Y. Innovation and international technology transfer: The case of the Chinese photovoltaic industry [J]. Energy Policy, 2011, 39 (2): 761 – 770.

[28] Wu C Y, Mathews J A. Knowledge flows in the solar photovoltaic industry: Insights from patenting by Korea and China [J]. Research Policy, 2012, 41 (3): 524 – 540.

[29] 赵勇强. 我国太阳能光伏产业的近期进展、挑战和对策建议 [J]. 宏观经济研, 2009 (2): 45 – 48.

[30] 宋彬. 光伏产业"过剩"争论背后的政策缺位 [J]. 中国经济周刊, 2009 (45): 34 – 35.

[31] 王飞. 经济发达地区光伏产业创新发展路径探析: 以江苏省为例 [J]. 生态经济, 2010 (12): 100 – 103.

[32] 康玉泉, 孙庆兰. 中国光伏产业发展研究 [J]. 中国产业, 2010 (11): 41 – 42.

[33] 陈志. 技术政策的产业生命周期、价值链的考虑: 以光伏产业为例 [J]. 太原科技, 2010 (2): 13 – 17.

[34] 约瑟夫·熊彼特. 经济发展理论 [M]. 何畏, 译. 北京: 商务印书馆, 1990.

[35] 约瑟夫·熊彼特. 资本主义、社会主义和民主 [M]. 吴良健, 译. 北京: 译商务印书馆, 1999.

[36] Schmookler J. Invention and economic growth [M]. Massachusetts: Harvard University Press, 1966.

[37] Myers S, Marquis D G. Successful industrial innovations: a study of factors underlying innovation in selected firms [M]. Washington: National Science Foundation, 1969.

[38] Langrish J, Gibbons M, Evans W G, et al. Wealth from knowledge: studies of innovation in industry [M]. New York: Halstead Press Division, Wiley, 1972.

[39] Dosi G. Technological Paradigms and Technological Trajectories: A Suggested Interpretation of the Determinants and Directions of Technical Change [J]. Research Policy, 1982, 11 (3): 147 – 162.

[40] 斋藤优. 亚洲的发展和日本的技术政策 [J]. 朱根, 译. 现代外国哲学社会科学文摘, 1996, (6): 19 – 20.

[41] 李保民. 关于技术创新动力机制的研究 [J]. 科学学研究, 1991 (4): 34 – 39.

[42] Martin S, Scott J T. The nature of innovation market failure and the design of public support for private innovation [J]. Research Policy, 2000, 29 (4 – 5): 437 – 447.

[43] 金麟洙, 刘鸿基. 从模仿到创新 [M] 刘晓梅, 译. 北京: 新华出版社, 1998.

[44] Kash D E, Rycroft R W. Technology policy: Fitting concept with reality [J]. Technological Forecasting and Social Change, 1994 (47): 35 – 48.

[45] Shyu J Z, Chiu Y C, You C C. A cross-national comparative analysis of innovation policy in the integrated circuit industry [J]. Technology in Sciety, 2001 (23): 227 – 240.

[46] Billing A B, Fried Y. The Affects of Taxes and Organizational Variable on Research and Development Intensity [J]. R&D Management, 1999 (29): 3 – 9.

[47] Chung S, Lay G. Technology policy between diversity and one best practice-A comparison of korean and german promotion schemes for new production technologies [J]. Technovation, 1997 (17): 675 – 693.

[48] Zeng J. Innovation Vs imitation R&D and economic growth [J]. Journal of development Economics, 2001 (64): 499 – 528.

[49] Park Y T. Technology diffusion policy: a review and classification of Policy Practices [J]. Technology in Society, 1999 (21): 275 – 286.

[50] Anthony P. Coping with Technology Divergence Policies and Strategies for India's Industrial Development [J]. Technological Forecasting and Social Change, 1998 (58): 271 – 283.

[51] Rappert B. Rationalising the Future of Foresight in Science and technology policy co-ordination [J]. Future, 1999 (31): 527 – 545.

[52] Shapira P. US manufacturing extension partnerships: technology policy reinvented [J]. Research Policy, 2001 (30): 977 – 992.

[53] Narula R, Dunning J H. Explaining international R&D alliances and the role of governments [J]. International Business Review, 1998 (7): 377 – 397.

[54] 刘光富, Stephen C-Y Lu. 中国国有企业技术创新动力与体系的探究 [J]. 云南师范大学学报: 哲学社会科学版, 2009, 41 (6): 109 – 115.

[55] 欧阳新年. 企业技术创新动力与利益激励机制 [J]. 科学管理研究, 2004, 22 (3): 21 – 25.

[56] 孙冰, 李柏洲. 企业技术创新动力的评价指标体系 [J]. 改革, 2005 (8): 83 – 87.

[57] 彼得·德鲁克. 创新和企业家精神 [M]. 北京: 企业管理出版社, 1989: 262 – 263.

[58] Michael J, Martin D E. Groteation and entrepreneur-ship. virginia: reason [J]. Managing Technological Innov, 1984: 316.

[59] Stephenson H, Grote D E. Opportunity recognition : The core of entrepreneurship [J]. Harvard Business Review, 1985 (2): 103 – 105.

[60] Hekkert M P, Sours R A A, Negro S O, et al. Functions of innovation systems: A new approach for analyzing technological change [J]. Technological Forecasting & Social Change, 2007 (74): 413 – 432.

[61] Claver E, Liopis J, Garcia D, et al. Organizational culture for innovation and new technological behavior [J]. The Journal of High Technology Management Research, 1998, 9 (1): 55 – 68.

[62] Zoltan J A, Randall K M, Bernard Y. Entrepreneurship, globalization, and public poli-

cy [J]. Journal of International Management, 2001 (7): 235 – 251.

[63] Avlonitisa G J, Salavou H E. Entrepreneurial orientation of SMEs, product innovativeness, and performance [J]. Journal of Business Research, 2007 (6): 135 – 249.

[64] Tyler B B. The complementarity of cooperative and technological competencies: A resource-based perspective [J]. Journal of England Technology Management, 2001 (8): 1 – 27.

[65] Bertola P, Teixeira J C. Design as a knowledge agent how design as a knowledge process is embedded into organizations to foster innovation [J]. Design Studies, 2003, 24 (2): 181 – 193.

[66] Szulanski G. Exploring internal stickiness: impediments to the transfer of best practice within the firm [J]. Strategic Management Journal, 1996 (17): 27 – 43.

[67] Cohen W M, Levin R C. Empirical studies of innovation and market structure [J]. In (Schmalensee R. &Willig R). Handbook of Industrial Organization, Amsterdam: North Holland, 1989, 2 (2): 1059 – 1098.

[68] Atuahene-Gima K. Inward technology licensing as an alternative to international R&D in new product development: A conceptual framework [J]. Journal of Product Innovation Management, 1992 (9): 156 – 167.

[69] 喻金田. 企业技术创新的经济学分析 [J]. 科学学研究, 2003, 21 (3): 311 – 314.

[70] 魏江. 企业技术能力论: 技术创新的一个新视角 [M]. 北京: 科学出版社, 2002: 27, 29 – 31, 123 – 126.

[71] Von Hippel E. "Sticky Information" and the Locus of Problem Solving: Implications for Innovation [J]. Management Science, 1994, 40 (4): 429 – 439.

[72] 魏江, 许庆瑞. 企业技术能力与技术创新能力之关系研究 [J]. 科研管理, 1996 (1): 22 – 26.

[73] 王敏, 银路. 企业技术创新战略选择及其对国家自主创新战略布局的影响 [J]. 科学学与科学技术管理, 2007 (2): 63 – 68.

[74] Chen C J. The effects of knowledge attribute, alliance characteristics, and absorptive capacity on knowledge transfer performance [J]. R&D Management, 2004, 34 (3): 311 – 321.

[75] 杜建华, 田晓明, 蒋勤峰. 基于动态能力的企业社会资本与创业绩效关系研究 [J]. 中国软科学, 2009 (2): 115 – 126.

[76] Zaheer A, Bell G G. Benefiting from network position: firm capabilities, structural holes, and performance [J]. Strategic Management Journal, 2005, 26 (9): 809 – 825.

[77] 臧晨. 企业技术能力和技术创新能力的相关性研究 [J]. 科技进步与对策, 2009, 26 (12): 102-104.

[78] Lin B W. Technology Transfer as Technological Learning: a Source of Competitive Advantage for Firms with Limited R&D Resources [J]. R&D Management, 2003, 3 (33): 327-341.

[79] 周永红, 张子刚, 刘开军. 技术能力成长对企业技术创新的"双刃"影响 [J]. 科学学研究, 2006, 24 (2): 305-310.

[80] 宋东林, 侯青. 从美国技术创新机制看我国企业核心技术能力的构建 [J]. 中国科技论坛, 2003 (5): 35-38, 60.

[81] 生延超. 企业技术能力与技术创新方式选择 [J]. 管理科学, 2007, 20 (4): 23-29.

[82] 林春培, 张振刚, 田帅. 基于技术能力和技术创新模式相互匹配的引进消化吸收再创新 [J]. 中国科技论坛, 2009 (9): 47-51.

[83] 陈勇星, 屠文娟, 杨晶照. 基于技术能力的企业技术创新模式选择及其演进研究 [J]. 科技进步与对策, 2012, 29 (14): 83-89.

[84] Alan L F. Building a Culture for Innovation [J]. Research Technology Management, 1998 (41): 9-12.

[85] Buckler S A. The Spiritual Nature of Innovation [J]. Technology Management, 1998 (4): 43-47.

[86] Khazanchi S, Lewis M W, Boyer K K. Innovation-supportive culture: The impact of organizational values on process innovation [J]. Journal of Operations Management, 2007 (25): 871-884.

[87] Hoffman R C, Hegarty W H. Top management influence on innovations: effects of executive characteristics and social culture [J]. Journal of Management, 1999, 19 (3): 549-574.

[88] 展军, 李垣, 雷宏振. 不同社会文化对企业技术创新方式选择的影响 [J]. 科学学与科学技术管理, 2005 (1): 69-75.

[89] Elenkov D. Effects of leadership on organizational performance in Russian companies [J]. Journal of Business Research, 2002, 55 (6): 467-480.

[90] Walsh V. Design, innovation and the boundaries of the firm [J]. Research Policy, 1996, 25 (4): 509-529.

[91] Laakso S, Kostiainen E. Design in the Local Economy: Location factors and externalities of design [J]. Know Techn Pol, 2009, 22 (4): 227-239.

[92] 郭雯. 工业设计服务业创新政策研究的新范式: 政策网络 [J]. 科学学与科学技术管理, 2010 (8): 54-59.

[93] 约翰·霍金斯. 创意经济: 如何点石成金 [M]. 上海: 上海三联书店, 2006.

[94] Verganti R. Design, Meanings, and Radical Innovation: A Meta Model and a Research Agenda [J]. Journal of Product Innovation Managemnet, 2008, 25 (5): 436 – 456.

[95] Verganti R. Design as brokering of languages: the role of designers in the innovation strategies of italian firms [J]. Design Management Journal, 2003, 14 (3): 34 – 42.

[96] 项保华. 我国企业技术创新动力机制研究 [J]. 科研管理, 1994, 15 (1): 44 – 49.

[97] 王春法. 论技术创新过程中的不确定性问题 [J]. 中国科技产业, 1997, 92 (2): 17 – 19.

[98] 覃浩高, 崔剑. 企业技术创新风险的类型、成因及对策 [J]. 商业研究, 2002, 242 (6): 19 – 22.

[99] 安立仁, 张建申. 企业技术创新的动力分析 [J]. 西北大学学报: 自然科学版, 1995, 25 (2): 171 – 175.

[100] 安立仁, 席酉民. 企业技术创新的内阻力及外动力分析 [J]. 西安交通大学学报, 1998, 32 (2): 103 – 107.

[101] 林红. 产学研联合创新: 福建省企业技术创新动力机制的缺损与构建 [J]. 福建论坛: 人文社会科学版, 2008 (4): 100 – 105.

[102] 林燕. 制度变迁、要素收益与企业技术创新动力缺失 [J]. 科技进步与对策, 2004 (6): 37 – 39.

[103] Becker G S. Crime and Punishment: an Economic Approach [J]. Journal of Political Economy, 1968 (76): 169 – 217.

[104] Stigler G J. The Optimum Enforcement of Laws [J]. Journal of Political Economy, 1970, 78 (3): 526 – 536.

[105] 迈克尔·波特. 竞争优势 (1985) [M]. 陈小悦, 邱如美, 译. 北京: 华夏出版社, 1997.

[106] Di Maggio P J, Walter W P. The New Institutionalism in Organizational Non-compliance with Environmental Law? [J]. Journal of Social Issues, 1991 (45): 109 – 132.

[107] Scott W R. Institutions and Organizations [M]. Sage Publications, Thousand Oaks, California, 1995.

[108] Bardach E, Robert A K. Going by the Book: the Problems of Regulatory Unreasonableness [M]. Rev. Ed. Philadelphia: Transaction Publishers, 2002.

[109] Carroll A B. A Three-dimensional Conceptual Model of Coporate Performance [J]. Academy of Management Review, 1979, 4 (4): 51 – 54.

[110] 卡罗尔, 巴克霍尔茨. 企业与社会: 伦理与利益相关和管理 [M]. 北京: 机械工业出版社, 2004.

[111] 陈迅,韩亚琴. 企业社会责任分级模型及其应用[J]. 中国工业经济, 2005 (9): 17-19.

[112] 杨发明,许庆瑞. 企业绿色技术创新研究[J]. 中国软科学, 1998 (3): 47-51.

[113] 我国绿色技术创新研究:过程、模式与激励[R]. 浙江大学管理科学与发展战略研究中心研究报告, 1998: 12.

[114] 华锦阳. 制造业低碳技术创新的动力源探究及其政策涵义[J]. 科研管理, 2011, 32 (6): 42-48.

[115] 许士春,何正霞,龙如银. 环境规制对企业绿色技术创新的影响[J]. 科研管理, 2012, 33 (6): 67-74.

[116] 贾文婷,武忠. 基于SD模型的可再生能源技术创新动力要素研究[J]. 情报杂志, 2012, 31 (2): 32-36, 18.

[117] Kerlingger F N. Oundations of Behavioral Research: International Edition [M]. New York, N Y: Holt, Rinehart and Winston, Inc., 1986.

[118] 张淑芬,宗刚. 熵思想下的企业技术创新动力机制模型探讨[J]. 工业技术经济, 2008 (1): 97-99.

[119] 李垣,汪应洛. 企业技术创新动力机制构成要素的探讨[J]. 科学管理研究, 1994, 12 (4): 43-45.

[120] 赵兰香,穆荣平. 技术创新发展阶段对技术发展战略选择的约束[J]. 科学学研究, 2003, 21 (6): 652-656.

[121] 王月琴,张鹏. 技术创新发展阶段对广东技术发展战略的约束[J]. 科技管理研究, 2005 (6): 10-12, 15.

[122] International Energy Agency. Energy Technology Perspectives 2008 Scenarios & Strategies to 2050: In Support of the G8 Plan of Action [R]. France: International Energy Agency, 2008.

[123] Waldau A J. PV Status Report 2010: Research, Solar Cell Production and Market Implementation of Photovoltaics [J]. Refocus, 2010, 6 (3): 20-23.

[124] March J G. Exploration and Exploitation in Organizational Learning [J]. Organization Science, 1991, 2 (1): 71-87.

[125] Andersson U, Forsgren M, Holm U. The strategic impact of external networks: subsidiary performance and competence development in the multinational corporation [J]. Strategic Management Journal, 2010, 23 (11): 979-996.

[126] 李浩. 企业技术创新中的知识网络分析[J]. 情报杂志, 2007 (3): 7-9.

[127] L. V. 贝塔朗菲. 一般系统论:基础、发展、应用[M]. 北京:社会科学文献出版社, 1987.

[128] Teece D J, Pisano G, Shuen A. Dynamic capabilities and strategicmanagement [J].

Strategic Management Journal, 1997, 18 (7): 509 – 533.

[129] 皮埃尔·布迪厄, 华康德 L. D. 实践与反思: 反思社会学导引 [M]. 李猛, 李康, 译. 北京: 中央编译出版社, 1998.

[130] Freeman C, Soete L. The Economics of Industrial Innovation [M]. Osaka: Routledge is an imprint of Taylor & Francis, an informa company, 1997.

[131] Utterback J M, Abernatky W J. A dynamic model of product and process innovation [J]. IEEE Transactions on Engineering Management, 1988, 35 (2): 63 – 70.

[132] Edwin Mansfield. Industrial innovation in Japan and the United States [J]. Science, 1988 (241): 49 – 51, 60 – 61.

[133] Acemoglu D, Linn J. Market Size in Innovation: Theory and Evidence from the Pharmaceutical Industry [J]. The Quarterly Journal of Economic, 2004, 119 (3): 1049 – 1090.

[134] Laforet S. Size, strategic, and market orientation affects on innovation [J]. Journal of Business Research, 2007, 67 (8): 1 – 12.

[135] 董景荣. 技术创新过程管理: 理论、方法及实践 [M]. 重庆: 重庆出版社, 2000: 32.

[136] Hamakawa. Recent Advances in Solar Photovoltaic Technology and its Bright Future in 21st Century [J]. World Renewable Energy Congress Proceedings, 1999 (3): 7 – 10.

[137] 余志良, 谢洪明. 技术创新政策理论的研究评述 [J]. 科学管理研究, 2003 (216): 32 – 37.

[138] Robert Mark Margolis. Unraveling the photovoltaic technology learning curve by incorporation of input price changes and scale effects [J]. Renewable and Sustainable Energy Reviews, 2011, 15 (1): 324 – 337.

[139] 李翠锦. 企业绿色技术创新绩效的综合测评方法探讨 [J]. 统计与咨询, 2007 (3): 24 – 25.

[140] 杨立生, 段云龙. 基于模糊综合评价的企业绿色持续创新能力研究: 中小企业绿色创新创新能力评价及应用 [J]. 云南民族大学学报: 自然科学版, 2007, 16 (3): 197 – 201.

[141] 尹艳冰. 面向循环经济的生态化技术创新体系构建及其测度研究 [D]. 天津: 天津大学, 2008.

[142] Lunn J, Martin S. Market structure, firm structure, and research and development [J]. Quarterly Review of Economics & Business, 1986, 26 (1): 31 – 44.

[143] Aghion P, Harris C, Howitt P, et al. Competition, Imitation and Growth with Step-by-Step Innovation [J]. Review of Economic Studies, 2001 (68): 467 – 492.

[144] 柳卸林. 市场结构与技术创新 [J]. 数量经济技术经济研究, 1999 (12): 63-65.

[145] 赵曙东. 高新企业技术创新和发展的实证分析 [J]. 数量经济技术经济研究, 1999 (12): 63-65.

[146] 宋晓洪. 企业技术创新的内源动力分析 [J]. 科学中国人, 2000 (10): 44-45.

[147] 张建华. 创新、激励与经济发展 [M]. 武汉: 华中理工大学出版社, 2000: 39.

[148] 张维迎, 盛斌. 经济增长的国王: 论企业家 [M]. 北京: 三联书店出版社, 1989: 124-137.

[149] 汪丁丁. 企业家的精神应该包括哪几个因素 [EB/OL]. [2009-3-7]. http://www.globrand.com/2009/179186.shtml.

[150] 李艳芝, 孟庆伟. 企业文化中的技术创新导向 [J]. 科研管理, 2002 (1): 103-106.

[151] 欧阳新年, 周景勤. 企业技术竞争与创新激励机制 [M]. 北京: 国际文化出版公司, 2001: 94, 289, 309-310.

[152] Zoltan J, Morck R K, Bernard Y. Entrepreneurship, globalization, and public policy [J]. Journal of International Management, 2001 (7): 235-251.

[153] 胡哲一. 企业目标与技术创新动力 [J]. 生产力研究, 1994 (1): 54-58.

[154] Hagedoom J, Schakenraad J. Inter-firm parternerships and cooperative strategies in core technologies [C] freeman C. and Soete L. (eds): New Explorations in the Economics of Technical Change. London: Pinter, 1990: 3-37.

[155] Rothwell R. Towards the fifth-generation innovation process [J]. International Marketing Review, 1994, 11 (1): 7-31.

[156] Callon M, Latour B. Don't throw the baby out with the bath school: a teplay to collins and yearly [M] //Pickering A. Science as Practice and Culture. Chicago University Press, 1992: 348.

[157] 希拉·贾撒诺夫, 盛晓明. 科学技术论手册 [M]. 盛小明, 译. 北京: 北京理工大学出版社, 2004: 191.

[158] 瑟乔. 西斯蒙多. 科学技术学导论 [M]. 许为民, 孟强, 崔海灵, 等译. 上海: 上海科技教育出版社, 2007: 85.

[159] Shakie R. Knowledge creation and its place in the development of sustainable competitive advantage [J]. Journal of Knowledge Management, 2003, 7 (1): 20-31.

[160] Tsai K H, The impact of technological capability on firm performance in Taiwan's electronics industry [J]. Journal of High Technology Management Research, 2004 (15): 183-195.

[161] 邢小强, 全允桓. 创新视角下的企业网络能力与技术能力关系研究 [J]. 科学学

与科学技术管理, 2007 (12): 182-185.

[162] 李垣, 范涌, 赵永彬. 不同企业文化模式对技术创新的影响分析 [J]. 预测, 2005, 24 (4): 26-31.

[163] Vecchi A, Brennan L. A cultural perspective on innovation next term in international manufacturing [J]. Research in International Business and Finance, 2009, 23 (2): 181-192.

[164] Ardichvili A, Cardozo R, Ray S. A theory of entrepreneurial opportunity identification and development [J]. Journal of Business Venturing, 2003, 18 (1): 105-123.

[165] 薛求知, 周俊. 国际新创企业竞争优势形成机理研究 [J]. 外国经济与管理, 2007, 29 (5): 1-8, 31.

[166] 李丽青. 企业 R&D 投入的动力及其模型研究 [J]. 科学管理研究, 2008, 26 (2): 97-100.

[167] Escribano A, Fosfuri A, Trib J. Managing external knowledge flows: The moderating role of rbsorptive capacity [J]. Research Policy, 2009, 38 (1): 96-105.

[168] Huggins R, Johnston A. Knowledge networks in an uncompetitive region: SME innovation and growth [J]. Growth and Change, 2009, 40 (2): 227-259.

[169] Nagarajan A, Mitchell W. Evolutionary diffusion: Internal and external methods used to acquire encompassing, complementary, and incremental technological changes in th lithotripsy industry [J]. Strategic Management Journal, 1998, 19 (11): 1063-1077.

[170] 赵晓庆, 许庆瑞. 技术能力积累途径的螺旋运动过程研究 [J]. 科研管理, 2006, 27 (1): 40-46.

[171] Thornherry, Congressman Mac. Fostering a Culture of Innovation [J]. U. S. Naval Institute Proceedings, 2003, 129 (4): 44-48.

[172] 何亮. 关于技术创新动力机制研究的几个问题 [J]. 科学技术与辩证法, 1998, 15 (1): 61-64.

[173] Walker G, Weber D. A Transaction Cost Approach to Make-or-buy Decision [J]. Administrative Science Quarterly, 1984, 29 (3): 373-391.

[174] Petersen K J, Handfield R B, Ragatz G L. A Model of Supplier Integration into New Product Development [J]. Product Innovation Management, 2003 (20): 284-299.

[175] Polanyi M. The Tacit Dimension in Prusak L (ED) [M] //Knowledge in Organizations. Newton, MA: Butterworth-Heinemann, 1966: 135-146.

[176] Ikujiro N. A Dynamic Theory of Organizational Knowledge Creation [J]. Organization Science, 1994, 5 (1): 14-37.

[177] 王毅, 吴贵生. 产学研合作中粘滞知识的成因和转移机制 [J]. 科研管理, 2001

(11): 114-121.

[178] Lowe J, Taylor P. R&D andtechnology purchase through license agreements: complementary strategies and complementary assets [J]. R&D Management, 1998, 28 (4): 263-278.

[179] 吴爱华, 苏敬勤. 组织情境对创新速度影响的实证分析: 技术不确定性的调节作用 [J]. 科学学与科学技术管理, 2012, 33 (3): 24-32.

[180] David P A. Clio and the Economics of QW ERTY [J]. Americcan Economic Review, 1985, 75 (2): 332.

[181] Brian W. Path-dependent processes and the emergence of macro-structure [J]. European Journal of Operational Research, 1987, 30 (3): 294.

[182] Stephen Redding. Path Dependence, Endogenous Innovation and Growth [J]. International Economic Review, 2002, 43 (4): 1215-1248.

[183] 王向阳, 卢艳秋, 赵英鑫. 知识获取、路径依赖对企业创新能力的影响研究 [J]. 图书情报工作, 2011, 55 (18): 103-106, 148.

[184] 闫俊周. 分布式创新的知识粘性形成机理及消弱对策研究 [J]. 科技进步与对策, 2012, 29 (23): 141-145.

[185] 赵梅, 岳宏志. 企业合作创新中知识转移粘滞性问题研究 [J]. 科技进步与对策, 2009, 26 (5): 114-118.

[186] Porter M E, Michael E. Competitive advantage [M]. New York: The Free Press, 1985.

[187] 王重鸣. 心理学研究方法 [M]. 北京: 人民教育出版社, 1990.

[188] Fowler F J. Survey Research Methods [J]. Bms Bulletin of Sociological Methodology, 1993, 32 (39): 63-63.

[189] Lee, Jae-Nam. The impact of knowledge sharing, organizational capability and partnership quality on IS outsourcing success [J]. Information & Management, 2001 (3): 323-335.

[190] Churchill J G A. A Paradigm for Developing Better Measures of Marketing Constructs [J]. Journal of Marketing Research, 1979, 16 (1): 64-73.

[191] 赵玉. 企业技术创新动力的模糊综合评价模型的建立 [J]. 科技资讯, 2006 (22): 186-187.

[192] 孙冰. 基于多视角赋权的企业技术创新动力评价研究 [J]. 科技进步与对策, 2007, 24 (1): 50-52.

[193] 段云龙. 基于制度结构的企业持续技术创新动力评价 [J]. 科技管理研究, 2010 (9): 48-50.

[194] Basant R, Chandra P. Building technological capabilities in a liberalising developing e-

conomy: Firm strategies and public policy [J]. Economics of Innovation and New Technology, 2002, 11 (4 – 5): 399 – 421.

[195] Figueiredo P N. Industrial Policy Changes and Firm-level Technological Capability Development: Evidence from Northern Brazil [J]. World Development, 2008, 36 (1): 55 – 88.

[196] Joëlle Noailly. Improving the energy efficiency of buildings: The impact of environmental policy on technological innovation [J]. Energy Economics, 2012, 34 (3): 795 – 806.

[197] Torsten F, Hansjürgens B. Chemicals Regulation and the Porter Hypothesis-A Critical Review of the New European Chiemicals Regulation [J]. Journal of Business Chemistry, 2005 (2): 19 – 36.

[198] 叶子青, 钟书华. 美、日、欧盟绿色技术创新比较研究 [J]. 科技进步与对策, 2002, 19 (7): 150 – 152.

[199] 尹艳冰. 面向循环经济的生态化技术创新体系构建及其测度研究 [D]. 天津: 天津大学, 2008.

[200] Moller K K, Halinen A. Business Relationships and Networks: Managerial Challenge of Network Era [J]. Industrial Marketing Management, 1999, 28 (5): 413 – 427.

[201] Ritter T, Gemünden H. Network competence: Its impact on innovation success and its antecedents [J]. Journal of Business Research, 2003, 56 (9): 745 – 755.

[202] Chiu Y T H. How network competence and network location influence innovation performance [J]. Journal of Business & Industrial Marketing, 2009, 24 (1): 46 – 55.

[203] 李贞, 张体勤. 企业知识网络能力的理论架构和提升路径 [J]. 中国工业经济, 2010 (10): 107 – 116.

[204] 王海花, 谢富纪. 企业外部知识网络能力的结构测量: 基于结构洞理论的研究 [J]. 中国经济, 2012 (7): 134 – 146.

[205] Preeta M. Banerjee technological forecasting and social change from information technology to bioinformatics: Evolution of technological capabilities in India [J]. Technological Forecasting and Social Change, 2012, 79 (4): 665 – 675.

[206] 于渤, 张涛, 郝生宾. 重大技术装备制造企业技术能力演进过程及机理研究 [J]. 中国软科学, 2011 (10): 153 – 165.

[207] Desarbo W S, Di Benedetto C A, Song M, et al. Revisiting the Miles and Snow strategic framework uncovering interrelationships between strategic types, capabilities, environmental uncertainty, and firm performance [J]. Strategic Management Journal, 2005 (26): 47 – 74.

[208] Karim S, Mitchell W. Path-dependence and path-breaking change: reconfiguring busi-

ness resources following acquisitions in the U. S. medical sector, 1978—1995 [J]. Strategic Management Journal, 2000, 21 (10 - 11): 1061 - 1081.

[209] Simonin B L. Transfer of Marketing Know-how in International Strategic Alliances: an Empirical Investigation of the Role and Antecedents of Knowledge Ambiguity [J]. Journal of International Business Studies, 1999, 30 (3): 463 - 490.

[210] 杨燕,高行山. 企业合作创新中知识粘性与知识转移实证研究 [J]. 科学学研究, 2010, 28 (10): 1530 - 1539.

[211] 冯帆,廖飞. 知识的粘性、知识转移与管理对策 [J]. 科学学与科学技术管理, 2007 (9): 89 - 93.

[212] 周贺来. 知识粘性的成因分析与治理措施探究 [J]. 情报理论与实践, 2008 (4): 511 - 514.

[213] Montalvo C. What triggers change and innovation? [J]. Technovation, 2006, 26 (3): 312 - 323.

[214] 王飞绒. 基于组织间学习的技术联盟与企业创新绩效关系研究:以生物技术产业为例 [D]. 杭州:浙江大学, 2008.

[215] Cooper R, Kleinschmidt E. New products: What separates winners from losers? [J]. Journal of Product Innovation, 1987 (4): 169 - 184.

[216] 陈钰芬. 开放式创新的机理与动态模式研究 [D]. 杭州:浙江大学, 2007.

[217] Alegre J, Chiva R. Assessing the Impact of Organizational Learning Capability on Product Innovation Performance: an Empirical Test [J]. Technovation, 2008, 28 (6): 315 - 326.

[218] 马庆国. 管理统计 [M]. 北京:科学出版社, 2002:206 - 327.

[219] Fornell L. Structural Equation Models with Unobservable Variables and Measurement Errors [J]. Journal off Marketing Research, 1981, 18 (2): 39 - 50.

[220] MacKinnon D P, Lockwood C M, Hoffman J M, et al. A Comparison of Methods to Test Mediation and Other Intervening Variable Effects [J]. Psychological Methods, 2002, 7 (1): 83 - 104.

[221] 温忠麟,张雷,侯杰泰,等. 中介效应检验程序及其应用 [J]. 心理学报, 2004, 36 (5): 614 - 620.

[222] Baron R M, Kenny D A. The Moderator-mediator Variable Distinction in Social Psychological Research: Conceptual, Strategic, and Statistical Considerations [J]. Journal of Personality and Social Psychology, 1986, 51 (6): 1173 - 1182.

[223] Judd C M, Kenny D A. Process Analysis: Estimating Mediation in Treatment Evaluations [J]. Evaluation Review, 1981, 5 (5): 602 - 619.

[224] Sobel M E. Asymptotic Confidence Intervals for Indirect Effects in Structural Equation

Models [J]. Sociological methodology, 1982 (3): 290-312.

[225] Kaiser H F. An Index of Factorial Simplicity [J]. Psychometrika, 1974, 39 (1): 31-36.

[226] Kline R B. Principles and Practice of Structural Equation Modeling [M]. New York: Guilford Press, 1998.

[227] Mason C. Strategic Alliances: Partnering for Success [J]. Management Review, 1993, 82 (5): 10-15.

致　　谢

　　本书的撰写过程艰辛，能够顺利出版得益于给予无私、热忱帮助的博士导师、安阳师范学院的领导及同仁、朋友和家人。

　　首先，向尊敬的导师章仁俊教授致以最诚挚的感谢。有幸选择章老师作为导师，开始自己新的学术生涯，章老师严谨求实的学术精神、雷厉风行的工作作风、淡泊致远的人格魅力，潜移默化地影响着我的学术态度和做人原则。书稿研究课题从选题、撰写和修改，直至完成，章老师不仅给予了学术研究上的指导和帮助，而且更多的是更给予了精神上的鼓励和支持，使我在面临困境想要退却时，能够重新鼓起勇气再次起航，最终到达胜利的彼岸。

　　其次，向给予帮助的老师和同学表示感谢。在课题研究过程中，河海大学商学院的王济干、王慧敏、许长新、赵永乐、卞艺杰、赵敏、施国庆、吴凤平等老师给予了学术上的帮助和启迪；同门师弟周伟、马明辉的学术交流和探讨，为学术提升提供了良好的氛围；姜骞、张长征、蔡元成、胡小龙、张乐、张军仁、陈双双、葛涛安、刘文丰等博士和硕士同学也给予了学术帮助和精神鼓舞，在此对他们表示最真诚的感谢。

　　再次，本书在成书和出版过程中，也得到了安阳师范学院商学院书记齐学广、院长王慧娟、副书记张心亮、副院长张良悦和刘君，以及商学院科研处陈静处长、何方老师、周宏宇老师及学校其他部门的领导老师的热情帮助，在此表示真挚的感谢。科学技术文献出版社的周国臻等领导为本书的审校和顺利出版提出了诸多建议，在此一并表示感谢。

　　最后，慈祥年迈的父母、相夫教子的妻子、聪明上进的孩子及其他亲人，给予我无尽关爱和理解，在此致以崇高的敬意和感谢。

耿合江
2017 年 10 月